cold

ISBN: 978-1544139494

Love is blind, and I am cold.

Mi madre siempre me dijo que nunca llegaría a nada con 'esas pintas' y con 'esa música', ni tampoco con 'esos libros'. Mi padre, en cambio, venía conmigo para escuchar 'esa música' que mi madre tanto despreciaba. Aunque bueno, me daba un poco igual lo que pensase mi madre, Katy. Nacida de padres cubanos, al igual que mi padre, siempre que se enfadaba comenzaba a regañarme en español, mi padre, George, en aquellas situaciones siempre huía de ella hacia el garaje, donde tenía su moto y su guitarra.

No sabía muy bien qué tipo de cosas le gustaban a mi madre, quizás leer revistas del corazón, ir a la playa o hacerle mil peinados a mi hermana, pero al igual que mi padre, huía a mi habitación.

Mi hermano Chris era el capitán del equipo del fútbol del instituto, típico, ¿eh? Muchas veces la conversación en la mesa se basaba en: "¿Y Packer? ¿Va a jugar en el próximo partido?" "La última jugada que cogió desprevenido al quarterback del otro equipo fue increíble." O también otras perlas como: "¿Qué le hago si se me echan todas las tías encima?" Y mi respuesta siempre era: "Vaya, con razón me gustan las tías."

Elise era mi hermana, la más pequeña de los tres. Era animadora del instituto, típico también, ¿verdad? Lo que me extrañaba es que con el frío que hacía todo el año en Vancouver, no se le hubiese congelado el...

En fin, y luego estaba yo. Juzgando a toda mi familia desde el otro lado de la mesa, mentes superficiales y banales y luego, estaba la mía. Yo me consideraba lista, pero nada más lejos de la realidad, la verdad es que yo era la oveja negra de la familia, y no porque vistiese siempre de negro, sino porque no encajaba para nada entre ellos. Ni con mis padres, ni con mis hermanos, ni con mis tíos, ni con mis primos. Lo único que me sacaba de aquella rutina diaria, era el instituto. Aunque en realidad no hacía nada allí, pero al menos el camino hasta él en el autobús me hacía inspirarme.

Vancouver era una ciudad preciosa, y aún más si estaba nevando, lo que solía ser todos los días. Me gustaba el invierno, y eso, eso era lo que realmente le extrañaba a mi familia. "¡Pero si somos cubanos!", me decían, "¿cómo te va a gustar el invierno?". Bueno, señora a la que no he visto en dieciocho años que me dice "cuando te vi eras un bebé" no para de tirarme de las mejillas y además sólo viene en navidad, me gusta el frío.

Pero esto, es sólo una introducción a mi vida, que es lo menos relevante en esta historia. Lo que de verdad importa, soy yo. Perdonad que sea un poco egocéntrica, pero esa familia banal y superflua me pone de los nervios.

Como decía, el camino al instituto era genial.

—Lauren, ¿has cogido tu desayuno? —Cogí un simple zumo y lo metí en la mochila, de color negro y gris en el bolsillo más pequeño.

—Qué pesada eres, sí mamá. —Metí también mi cuaderno, un bolígrafo y me colgué la maleta a la espalda.

—¿¡Pesada!? ¡No lo has metido! Te conozco. ¡Te conozco, porque te he parido! George, mírala, otra vez sin desayunar. —Mi padre se quedó mirándome muy serio.

—Tienes que desayunar, Lauren. —Me dijo él, y yo asentí.

—Sí, sí, cuando llegue me compro un bocadillo de la máquina.

—¿¡Tú te crees que esa máquina va a estar ahí en vacaciones!? Lauren Michelle ven aquí ahora mismo. —Cogió el bocadillo, me abrió la maleta y lo metió.

—Eres una dramas. —Le dije apartándome de ella con el ceño fruncido.

—¿¡Dramas!? ¿¡Yo dramas!? George, de verdad. Creo que con esto de la libertad, de las chicas, la niña se nos va de las manos.

—Yo sí que me voy de las manos, Katy. —Mi padre se echó una taza de café.

—Mamá, que coño dices de las chicas. Si aún no me he tirado a ninguna. —Farfullé con el ceño fruncido, comiéndome el croissant con jamón cocido y mantequilla que me daba.

—Vete antes de que te cruce la cara de un guantazo, anda. Y ten cuidado, ¡y si te vas a echar novia y la traes primero me lo dices para arreglar la casa!

—¡Mamá joder que me voy al instituto no a la guerra! —Grité por el pasillo antes de salir, cerrando la puerta.

Pero hay algo que aún no he contado, había una chica.

Y la veía pasar, todas las mañanas desde hacía unos meses. Subía con una amiga casi siempre al autobús, y luego se sentaba a mi lado. Intentaba no mirarla mucho, porque desde atrás, Alisha y sus amigas comenzaban a burlarse de todo el mundo que respiraba más de la cuenta. Pero su perfil era perfecto. Sus labios algo fruncidos, carnosos y húmedos, se mojaban de vez en cuando a propósito de su lengua. No paraba tampoco de jugar con sus manos, con dedos largos y finos, delicados y elegantes a la vez, que se enlazaban entre ellos una vez que aquella chica había terminado de moverlos. Llevaba puesta una rebeca de lana beis, unos jeans ajustados de color azul claro y unas botas negras. Su pelo caía lentamente hacia uno de sus hombros, ondulado, casi encantado de estar posado en el hombro de aquella chica que, a mi parecer, era perfecta.

Aquella chica nunca me miraba, mientras que a mí se me escapaban los ojos en busca de alguna imagen suya por las mañanas. La barbilla casi alzada, digna, mirando al frente, y entonces decidí que ya era suficiente y me puse a leer uno de mis libros.

A la mañana siguiente, volví a mirarla, pero ella a mí no, aunque vi una pequeña sonrisa en su rostro o no sé si fueron imaginaciones mías. Creo que vio mi libro, *Los últimos días de Pompeya,* y aunque a mucha gente le parecía aburrida la historia y el arte, a mí me parecía apasionante.

Quizás eran películas en mi cabeza, pero la chica se acercó a mí en el asiento, o quizás estaba sólo acomodándose porque pasaba gente.

La mañana después, aquella chica se mordió el labio inferior, o lo que pude ver mirándola de soslayo. Giró el rostro pero no me miró a mí, miró por la ventana, y luego, agachó un poco la cabeza mientras yo sostenía aquél libro entre las manos.

Y entonces, la tarde del viernes cuando volvíamos a casa me decidí, dejé el libro en mi asiento para que ella lo cogiese cuando yo me fuese y así pudiese leerlo en el fin de semana. Sería genial, porque de verdad quería hablar con ella pero me daba vergüenza. Ella no era la que me miraba, yo la miraba a ella y me quedaba impresionada por lo preciosa que era.

El lunes, me subí al autobús, y ella ya estaba sentada mirando al frente.

—Lauren, —me llamó el conductor del autobús— te dejaste esto el viernes después de clase. —Y sacó el libro que yo le había dejado a aquella chica al lado, y no sabía cómo sentirme, porque quizás creía que me lo había dejado allí, sí, sería eso.

Entramos al instituto y observé cómo la chica pasaba las manos por los libros en su taquilla, cogiendo uno finalmente. Casi lo abrazó contra ella, y cuando iba a dar un paso un chico chocó contra ella, que se pegó contra la taquilla.

—¡Eh! ¡Mira por dónde vas! —Gritó él, y pude ver que estaba desorientada. Me acerqué rápido, ignorando por completo el suceso del autobús, y le cogí el libro del suelo.

—Eh, ¿estás bien? —Ella asintió, y su mirada estaba fija en casi mi estómago, hasta que levantó la cabeza.

—Sí. —Me separé un poco de ella y le tendí la mano a modo de saludo.

—Soy Lauren, por cierto. —Ella no me respondió al saludo, sólo sonrió un poco, así que retiré esta para no parecer una idiota.

—Camila. —Respondió ella. —Eres la chica de mi lado en el autobús, ¿verdad?

—Sí, yo, uhm... Te... Te dejé un libro en el autobús el viernes pero lo dejaste ahí. Creí que te gustaría leerlo, te vi mirándolo... —Levanté el libro que llevaba en la mano, y Camila se rio un poco.

—Me encantaría leerlo, créeme, pero soy ciega, Lauren. —Es una de esas cosas que no te esperas y que te quedas como una idiota al escucharlo.

—¿Cómo me has reconocido? —Cuando me percaté de aquello, sus ojos miraban a un punto fijo en el espacio, muertos, pero no a mí, y era lo más triste de todo aquello.

—Tu perfume. —Cogí mi camiseta y casi me la metí por la nariz intentando oler el perfume, que sí, olía, pero no tanto como para que me reconociese, aunque cuando caí en la cuenta, los ciegos tenían los sentidos más desarrollados que los demás. —¿Estás bien?

—Sí, es que me siento idiota ahora mismo. Lo siento, no tenía ni idea, si lo hubiese sabido te habría hablado en el autobús o algo así. Y lo del libro... —Reí porque mi grado de idiotez no tenía nombre.

—No, no lo sientas. Seguro que es interesante, ¿de qué va? —Miré el libro y apreté un poco los labios.

—Cuenta la historia de Pompeya, una idiotez, la verdad, a nadie le gusta la historia. —Guardé el libro en la mochila, y ella pasaba los dedos por el que había cogido antes sin dejar de mirar al frente.

—A mí me gusta. Es mi asignatura favorita. Puedes aprender cosas sin leerlas, la historia te da la oportunidad de revivir momentos en tu cabeza sin necesidad de verlos, son como recuerdos, historias ajenas, grandes películas que todos podemos conocer, ¿no es genial? —

Parpadeé un momento porque no podía creerme lo que estaba escuchando, ni lo que estaba viendo.

—Es genial, sí que lo es. ¿Tienes alguna clase ahora? —Camila negó, mientras me movía un poco para ver si ella seguía mirando al frente, así que me agaché.

—No, no tengo. ¿Qué estás haciendo? —Ella giró la cabeza, agachándola y me quedé en silencio un momento. Aunque sus ojos no decían nada, estaban vacíos, sin vida, inertes, ella sí que lo hacía con el tono de su voz.

—Uhm... —Me erguí de nuevo intentando decir algo, pero no sabía qué decirle. —No pretendía tomarte por tonta ni nada de eso, es que tengo curiosidad, nunca había conocido a una persona... —Me quedé en silencio mirando a aquella chica, que volvía a sonreír al escucharme.

—Ciega. —Terminó ella la frase, que a mí me daba pánico terminar. —Si quieres preguntarme algo, sólo dilo, no me importa.

—Vale... ¿Quieres ir al patio conmigo? —La sonrisa de Camila no se borraba de su rostro, y creo que era aún más preciosa si cabe, porque al hacerlo se mordía el labio inferior.

—Está bien. —Camila puso una mano en la pared, comenzando a caminar y la miré sin saber muy bien qué hacer.

—¿Quieres que te lleve? Es decir, no es que piense que no puedes, sino que, a ver... —Intentaba aclararme, aunque ella estaba mucho más tranquila que yo.

—Puedo sola, pero claro, siempre es mejor con alguien.

Puse mi mano en su cintura, y caminando lentamente, a través de los pasillos del instituto, llegamos al patio que estaba absolutamente vacío. Yo tenía clase, pero me daba igual, no quería desperdiciar aquella oportunidad de estar con Camila, a la que llevaba viendo tantas semanas y por fin tenía la posibilidad de hablar con ella a solas.

—Aquí hay un banco. —Dije acercándola un poco, y ella tocó la mesa, sonriendo un poco. Palpándola, se sentó en el banco que tenía delante, y yo me senté a su lado.

—Gracias. —Puso la mochila encima de la mesa y comenzó a palparla hasta dar con la cremallera y la abrió, sacando su móvil. Tenía móvil, era algo que me impresionaba demasiado. —¿Te gusta mirar a la gente? —Abrí los ojos por completo y me giré hacia adelante.

—Mmh.. Lo siento, no sabía podías verme. Es decir, no, no verme, sino ya sabes. Dios soy un desastre. —Me pasé las manos por la cara pero Camila simplemente se reía.

—Puedo notarte. Noto cuando la gente me mira, noto cuando te mueves. Te pasaste todas estas semanas mirándome en el autobús,

¿verdad? —Me dejaba muda, pero sólo sonreía mientras sacaba el sándwich de su envoltorio y lo ponía encima de un trozo de papel.

—Sí, lo siento, no quería molestarte. —Camila negaba, con esa sonrisa arqueada en el rostro que no se iba para nada.

—Soy igual que tú, solo que no puedo verte. No me molestan los comentarios, no me molesta que me miren. No es algo de lo que me tenga que avergonzar. ¿Por qué lo hacías? —Camila le quitaba los bordes al sándwich, y me fijé en sus dedos, cómo lo desmenuzaba pacientemente, mirando sus manos aunque no veía nada.

—Porque eres muy guapa, y me llamaste la atención. —Sus mejillas se tornaron a un color rojo, y agachó la cabeza con una sonrisa. —¿Sabes cómo eres? Es decir, físicamente.

—No. —Respondió levantando la cabeza, partiendo un trozo de sándwich con la mano. —La última vez que pude verme tenía cuatro años, pero creo que ya no soy así.

—No, eres preciosa, de verdad. —Ella se encogió de hombros un poco, y se notaba cómo estaba algo tímida ante mis palabras.

—Gracias. ¿Puedes hacerme un favor?

—Claro, lo que quieras. —Dije acercándome un poco a ella para hacer lo que fuera que me pidiese.

—Esto te va a sonar rarísimo. Pero... ¿Podría acariciarte la cara? Así sabría cómo eres, aunque sea extremadamente raro. —Camila se giró hacia mí, y su mirada, no me podía creer que no viese nada.

—Por supuesto, adelante. —Ella se giró por completo, y comenzó a pasar las yemas de los dedos por la línea de mi mentón, por mis mejillas. Sus manos acariciaban mi rostro y Camila parecía disfrutar por conocerme, por saber cómo era. Sus manos olían a una mezcla entre regaliz rojo, sandía y melón, y eran suaves, casi aterciopeladas diría yo.

—Creo que eres muy guapa. —Sus dedos trazaron la línea de mi nariz, y la arrugué, aunque ella comenzó a reírse por eso. —¿De qué color tienes los ojos?

—Verdes. —Ella entreabrió los labios con algo de sorpresa.

—¿Y el pelo?

—Negro. Como tú. —Pasé una mano por su mejilla para meter un mechón de cabello tras su oreja.

—¿Sabes que sólo un tres por ciento de la población mundial tiene los ojos verdes? Eres muy especial por eso. —Soltó mi cara bajando las manos, y cogió finalmente el trozo de sándwich se había preparado, dándole un bocado con una sonrisa.

—Siento si esta pregunta te suena brusca, pero, ¿por qué no llevas bastón? —Camila levantó la mirada un poco, ladeando la cabeza algo pensativa ante su respuesta.

—No me gusta, no. La gente cree que eres un bicho raro, y la mayoría no se acerca a mí. Prefiero que ese chico me trate como a una persona normal y me diga que me aparte, a darle lástima. —Agaché la cabeza porque no sabía si eso último era referido a mí, así que preferí estar en silencio. —¿Lauren?

—¿Cómo estudias? ¿Y los exámenes? —Tenía curiosidad por saber esas cosas, así que me acerqué a ella un poco más, que empezaba a comerse su sándwich.

—Tengo libros especiales, grabo a la profesora y los exámenes son orales. —Con el pulgar, limpió suavemente su labio manchado de mayonesa, aunque sonrió un poco porque sabía que la estaba mirando.

—¿Lees? —Se encogió de hombros.

—En braille. —Sus dedos palpaban la mesa de madera, y su mirada estaba fija al frente. —¿Puedes leerme el libro?

—¿Los últimos días de Pompeya? —Camila sonreía mirando al frente, y abrí el libro pasando los dedos por la primera página, sosteniéndolo con una de mis manos. —¿O prefieres que lea otro libro más fácil?

—Lo que tú quieras, Lauren. —Sus manos apretaban la madera de la mesa, y entonces decidí abrir la maleta. Saqué el cuaderno ajado, doblado, con las hojas amarillas y manchadas de café, de tinta, cansadas de mis manos.

—*Las hojas comenzaban a caer en aquella entrada del otoño tardío, naranjas y marrones, se extendían por el césped, verde brillante, cubierto por el rocío de la mañana. El vaho salía de nuestras bocas en la mañana, casi congelando nuestros labios, y mis manos dolían de aquél frío de noviembre. Me gustaba hacer fotos a ese follaje cuando aún no había nadie en la calle, cuando nadie aún había tenido la oportunidad de destruir aquella calma y belleza que el otoño había creado.* —Paré un momento para darle la vuelta a la página, y levanté la vista a Camila un momento, que tenía los ojos cerrados con una gran sonrisa en el rostro.

—¿Qué libro es? —Preguntó la morena, y no pude responder de forma inmediata, porque básicamente no sabía qué decirle.

—Lo he escrito yo. —Respondí de inmediato, observando su mirada vacía mirar un poco hacia un lado de donde estaba yo.

—Me has hecho creer que era un libro de verdad, ¿sabes? —Solté una suave risa sacudiendo la cabeza.

—No, no lo es. Y no creo que nunca vaya a serlo. —Justo en aquél instante, la campana sonó, rompiéndonos aquél momento de calma, en el que estaba empezando a saber más cosas de Camila.

—Yo... Tengo clase ahora, Lauren. —Sus manos se apoyaron en la mesa, deslizándose hasta encontrarse con el libro que traía en sus brazos, y se levantó.

—Déjame que te lleve. —Me apresuré a decir a la vez que Camila intentaba salir de entre la mesa y el banco, palpando con las manos y me sonrió.

—No tienes que hacerlo, puedo sola. —Lo decía de forma afable, no como si se sintiese ofendida, o como si la tomase por una inútil.

—¿Si te digo que quiero hacerlo porque eres muy guapa me dejarás?

Y otra vez vuelta a casa. En la mesa, un trozo de lasaña en cada plato, mis padres hablaban, yo comía porque como me decía mi madre "no sabía hacer nada mejor". Creo que me preguntaron cómo estaba, no lo sé, no lo recuerdo, pero si lo hicieron creo que respondí "bueno... sí".

—Entonces, ¿el próximo partido contra quién es? —Mi padre cortaba un poco de lasaña y se la llevaba a la boca.

—Contra St. Philips. Son realmente buenos, papá. —Rodé los ojos con un suspiro tan largo que creí haberme quedado sin aire.

—Una chica de mi equipo se partió un dedo de la mano mientras entrenábamos para el partido. —Comentó Elise, y yo me humedecí los labios lentamente con un suspiro.

—¿Y tú Lauren? —Preguntó mi madre, haciendo que levantase la cabeza a mirarla.

—Yo respiro, que ya me cuesta lo mío. —Ella rodó los ojos y mis hermanos se rieron, mi padre intentó aguantarse la risa.

—George, ¿ves lo que te digo? Es que va de libre, rebelde, se cree que está en los sesenta. —Mi madre dramatizaba más de la cuenta.

—En los sesenta debería haberme quedado yo. —Mi padre volvió a comer, y yo me levanté con el plato en la mano.

—Yo me voy a comer a mi cuarto, me gusta más hablar con la pared. —Tomé el vaso de agua y sonreí, saliendo de la cocina.

—George, la niña se nos pierde.

Entré en mi habitación y me senté en la cama con el plato en la mano, terminando de comerme la lasaña mientras le echaba un vistazo a los apuntes, aunque luego pensé que me daba exactamente igual, lo estaba suspendiendo todo y las clases me las pasaba en el patio, era raro el día que los profesores me veían el pelo, sólo cuando estaba enferma y porque en clase se estaba calentito.

Terminé de comer y dejé el plato en la mesa, cogiendo el libro sobre Pompeya que había estado leyendo en el autobús, pero acabé quedándome dormida.

—Camila, arriba. —La voz de mi madre sonó tras la puerta, dando tres golpes en esta con los nudillos.

Me incorporé un poco en la cama, arrastrándome por esta hasta tocar el borde con las manos y conseguí ponerme de pie. Puse la mano en la pared, arrastrándola y contando los pasos hasta llegar a la puerta.

Estiré la mano tocando la madera, y palpé esta hasta dar con el pomo de la puerta.

Para algunas personas, el hecho de no ver les parecía algo horrible porque no podían saber cómo eran las cosas, para otras, les agobiaba el no saber qué les rodeaba y de hecho, así era como me sentía cuando era pequeña.

—¡Ay, Camila! —Mi hermana pequeña, Cady, había pasado por delante de mí casi sin hacer ruido, y casi me tropiezo.

—Lo siento, Cady. ¿Estás bien? —Incliné la cabeza aunque no viese, porque así, la sensación de incomodidad de la otra persona era mucho menos, o eso me decían.

—Sí. ¿Quieres que te lleve a la cocina? —Bajé las manos por los laterales de su cabeza, acariciando sus mejillas.

—Claro. ¿Has desayunado ya? —Le pregunté a la pequeña, que me cogía de la mano y me llevaba caminando hasta la cocina, despacio.

—Sí, mami tiene que irse. —Puse la mano en el marco de la puerta, escuchando el sonido de lo que creía que eran los cubiertos poniéndose en la mesa, también cómo echaba en un vaso zumo de naranja —solía ser eso casi todas las mañanas— y el olor y chisporroteo del beicon haciéndose en la sartén.

—¿Beicon y tostadas, mamá? —Noté a mi madre moverse por la cocina, y me cambié de lado, porque a mi izquierda estaba la encimera donde mi madre estaba cocinando y ya había tenido malas experiencias quemándome la mano al pasar, o clavándome un cuchillo al poner la mano, así que decidí tocar el frigorífico, llegar hasta la mesa, y sentarme yo sola.

—¿Cuándo he dejado de hacer este desayuno para que ahora te extrañe? —La mano de mi madre pasó por delante de mí para ponerme el plato, y sonreí un poco, palpando los cubiertos que estaban al lado del plato.

—Tranquila, hoy tengo examen de literatura, ¿sabes? —Cogí el tenedor y moví un poco el beicon y el huevo, sólo para ver lo que había en el plato y diferenciar los trozos y dónde estaban al intentar cogerlos.

—Te saldrá bien, como siempre. —Mi madre me acarició la cabeza, y siguió recogiendo la cocina ajetreada, podía notar su prisa y su apresuración sólo por cómo se movía o por el ritmo que llevaba su respiración.

Terminé el desayuno, y Claire, mi vecina, me acompañó hasta el autobús. Subí los escalones lentamente, ayudándome de una de las barras de sujeción.

Toqué el primer asiento, donde siempre estaba sentada, y puse una mano en el asiento, asegurándome de que estaba ahí antes de sentarme.

Unas manos me cogieron de la cintura, y me guiaron hasta sentarme de en mi sitio por fin. Era ese perfume, de nuevo, era Lauren la que estaba a mi lado.

—Buenos días, Lauren. —Dije con una sonrisa girando la cabeza hacia ella.

—¿Buenos? Tenemos instituto. —Su voz, grave, ronca, desgarrada y tan profunda que me producía escalofríos.

—¿No te gusta? Eres una chica bastante lista como para decir que no te gusta el instituto. —Miré al frente de nuevo, porque el no saber dónde estaba mirando exactamente sí que me ponía nerviosa.

—El instituto es una pérdida de tiempo, Camila. Todo lo que podemos aprender en el instituto también se puede aprender fuera de él. Lo único relevante es el colegio, donde te enseñan lo básico. Se puede aprender historia viendo documentales, se puede aprender literatura leyendo, biología observando la naturaleza, informándote un poco. —Sonreí, porque sí, era realmente lista sin casi quererlo. Su mente era como un mundo totalmente abierto para todo aquél que quisiese leerla.

—¿Tienes clase ahora? —A primera, siempre tenía matemáticas que yo no podía dar, aunque tampoco me interesaba. Mi mente era más como la de Lauren, algo abstracto y complejo que ni yo misma a veces podía descifrar.

—No. —Respondió Lauren, y sonreí ampliamente al escuchar su pregunta.

—¿Quieres venir al patio conmigo? —El autobús paró tras diez minutos de camino.

—Por supuesto que sí.

*

—Mmh... —El sonido de Lauren comiendo con la boca llena, era realmente gracioso. Sentí cómo se sentaba a mi lado en el césped, y desenvolvía lo que creía que era papel de aluminio. —Esto está buenísimo, ¿quieres?

—No, gracias, he desayunado en casa. ¿Tú no? —Lauren soltó un largo suspiro, quedándose en silencio unos segundos.

—Mi casa es insoportable, créeme. —Abrí el libro de texturas. No sabía muy bien qué estaba tocando, pero tenía algunas vetas, era gelatinoso y parecía algún músculo del cuerpo, u órgano por su viscosidad. —¿Por qué acaricias un pulmón?

—¿Es un pulmón? Lo sabía. —Dije sonriendo mirando al frente, pero no dejé de acariciarlo, porque saber cómo eran las cosas, tocarlas, sentir su temperatura, cómo eran realmente, me gustaba. —¿Y por qué es insoportable tu casa?

—Porque mis padres sólo se centran en mis hermanos, en el deporte, en los partidos. Yo estoy como menospreciada, ¿sabes? Sólo quiero que se interesen un poco por mí, por saber cómo estoy, por saber lo que hago en realidad, no que siempre me estén preguntando qué voy a hacer con mi vida, que si voy a acabar viviendo con ellos toda mi vida, o no sé... —La voz de Lauren era triste, apagada, y casi literalmente podía sentir cómo me pesaba el pecho, cómo por su voz y por mi sensibilidad, estaba viviendo los sentimientos de Lauren como los míos.

—¿Lauren? —La llamé buscando su mano, palpando su pantalón, y ella cogió mi mano.

—¿Qué pasa? —Preguntó ella, acariciando mi mano con la suya. Tenía las manos calientes, suaves, aterciopeladas.

—Tú puedes ser lo que quieras.

—No lo creo. Me gustaría que la gente escuchase mi música y sintiese que es poesía, pero en cambio, sólo toco cuando no hay nadie delante. —Notaba cómo los dedos de Lauren acariciaban la palma de mi mano, sin prisas.

—Me encantaría escucharla, porque con lo que me leíste el otro día, estoy segura de que es poesía.

—Algún día tocaré para ti, te lo prometo. —El silencio nos invadió, pero no era nada incómodo. No había nada de lo que preocuparse, porque su mano seguía acariciando la mía, y escuché cómo volvía a morder el bocadillo.

Me gustaría describiros cómo era la estampa que estábamos viendo, pero no puedo. Simplemente, hacía frío, pero era soportable en aquellos meses de noviembre, olía a tierra mojada, y el ambiente era húmedo.

—¿Tuviste un accidente o algo? —Sonó la voz de Lauren a mi izquierda otra vez, y fruncí un poco el ceño, girándome hacia ella.

—¿A qué te refieres?

—A tu... A... —La verdad es que se quedó algo cortada, y no pude hacer más que reírme.

—¿A mi ceguera? —Mientras la miraba, no paraba de tocar aquél libro simplemente porque me relajaba hacerlo.

—Sí, exacto, parezco idiota cada vez que hablo contigo. —Sonreí levantando un poco la cabeza y negué.

—No, es una enfermedad genética degenerativa. Desde que nací mis padres sabían que iba a pasar esto. —Lauren comía, y se demoraba en tragar.

—Mmh, entonces, ¿sabes leer? ¿o sabes cómo es tu madre?

—No, no sé leer. Y apenas recuerdo a mi madre. —Sonreí algo triste, porque me habría gustado poder verle la cara y recordar cómo era.

—¿Y tu madre es ciega? —Negué, cerrando el libro que ya había manoseado suficiente. —¿Y tú por qué sí?

—Genética, no hereditaria. —Reí un poco apoyando la espalda contra la pared, y ella resopló.

—Perdóname por ser un desastre. —Dijo en voz más baja.

—Gracias por quedarte conmigo.

*

En el autobús de vuelta a casa, Lauren tenía mi teléfono en la mano, y llevaba como diez minutos en silencio mirándolo, parecía que era algo fuera del otro mundo, pero no, simplemente tenía control de voz. Le había dado mi número, y para no decirlo en voz alta, tuve que sacar el móvil y mostrárselo ahí.

—¿Y puedes mandar mensajes? —Preguntó de nuevo, mientras yo miraba al frente.

—Claro, pero tú me tendrías que dejar un mensaje de voz.

El autobús me agobiaba. Soportaba a una o dos personas a mi alrededor, pero cincuenta o sesenta personas, hablando, gritando, cambiándose de asientos y yo sin saber dónde iban a ir, escuchando los sonidos más fuertes que los demás me estaba agobiando.

—Me tengo que bajar ya. Nos vemos mañana o... Hablamos esta noche, si quieres, si no pues no. A ver que no te estoy obligando ni nada... —Solté una carcajada al ver cómo Lauren se ponía tan nerviosa al hablar conmigo, y me mordí el labio inferior.

—Lauren, el autobús se va. —Sentí un repentino beso en la mejilla que me descolocó, porque fue rápido y ni siquiera me lo esperaba, pero fue algo maravilloso.

—Hasta mañana, Camila.

—Hasta mañana, Lauren. —Me despedí de ella, y volví a quedarme sola en el autobús esperando a que llegase mi parada, aunque Claire aún no me había avisado.

Noté que alguien pasaba a mi lado, y su presencia estaba ahí, me incomodaba demasiado sentir cómo alguien me estaba mirando, así que giré la cabeza hacia la ventana.

—O sea, que ahora te vas con Lauren, ¿qué pretendes? —La voz de Alisha me sorprendió, y casi como un acto reflejo rodé los ojos aunque ni siquiera podía verla.

—Si te jode que Lauren sea mi amiga, nos miras y te callas. —Cogí mi mochila con las dos manos, apretando los labios un poco.

—Claro que me jode, mira, Lauren es una zorra, y sólo intento que te deje tranquila.

—Sólo porque te toque los cojones que Lauren sea mejor que tú, no tienes por qué meterte en su vida. —Respondí sin dejar de mirar por la ventana.

—Anda, pero si la ciega sabe replicar.

—Precisamente porque soy ciega estoy más enfadada con el mundo y deberías alejarte de mí. —Al parar el autobús me levanté del asiento con una mano en la barra de hierro, y en la otra la mochila.

—¿Qué vas a hacer, darme con el bastón? —Alisha se rio, y yo me reí con ella a la vez.

—Pues sí. ¿Qué tienes en contra de Lauren? ¿O de mí? Sinceramente, es la primera vez que hablamos. —Ella se quedó en silencio, y caminé sintiendo la mano de Claire agarrarme. —Y si piensas que porque soy ciega no sé defenderme, vas mal.

*   *   *

—¿Qué tal el día? —Me preguntó mi padre al sentarse en el sofá mientras yo veía la tele.

—Me fue bien existiendo, gracias. —Miré el móvil, tenía grabado el número de Camila y no sabía si llamarla, porque probablemente la molestaría, y yo quería todo menos eso.

—¿Cuánto sacaste en el examen de literatura de la semana pasada? —Dijo, y me levanté del sofá sacándome el móvil del bolsillo.

—Un nueve. —Respondí saliendo del salón.

—No te vi estudiar, Lauren. —Me recriminó alzando la voz para que lo escuchase.

—No me hace falta. Soy lista, aunque en esta familia esté tan menospreciado. —Salí de casa sacando el móvil, y me senté en la acera cubierta por un manto de hojas naranjas, y marqué su número, esperando pacientemente a que Camila me lo cogiese.

—¿Sí? —... Esa no era exactamente la voz de Camila.

—¿Es el móvil de Camila? —Pregunté algo extrañada, esperando una respuesta.

—Sí, se está duchando. ¿Quién eres?

—Mmh... Soy una compañera del instituto. Sólo dígale que me llame cuando pueda. —Jugué con mis dedos, algo nerviosa, porque estaba segura que aquella mujer era su madre.

—Vale, encantada Lauren. —Aquella señora sabía mi nombre. Ah, claro, salía reflejado en la pantalla al llamar, que idiota.

—Igualmente... Señora. —Me separé mirando el móvil con el ceño fruncido, porque no sabía cómo se llamaba aquella mujer y resultaba un tanto extraño.

Mire el suelo mojado de la carretera, cómo las líneas blancas estaban desgastadas, casi arrancadas por el paso de los coches, y cómo yo esperaba no muy pacientemente a escuchar de nuevo la voz de Camila. Era extraño, porque ahora que lo pensaba... Camila en la ducha. No me había percatado que podría mirarle el culo cuando quisiera, pero era tan lista que seguro que se daba cuenta, y quizás dejaba de hablarme por pervertida.

Mi móvil sonó, y de lo nerviosa que me ponía casi se me cayó el móvil a un charco.

—¿Sí? —Respondí yo.

—Hey, me ha dicho mi madre que has llamado.

—Sí, yo no quería molestar, lo siento si lo he hecho. —Apreté un poco los labios porque no quería volver a hacer el idiota.

—No molestas, Lauren. —Me levanté del suelo, comenzando a andar por la acera del vecindario, viendo las bicicletas de los niños apoyadas en las escaleras de los jardines. —Tu amiga Alisha se ha acercado a mí hoy en el autobús. Muy simpática, por cierto.

Me paré en seco levantando la cabeza, Alisha.

—¿Qué te ha dicho?

—No lo sé muy bien, creo que sólo quería meterse conmigo.

—Le voy a pegar un tiro en la cabeza. —Gruñí frustrada, dándole un golpe a una papelera con el pie.

—Hey, hey, tranquila. Me es irrelevante. Además si se mete conmigo usaré el bastón, y no lo digo de broma. —Escuché cómo se reía a través del teléfono.

—Es que esa chica no se cansa de joderme la vida, Camila y no quiero ni que te toque.

—Eres muy dulce. —Me dijo ella, y simplemente me la imaginé con esa sonrisa en la cara, hablando por teléfono en su habitación, y yo también sonreí.

—¿Sabes que saqué un nueve en literatura? Mi teoría es cierta. No necesitamos el instituto. —La escuché reír, y juraría que era lo más tierno del mundo.

—Yo sí que lo necesito, ¿qué pasaría si no te tuviese a ti? ¿Qué pasaría con esta chica nueva? Me aburriría mucho sin ti. —Tenía la cara de idiota más grande del universo, y una sonrisa que casi me dolía mantenerla tanto tiempo.

—Y yo sin ti, Camila.

—¿Me puedes describir qué ves?

Estábamos en el patio del instituto, Camila volvía a tener matemáticas y yo... Yo no sé ni lo que tenía, el caso es que me daba bastante igual. Mis mejores clases eran mirarla, observar lo preciosa que era y explicarle todo lo que sabía. Aquellas eran las mejores formas de aprender, de abrir la mente, de adquirir conocimientos sin estar atrapados entre cuatro paredes que no te dejan expandir tu mundo.

—Mmh... Estamos en el patio delantero del instituto. —Dije cruzando las piernas. Estábamos sentadas encima de una mesa que estaba pegada a la pared, así que desde ahí, sentadas, podíamos verlo todo. —Hay un chico leyendo y poco más.

—No, no. Me refiero al paisaje, a la calle, a todo. Seguro que puedes hacerlo, cuando lo escribes... Lo haces genial. —Sonreí un poco encogiéndome de hombros aunque ella ni siquiera pudiese verme.

—Pues... La calle está bordeada por árboles de hoja caduca a los lados, que van cayendo durante el día hasta formar una alfombra naranja encima de la poca nieve derretida que queda en el suelo. La acera es una sucesión de bloques de hormigón, no son cuadrículas como en las demás calles, aquí son rectangulares. El patio del instituto tiene un sendero de baldosas grises, de piedra caliza color negro que se extiende hasta la entrada, y este camino está rodeado por hierba de un color verde intenso, húmeda por la nieve derretida de la que aún quedan restos en algunas partes. Luego estamos tú y yo sentadas en una mesa. Tus ojos son... Preciosos, de color café, con pestañas largas que hacen que estos sean aún más bonitos. —Camila estaba sonriendo, agachando la cabeza con media sonrisa. —Y tu pelo brilla, parece suave, ondulado sobre tus hombros. Tus labios son preciosos, rosados, algo gruesos pero sin ser exagerado, escondiendo unos dientes que hacen que tengas una sonrisa preciosa. —Ella sacudió la cabeza totalmente enrojecida, y me giré hacia el frente.

—Lo has hecho muy bien. —Me dijo ella, y me quedé en silencio negando.

—No. —Terminé por decir. —No.

—Plantéatelo así, has hecho que una persona que no puede ver recree en su mente un paisaje que jamás ha visto. Que pueda sentir el frío de ese paisaje. ¿Piensas que eso no tiene mérito? ¿Piensas que eso no es arte? Pintas cuadros con tus palabras, Lauren. —Ella me hacía sonreír, me hacía sonreír de la manera más sincera de todas, de las que no te puedes borrar de la cara y pareces una auténtica idiota, esas sonrisas que no quieres que nadie vea porque van a empezar a preguntarte quién te gusta.

—¿Quieres que nos vayamos ya a casa? —Pregunté poniendo una mano en su rodilla.

—Sí, empieza a hacer frío. —Me bajé yo primero, y la cogí en brazos sin ningún problema.

—¿Quieres que te lleve en brazos? Hoy he traído mi coche. —Sin decir nada, la llevé en brazos porque era la forma más rápida de caminar con Camila, por mucho que me doliese decir eso.

—Si no te cansas de mí en mitad del camino... —Soltó una suave risa, y llegué hasta el coche. La tuve que dejar en el suelo y abrí su puerta, conduciéndola de la mano hasta llegar. Entonces, le agaché un poco la cabeza poniendo la mano en ella para que no se chocase, y comencé a ponerle el cinturón. —Muchas gracias, Lauren.

—No es nada, es por seguridad. —Dije yo, saliendo del coche para volver a entrar en el sitio del piloto.

—No era por eso, es por llevarme. —Arranqué el coche y sacudí la cabeza, mirando por el retrovisor.

—No hay de qué. Oye, he estado pensando y... Quizás, sólo quizás, si tú quieres, a ver que no te estoy obligando ni nada por el estilo...

—Lauren dilo ya. —Camila reía mientras yo conducía, joder, tenía que dejar de ponerme tan jodidamente nerviosa cuando hablaba con ella.

—Si querías ir a algún sitio esta noche. No sé, es viernes, los viernes la gente sale, pero ya sabes, en plan amigos. No tienes que decir que sí, sabes, yo sólo, entiendo que no quieras venir porque soy un poco muermo y odio las discotecas pero...

—Lauren... —Me volvió a reprender por la retahíla de cosas que estaba diciendo al dar por hecho que iba a decir que no.

—Vale, lo siento.

—Claro que quiero ir contigo. ¿Dónde tenías pensado llevarme? —Ella jugaba con sus manos encima de sus piernas, y casi nos estrellamos porque me quedé embobada mirándola.

—Pues, no sé si has probado el sushi alguna vez pero deberías, totalmente. Luego si quieres podemos dar un paseo por la bahía, o podemos escuchar música en una tienda bastante buena del centro, darle de comer a las gaviotas, comer fish and ships, lo que quieras. —Otra vez estaba poniéndome nerviosa, y paré justo en la puerta de la dirección que me había puesto Camila en el teléfono.

—Podemos hacer un par de cosas de esas y otro par de cosas otro día, ¿no te parece? —Ella sonreía mirando al frente, tocando su mochila para cogerla del asa.

—Oh, claro, perfecto. Me parece genial. Sí. —Asentí, y salí corriendo del coche para abrirle la puerta y sacarla con el máximo cuidado posible.

Una vez fuera, ella se agarró a mi brazo con una mano, señalando las casas.

—¿Ves alguna que tenga en el jardín una bicicleta añil? —El que teníamos al lado sí que la tenía, estaba recostada en el césped, así que me paré. —¿Es aquí?

—Sí, eso creo. A no ser que haya otra casa con una bicicleta azul oscuro en el jardín. —Dije parándonos, y ella rio un poco.

—Es de mi hermana, ¿tiene un S en el lateral del manillar? —Agaché la cabeza buscándolo, y sí, sí que la tenía.

—¿Has montado alguna vez en bicicleta? —Camila negó con una sonrisa mientras caminábamos a través del jardín.

—No. —Y llegamos a la puerta. Llamó al timbre, y yo no sabía si quedarme, si esfumarme, o qué hacer en aquél momento, pero tenía tal bloqueo mental que me quedé quieta, y ya era demasiado tarde.

—Hombre, pero si llegas más... Hola, ¿quién eres? —Esa debía ser su madre, o su tía, no quería hacer suposiciones.

—Mamá, esta es Lauren. —Extendí la mano para saludar a su madre, estaba en lo cierto.

—Vaya, esta es la famosa Lauren de la que tanto hablas. —Mi cara tomó un color más parecido al de una bombilla incandescente que al de una persona normal.

—Mamá, Lauren me ha propuesto ir a algún sitio esta tarde, ¿puedo ir? —Camila soltó mi brazo, apoyándose en el de su madre.

—Claro. ¿Vienes a recogerla o va ella? —Entre las piernas de la señora salió un perro, un labrador bastante grande que se acercó a Camila lamiendo su mano y frotando el hocico contra ella.

—Vengo yo. ¿Quién es? —Camila acariciaba la cabeza del perro, que parecía disfrutar de las atenciones que la latina le prestaba.

—Se llama Charlie. —Dijo Camila, y una vez el perro había tenido suficiente, paró. —¿Nos vemos esta noche, Lauren?

—Nos vemos esta noche.

*

Mi familia comía en la mesa, y yo me quedaba en silencio mirando el vaso de agua mientras me metía un trozo de filete en la boca, intentando terminar pronto.

—Yo saqué un siete en literatura, y Amanda un seis. —Decía mi hermana, y yo revolvía un poco las verduras con el tenedor.

—¿Y tú, Lauren? —Me preguntó mi madre. —¿Qué sacaste en ese examen de historia que tenías?

—Un nueve y medio. —Respondí sin más, casi sin levantar la mirada del plato.

—Eso es imposible. —Dijo mi hermana. Siempre estaba a la gresca conmigo por las notas, porque sacaba más que ella. —Ni siquiera estudias.

—Apruebo porque soy lista y sé las cosas, no me las estudio y luego las olvido. ¿Te sigues acordando de la fecha de la Revolución Francesa o ya pasó el examen?

—¡Mamá! —Se quejó ella, y rodé los ojos cogiendo otro trozo de carne, soltando un suspiro.

—Lauren deja a tu hermana. —Y encima la culpa era mía, había que joderse. —Y ya hablaremos de ese nueve y de todos los nueves que has sacado con tu profesora. —Me señaló con el tenedor.

—Estoy hasta la polla de esta familia. —Dije levantándome de la mesa saliendo de la cocina.

—¡Lauren! ¡Esa boca! ¡Mírala George! —Escuchaba de fondo, y me tumbé directamente en la cama poniéndome los auriculares.

Sweater Weather, The Neighbourhood.

Podría ser que me estuviese empezando a gustar Camila, aunque no era un secreto, lo único que intentaba saber es... Si a ella le gustaba yo. ¿Pero cómo iba a gustarle? Seguro que le gustaban los chicos, era obvio. Ninguna chica como Camila aceptaría estar con una chica.

Llamé a la puerta de la casa de Camila, era esa porque la bicicleta seguía a un lado del jardín.

—Hola, ¿quién eres? —Una niña pequeña, de unos ocho años abrió la puerta y me quedé observándola.

—Soy... Soy Lauren. ¿Está Camila dentro? —No me dio tiempo a decir nada, porque Camila apareció tras ella. Llevaba puesto una chaqueta de cuero marrón, con el cuello alto.

—Hey. ¿Nos vamos? —Camila acarició el pelo de su hermana, y bajó un escalón con cuidado, mientras yo intenté sujetar su mano.

Charlie, su perro salió detrás de ella, que cogió la correa metálica en forma rectangular.

—Espero que no te importe que lo lleve a él, pero también le gusta salir de vez en cuando. —Dijo metiéndose el pelo detrás de la oreja.

—Claro, será genial. —Respondí yo, acariciándole la cabeza al perro que comenzó a andar a la vez que Camila.

—Es raro, porque vivimos prácticamente al lado y nunca te he visto.
—Camila sonrió un poco mirando al frente.

—No suelo salir mucho, sólo al instituto. —Respondió, y pude ver como Charlie caminaba pegado a su pierna derecha.

—Vamos a cenar sushi, ¿te parece bien? —Pregunté girándome para mirarla, y asintió con una de esas sonrisas.

—Nunca lo he probado, ¿está bueno?

—Está genial.

Llegamos a una zona cercana al puente, que cruzaba a la zona urbana, a las empresas y edificios enormes de oficinas. No llegamos a cruzar, porque no valía la pena, las mejores vistas las teníamos frente a nosotras, además de unos maravillosos puestos.

—Querría dos rollos californias y sushi de salmón y atún. —Dije en el mostrador, mientras Camila se sentaba en una de las sillas, palpándola con la mano.

Me senté frente a ella, observando cómo el perro casi no se separaba de su lado, sin hacer ningún ruido.

—Es genial que puedas ir a todas partes con él, es muy callado, ¿no?.
—Ella asintió con la mirada perdida al frente, aunque frunció un poco el ceño sonriente.

—Bueno, los perros no hablan, pero sé a qué te refieres. Los perros guías no suelen ladrar. —Justo cuando iba a responder, uno de los camareros se nos acercó.

—Perdonen, no pueden estar aquí con el perro. —El rostro de decepción de Camila era demasiado evidente, y yo miré al chico negando.

—Es su perro, va a todas partes con él, ¿dónde cojones quiere que lo deje? —Él se encogió de hombros.

—Lo siento. —Bufé mirando a Camila, que tenía la cabeza gacha y el semblante triste.

—¿Sabes qué? Comer en un restaurante está muy sobrevalorado.

Pedí que me diesen el sushi para llevar y con ella, me senté en una de las mesas que había justo al lado de la bahía, donde se podían ver perfectamente los edificios.

—¿Te gusta más esto? —Le pregunté a Camila, que sonreía aún más que antes. La brisa nos daba en la cara, con algo de frío, pero estaba segura de que aquello a Camila le gustaba, sentir, saber cómo era ser una "persona normal", le gustaba.

—Es genial. —Abrí el paquete de plástico dejando ver el sushi, y cogí un trozo con los palillos, mojándolo en salsa.

—Abre la boca. —Ella apretó los labios un momento, pero luego los abrió un poco. Coloqué el trozo de rollo en sus labios, y ella lo atrapó para morderlo. —¿Está bueno?

—Está... Está muy bueno. —Respondió ella.

Y así, seguimos comiendo, poco a poco, aunque a mí me encantaría que Camila viese lo que yo estaba viendo.

—Sabes... Estamos al lado de la bahía, que separa las dos mitades de Vancouver. Al otro lado hay un montón de edificios de oficinas, que no sirven para nada pero... La mezcla de luces, blancas y rojas que se refleja en el agua, el negro de estos que se confunde con el negro del cielo... Es increíble.

—Gracias. —Dijo ella, cogiendo un trozo de sushi con el tenedor, porque obviamente el ser... Invidente, le ponía algunos límites aunque no quisiese. —Debe de ser precioso. —Soltó una suave risa, aunque triste, y me sentí fatal aunque yo no tuviese ninguna culpa.

—¿Puedo hacerte una pregunta? —Dije con la lata de refresco entre las manos.

—Claro. —Respondió llevándose el sushi a la boca.

—¿Has tenido novio alguna vez...? —Instantáneamente se rio, y sus ojos se achicaron al hacerlo.

—Sí, sí que he tenido. Antes de venir a Vancouver vivía en Nueva York, y allí tuve un novio. Se llamaba Austin pero... No conectábamos mucho. Era majo, pero no funcionó. —Bueno, esa era la confirmación de que yo no tenía nada que hacer con Camila.

Mi teléfono sonó para sacarme de ese jarro de agua fría y descolgué.

—¿Sí?

—¿Dónde estás? ¿Ya te has echado novia? ¿Es que vas a traer a alguna chica a casa? —Gritaba a través del teléfono que tuve que separar de mi oreja.

—No, mamá, no me he echado novia y no voy a llevar a ninguna chica a casa. —Resoplé y mi madre seguía gritándome, hasta que colgué.

—¿Te gustan las chicas? —Casi ni me moví del sitio ante la pregunta, porque me acababa de dar cuenta de todo. No quería que Camila se alejase de mí.

—Sí, es decir, pero no tienes por qué alejarte. Vamos a ver, no voy a hacerte nada, ni a querer violarte, ni voy a tocarte el culo, ni nada de eso, soy una persona normal, sabes, yo no busco nada...

—Ya, Lauren, ya. —Camila se reía ante mi nerviosismo. —Sé que no pasa nada.

Tras aquella incómoda conversación, comenzamos a caminar hacia el vecindario de nuevo y aún seguía mirando cómo Charlie conducía a Camila sin ningún problema.

—Siento cómo me puse antes, pero esos temas me ponen muy nerviosa, sé que no te gustan las chicas y por eso no quiero que pienses que voy a intentar algo raro contigo. —Comenté mirando mis pies al caminar.

—¿Quién te ha dicho que no me gustan las chicas? —Casi me atraganto con mi propia saliva al escuchar aquello.

—¿Qué?

—Yo no puedo ver, Lauren. No puedo regirme por si alguien es un chico o una chica, ¿entiendes? No puedo ver su cara, ni ver cómo viste para que me guste. Me gusta lo que es esa persona, me gusta la forma en la que se comporta, me gusta su mente, no me gusta su físico. Quizás fue por eso que rompí con mi ex novio. —Ella se encogió de hombros, y casi escalo un árbol y me tiro de él, pero decidí estar más calmada.

—Eres... Eres maravillosa. —Dije provocando su sonrisa, y aunque me gustaría haberla abrazado, me quedé con las manos en los bolsillos.

A un lado de la calle, una chica estaba sentada al lado de una cafetería, y unos cuatro chicos alrededor estaban gritándole. Por lo que podía ver, estaba pidiendo dinero en la puerta. Comenzaron a pegarle en la cabeza, sólo golpes con las manos que la movían y salí corriendo.

—¿Lauren? —Escuché decir a Camila.

—EH, EH. —De los cuatro, tres salieron corriendo y uno se quedó ahí plantado, así que le estampé el puño en la cara, y él a mí, porque no era idiota y sabía defenderse. Lo empujć dándolc una patada en la rodilla y cayó de espaldas al suelo, y comencé a darle puñetazos, hasta que dos personas me cogieron de los brazos y me apartaron de él mientras yo seguía pataleando.

Era la policía.

*

Con las manos esposadas a la espalda, sentada en un banquillo, el ojo morado y Camila al lado, esperábamos a que mis padres llegasen a comisaría.

—Me van a matar. —Susurré. Prefería quedarme en la cárcel a escuchar los gritos de mi madre.

—Hiciste bien, Lauren.

—Tú, ¡tú! —Mi madre y mi padre aparecieron por la puerta, señalándome con el dedo. —Sabía que no debía dejarte salir, eres una irresponsable, y una delincuente. —Me decía mi madre.

—NO SOY UNA DELINCUENTE. —Grité moviendo las manos a mi espalda intentando quitarme las esposas, con la respiración agitada. —¡¡Intentaba ayudar a alguien!!

—¡Tú no ayudas a nadie! ¡Tú no haces nada! —Me gritaba ella mientras el policía me quitaba las esposas, y yo me froté las manos mirando estas. —Si al menos estudiases, si al menos supieses qué vas a hacer con tu vida, como tus hermanos, lo pasaría. Pero no haces nada, eres inútil. Sólo tienes pájaros en la cabeza sobre música y libros, y tienes que madurar para ser algo de provecho, no esto que eres ahora. Comes, duermes y te vas... A veces pienso que hemos creado un monstruo. —La presión que sentía en el pecho no me permitía respirar sin empezar a llorar, porque todo aquello me había destrozado.

Salí casi en embestida de allí, andando por la acera hasta encontrar un hueco que daba a la bahía, y me senté ahí a llorar en silencio. Ni siquiera había pensado en que había dejado a Camila allí, y me sentía mal por ella.

—Lauren. —La voz de Camila sonó a mis espaldas, y soltó a Charlie, que se quedó sentado justo en el sitio que su dueña había marcado. —Sé que estás aquí. —Caminó un poco más y tocó mi hombro con la mano, sentándose a mi lado mientras yo miraba los edificios altos y oscuros.

—¿No has escuchado a mi madre? Soy una inútil, no merece la pena pasar tiempo conmigo. —Las lágrimas rozaban mis mejillas aunque yo no quería, y Camila puso las manos en mi cara, acariciándola, quitando las lágrimas con los dedos.

—No eres como ella te pinta. No lo eres. Sólo porque ella no te entienda, no eres inútil. —Negué con la cabeza gacha entre sus manos de nuevo. —Yo puedo ver a las personas de la forma más pura, Lauren. Yo puedo ver si son buenas o malas. Yo puedo ver tu mente, puedo leer la maraña de ideas que tienes en la cabeza y lo genial que sería que lo sacases todo. Puedo ver tu creatividad, puedo ver lo buena persona que eres. Nunca he conocido a alguien tan puro como tú, a alguien que tenga ideas tan firmes y las muestre, alguien que sabe quién es y no va a cambiar nada por nadie. Tu madre es superficial que no sabe ver quién eres, pero yo sí. —Sus ojos estaban perdidos en el frente, mientras yo tenía la mirada fija en el suelo sin querer decir nada.

—No quiero ir a casa. —Susurré en voz baja.

—Ven a la mía entonces.

Entre los árboles, ella bailaba, y se movía sutilmente evitando los troncos rodeados de musgo, causados por el frío y la lluvia. Sus hombros eran rozados por las hojas de los sauces llorones que crecían a la orilla del río, y sus ojos se posaban en las raíces que sobresalían de los majestuosos y gigantescos árboles, que más bien parecían obra de los antiguos griegos, y se alzaban uno tras otro formando así una maraña de vegetación inmensa que se extendía por varios kilómetros. Su aliento, débil y tembloroso, salía de sus labios como si fuese a congelarse, expectante, gélido y cálido a la vez, buscando escapar de su boca al contraste con el aire frío. El verde de aquél bosque cautivaba, hipnotizaba, confundía los sentidos. Tan enorme y sin salida, pero a la vez tan maravilloso y abierto. Podías agobiarte, o podías perderte. Ella prefería perderse entre los árboles, la hierba, el musgo, los restos de nieve y los riachuelos cristalinos salteados con piedras que iban desde el blanco al negro tizón. Aquél bosque le abría la mente, refrescaba sus ideas, hacía que...

Escuché el crujido de las ramas y paré de escribir, levantando la cabeza del cuaderno. No mucha gente sabía manejarse en aquél bosque, pero si lo hacían eran cazadores furtivos. Los pasos y crujidos eran más fuertes, más cercanos, y comencé a asustarme hasta que vi a Charlie olisquear el suelo, y a Camila detrás con aquella correa en la mano. Me moví un poco, y el perro paró de moverse.

—¿Lauren? —Su voz era suave pero firme, no como la mía. Llevaba tres días sin aparecer por casa, tres días sin ir al instituto y un día sin hablarle a ella.

—¿Por qué estás aquí? —Pregunté sintiendo el frío recorrer mis mejillas, y apreté los labios mirándola.

—Porque te echo de menos y estoy preocupada. —Ella caminó hacia mí, y la cogí de las manos rápido para que no se cayese.

—¿Cómo me has encontrado? —Tragué un poco de saliva, y ella puso las manos en mis brazos.

—Te gusta el frío. Te inspira el frío, ¿dónde hace más frío que en el bosque? —Sus manos subieron hasta mi rostro, poniendo las manos en mis mejillas y las apretó un poco. —Lauren, estás congelada.

—Estoy bien. —Camila negó, abriendo un poco más las manos sobre mi piel.

—¿Dónde has dormido, Lauren? ¿Qué has comido? Está bien que no quieras ir a tu casa, lo entiendo. Ven a la mía. —Negué apartándome de sus manos, cogiendo mi cuaderno y metiéndolo en la mochila.

—No. No puedo ir mendigando ayuda de los demás por mis problemas, lo he aprendido con los años. —Me colgué la mochila a la espalda, colocándome bien el gorro.

—Eres una cínica. —Me dijo ella, con el vaho flotando entre nosotras, y casi me dolió eso más que todo lo que mi madre me dijo. —No el tipo de cínica que todo el mundo conoce. Eres como Diógenes. —Agaché la cabeza dejando que ella siguiese hablando. —No quieres ayuda de nadie, ni siquiera la mía porque crees que no la necesitas, pero sí que la necesitas.

—No quiero molestar a nadie, Camila. Y tú tienes un problema mucho más grave que el mío. —Ella se rio irónicamente negando.

—¿Cuál?

—Eres ciega. —Era la primera vez que lo decía sin titubear, aunque el frío me hacía tiritar.

—Si crees que ser ciega para mí es un problema, no me conoces bien. —Retiré la mirada de Camila desencajando la mandíbula, quedándome en silencio. —Entiendo que tengas miedo de que la gente se acerque a ti porque nadie más lo ha hecho. Entiendo que escondas tanta frialdad y dolor debajo de toda esa alegría, Lauren. Pero no intentes apartar a la gente de ti cuando intenta ayudarte.

—No sé en quién puedo confiar, Camila. —Susurré con la voz quebrada. —Mi mejor amiga pasa de mí cuando le digo que estoy hecha una mierda, y nadie en este mundo me hace caso. —Mis lágrimas parecían congelarse al salir de mis ojos, y sus manos, al estar en mi cara, se fundieron en un abrazo conmigo.

—Estoy aquí para ti, Lauren. —Susurró en mi oído, sintiendo cómo aquellas palabras me presionaban casi el alma, y ella apretó su mano en mi pelo. —Pero vamos a mi casa al menos, hace mucho frío.

*

Movía la pierna de forma nerviosa mientras estaba sentada en la mesa de la cocina, observando cómo Camila se bebía su taza de chocolate frente a mí, y yo sostenía la mía entre las manos.

Camila tenía una hermana pequeña, se llamaba Cady y no paraba de repetir que no quería hacer los deberes en español por la cocina.

Entonces Camila se levantó poniendo las manos en la mesa, intentando alcanzarme dando pequeños pasos hasta llegar hasta mí.

—Vamos a mi habitación mejor. —Cogí su mano y caminé con cuidado por el salón, conduciéndola hasta la puerta que me señaló.

Su habitación no tenía nada que ver con la mía, fresca, luminosa y agradable. Todo bien colocado y ordenador, y en una de las esquinas estaba el bastón que tanto odiaba usar.

—¿Es verdad lo que me leíste el otro día o era un libro publicado? —Camila tanteó la cama con las manos hasta sentarse, y yo lo hice a su lado tras cerrar la puerta.

—¿El qué? —Pregunté yo jugando con mis manos mirando al suelo.

—Una de las frases decía, *"su madre le decía que tenía muy mala suerte por aquella hija que le había tocado, y ella lo sabía, se derrumbaba cada vez que lo oía."* —Hice una mueca apretando los dedos entre mis manos.

—Detrás de cada historia siempre hay una verdad. —Susurré de forma triste, quedándome en silencio apretando la mandíbula.

—¿Tu madre de verdad te dice esas cosas? —Mis ojos se humedecieron de nuevo y apreté las manos en los bordes de la cama.

—¿No la escuchaste en la comisaría? Eso es la cosa más agradable que me ha dicho en dieciocho años. —La mano de Camila se deslizó por la cama hasta llegar a mi mano, y desde ahí, trepó por mi brazo hasta mi hombro.

—Tengo suerte de haberte conocido, ¿sabes? —Solté una risa irónica negando, mirando al frente. —Esta mañana al ir al instituto casi me corto la mano en dos porque tú no estabas para decirme que eso no era el pomo de la puerta, que eso era la verja y estaba a punto de cerrarse.

—Podrías tener a cualquiera para eso, no me hace especial. —Alcé los hombros con un suspiro, tumbándome en la cama mirando al techo.

—Podría pero... Nunca vino nadie a ayudarme hasta que apareciste tú. — Su mano se colocó en mi muslo, y aunque estaba peligrosamente cerca de mi entrepierna, no dije nada porque no me molestaba. —Estoy aquí para ti, siempre. —Sus ojos parecían perdidos en la pared, y me volví a incorporar, pasando un brazo por su cintura.

—¿Te aprendes las frases que leo? —Pregunté mirándola, y ella sonrió achicando un poco los ojos.

—De algo me tiene que servir estudiar con audios, ¿no? —Asentí aunque ella no podía verme, pero sólo acaricié su brazo con los dedos. —¿Puedo hacerte una pregunta?

—Claro.

—¿Por qué te trata así tu madre? —Busqué un punto fijo en el espacio al que mirar, intentando encontrar una respuesta que no fuera muy desagradable.

—Porque a mí no me querían. Fui un desliz, un error. Desde pequeña nunca fui esa niña modélica y normal que todos los padres quieren, lo cual habría arreglado bastante la situación pero... Mi forma de ser lo empeoró.

—Pero si eras una niña pequeña, ¿cómo van a odiar tu forma de ser? —Los ojos de Camila estaban fijos en mi cuello al no poder encontrar un punto fijo dónde mirar.

—No me gustaba llevar falda, no me gustaba llevar vestido, ni lazos, ni el pelo recogido, ni el rosa, y cuando le conté que me gustaban las chicas, fue... Terrible. Lo soporta pero, a la vez no lo soporta. Es raro. —Reí un poco encogiéndome de hombros, frotando mis manos entre sí. —A veces me gustaría haber sido como esas chicas superficiales y no habría tenido problemas.

—A mí me gustas así. Y me gustaría ver cómo vistes, y cómo te mueves. Me gustaría ver tu cara, ¿sabes? Sería genial.

Nos quedamos en silencio, y yo me volví a tumbar, Camila se tumbó a mi lado y ella cerró los ojos.

—¿Tienes pesadillas? —Pregunté en voz baja, y ella sonrió un poco.

—Vivo en una. —Giré rápidamente la mirada hacia ella, que no abrió los ojos. —No puedo ver a mi familia, no puedo verte a ti, no puedo ver lo que me rodea y lo llevo bien, pero muchas veces todo me supera. Me agobio, y me pregunto por qué me pasó esto a mí. Eso es lo último que pienso cuando me voy a dormir, por qué a mí. —Me sentía como una mierda en ese momento, no podía decir nada, simplemente me dedicaba a mirarla mientras ella yacía con los ojos cerrados en la cama.

—¿No te pueden operar? —Pregunté en voz baja, y ella sonrió negando.

—Cuando era pequeña sí, pero Cuba no es un país muy favorable para vivir. Cuando llegué aquí ya estaba todo perdido, así que... —No quería decir nada, no quería ni siquiera moverme, así que me quedé en silencio, intentando recomponerme de aquello. —¿Alguna vez has besado a alguien?

—No. —Respondí yo, y ella alzó una mano topando con mi cara, acariciando mi mejilla.

—¿Cómo qué no? Pareces tan atrevida, tan... Libre. —Moví un poco la cabeza para rozar mi mejilla con su mano, apretando los ojos.

—No he conocido a muchas chicas en Vancouver, y si las he conocido, han salido corriendo. —Respondí, sintiendo sus dedos deslizarse por mi mejilla.

—¿Por qué? —Sus preguntas me hacían demasiado daño.

—No lo sé. Supongo que no estoy hecha para estar al lado de nadie. Todo el mundo sale y conoce gente, yo sólo... Me gusta el frío, la nieve, escribir, la música y nadie me comprende. —Camila se incorporó, poniéndose de pie con cuidado y sus manos se pusieron sobre mis hombros.

—Mírame. —Me dijo seria.

—Te estoy mirando. —Respondí, porque no había parado de hacerlo.

—Si sólo yo soy capaz de ver que eres genial... Entonces estoy agradecida de ser ciega.

*

Cuando llegué a casa un montón de policías estaban aparcados en la puerta, mi madre con la mano en el pecho casi llorando y al verme abrió los ojos de golpe.

—¡¡¡PERO DÓNDE HAS ESTADO!!! —Me cogió de un puñado antes de que la policía pudiese decir nada, y me llevó como si fuera un saco hasta mi habitación. En vez de alegrarse porque había vuelto, me trataba así. —No sales de casa en dos meses, ¿me has escuchado? —Y me dio una bofetada que me puso la cara del revés. —Si fueras como tus hermanos, si fueras así, sólo eso, sólo un poco, dios. Qué mala suerte he tenido contigo, es que no me lo explico. Te quedas sin navidad, sin fiestas, sin salir, sin ver a esa niñata ciega que te está llevando por el mal camino.

—Que te follen. —Dije cerrando de un portazo, echando el pestillo que yo misma había puesto en mi habitación y me tiré en la cama, mirando por la ventana.

—¡Lauren, ábreme la puerta! —Escuché los golpes durante un minuto más o menos hasta que desaparecieron.

La peor decisión que había tomado era esa, no quería estar en aquella casa, porque eso sí que era una auténtica pesadilla. Quería estar con Camila, quería que me hablase, quería verla durante horas y me daba igual que supiese que la estaba mirando. Me daba igual porque era un pequeño instante de felicidad en mitad de todo aquello.

—Mmh... Camila, no puedo verte mañana. Lo siento... Me han dejado sin salir dos meses y... No voy a tener ni Navidad. Así que uhm... —Tragué algo de saliva. —Te llamaré cuando pueda, y perdóname por dejarte sola de nuevo. Lo siento, y feliz Navidad, Camila.

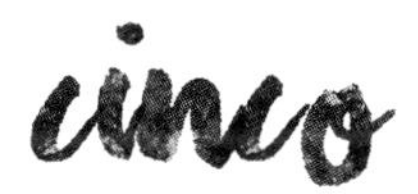

La puerta de mi habitación se abrió de golpe, y casi di un salto en la cama escuchando cómo las persianas se abrían de una forma estruendosa, que me taladraba la cabeza. La luz del día, que no del sol, entró por la ventana y pude ver, aunque con una visión algo borrosa, a mi madre vestida para salir.

—Tú, levanta, vamos. No puedes estar todo el día durmiendo ni levantándote a la hora de comer. —Miré a mi madre sin entender nada, pasándome una mano por la cara.

—Es sábado. —Respondí yo, apoyándome con los codos en la cama.

—Sí, y tu padre trabaja. —Parpadeé un momento, ladeando la cabeza porque no lograba entender el punto de mi madre.

—Ya, pero no hay instituto. —Mi madre se giró en la puerta de golpe.

—¡Lauren que te pongas a estudiar de una vez! —Señaló el escritorio cerrando la puerta de golpe.

Y así todos los fines de semana.

*

—Mamá, tienes que firmar esto para ir a una excursión de Francés. —Entré en la cocina y puse el papel en la encimera, observando cómo mi madre se giraba para observar el papel y luego volvió a leer la revista que tenía puesta encima de la mesa.

—No vas a ir. —Dijo sin más, pero volvió a girarse, quizás podía tener esperanzas. —¿Y quién te ha dicho que puedes salir de tu cuarto?

Y me volví, dejándome caer en la cama a plomo, porque no tenía nada que hacer. ¿Alguna vez habéis pensado situaciones que nunca van a ocurrir pero que sólo con pensarlas sois felices? Ese era mi caso todos los días, porque yo soñaba despierta con Camila. Sólo quería besarla, lenta y profundamente, y notar cómo de sus labios salían pequeños suspiros chocando contra los míos. Y quería hacerla sentir, quería hacer que se derritiese entre mis manos mientras la besaba, quería que me quisiera, que me abrazase, pero... La realidad no era así.

*

Un miércoles cualquiera de diciembre, caminaba por el pasillo con el libro de literatura en la mano. *El señor de las moscas,* lo había releído mil veces hasta saberme las frases, estaba ajado, con las hojas amarillentas, las puntas hacia arriba y la portada pegada con celo al haberse partido.

Y la vi, estaba de espaldas, tanteando la taquilla con las manos hasta llegar al candado. En las manos llevaba la llave, pero no alcanzaba a encajarla. Se estaba poniendo nerviosa y el candado se resbalaba entre sus manos. Camila se frustraba, porque no podía ver, porque no podía encajar una maldita llave como la gente normal.

Me acerqué a ella sin decir nada y cogí la llave, abriendo la taquilla y guardando sus libros en total silencio. Camila miraba al suelo desconcertada, luego, sus manos se pusieron sobre mis muñecas y desde ahí subió hasta mis hombros dándome un abrazo brusco, en el que apretó mi cuello, y yo no me quedé parada, porque la había echado de menos. La echaba de menos todos los días, porque no podía verla, porque no podía hablarle, porque no podía hacerle sentir las cosas que no podía ver.

—Te echo de menos. —Susurró al separarse, mirando al suelo con un gesto de dolor, con los ojos apretados.

—Lo siento, lo siento mucho... —Puse una mano en su mejilla, acariciándola con el dedo pulgar. Su piel era tersa, y pude percatarme en que sus ojos se movían de un lado a otro, hasta que cerró los ojos.

—No hiciste nada malo, Lauren, tú no hiciste nada malo. —Cogí su mano entre la mía, dándole un beso tímido en la cara, que la tranquilizó un poco.

—Dejemos a mi madre, y aprovechemos el tiempo que podemos vernos en el instituto.

Desde la caseta de madera del bedel se podía ver la bahía de Vancouver, el puente, y todo cubierto por aquella nieve en polvo que había cuajado por la noche, y que había vestido de blanco la ciudad. La calefacción ayudaba con esos menos cinco grados de temperatura que había en el exterior.

—¿Dónde estamos? —Preguntó ella, aunque yo la guiaba hasta una de las mesas de madera que adornaba la estancia.

—En la caseta del bedel. —Respondí, abriendo la mochila y ella se quedó parada frente a mí. —Te hice algo. —Dije yo, y ella inmediatamente sonrió con un toque rosado en sus mejillas.

—¿Qué hiciste? —Saqué una pequeña caja de madera de la mochila, con los lados bajos y llena de arena.

—Te hice una caja de arena. Me dijiste que no sabías leer, así que aquí puedes hacer las letras con los dedos y aprenderlas para cuando vuelvas a ver. —La media sonrisa que Camila esbozó era agridulce, y giró un poco la cara, como si no quisiera verme.

—Eso es muy dulce, Lauren. —Asintió, y jugó con sus manos, pasándose la lengua por los labios. —Pero no voy a volver a ver. Es irreversible. —Me quedé en completo silencio, apretando los dedos contra la madera desgastada de la mesa. —Me gustaría aprender cómo son las letras, siempre he tenido curiosidad. —Sabía que había notado mi ánimo, y la situación que estaba llevando en casa no me ayudaba, así que la alegría en su voz me había animado un poco más.

—¿Lo dices de verdad o por no hacerme sentir mal? —Camila caminó hacia la mesa y la palpó con las manos, deslizando estas hasta que dieron con la caja de madera. Sus dedos recorrieron los lados y sumergió las manos en la arena, agachando la cabeza con una sonrisa casi emocionada.

—Me encanta la arena. —Respondió ella, apretándola entre sus dedos, sintiendo cada grano en la parte más sensible de sus manos. —¿Me vas a enseñar las letras?

—Claro que sí.

Me quité la chaqueta, quedando con un jersey burdeos de lana, y se la quité a ella, porque si no teníamos problemas a la hora de enseñar. Sin duda, aquello me estaba poniendo muy nerviosa. Me remangué el jersey por encima de los codos y también a ella con cuidado. Deslicé mis dedos por sus brazos, haciendo que la prenda se levantase al paso en que mi mano subía, y no me cansaba de aquello. Podría sentir su piel contra la mía todo el día, incluso si era contra mi mano. No me importaba, sólo quería estar cerca de ella.

Coloqué mis manos sobre las de ella, y las apreté para que quedasen cerradas en un puño.

—¿Eres zurda o diestra? —Pregunté inclinándome un poco para poder verla morderse aquél labio que permanecía húmedo durante todo el día.

—Diestra. —Hice que levantase el dedo índice conmigo. —Tienes las manos muy suaves. —Dijo Camila con una sonrisa en el rostro.

—Gracias. Mira, ¿sabes cuál es la letra A? —Camila asintió para dar su aprobación. —Pues es como un círculo y un palito a la derecha. Así. —Moví mi mano encima de la de ella, comenzando a dibujar un círculo en la arena. Luego, al lado, un palito, terminando de formar la letra A.

Y así, le enseñé las demás. Camila miraba al frente, mientras su mano, bajo la mía, recorría lentamente la arena que se hundía y formaba surcos bajo sus dedos, que dibujaba letras. Mi cuerpo se pegó al de ella, y cuando acabamos, nuestras manos comenzaron a jugar entre ellas con la arena.

—Me gusta esto. —Decía Camila.

Para ella era como un juego de texturas, sentir la calidez y suavidad de mi mano contra los diminutos granos de arena, le parecía curioso, le hacía sentir cosas que... Yo no me podía imaginar.

—Gracias por hacerme sentir cosas nuevas. —Murmuró Camila sin moverse, pero yo me aparté para que pudiese darse la vuelta con lentitud. Sus manos subieron por mis brazos, mis hombros, mi cuello hasta mis mejillas, que volvieron a acariciar, y sus dedos surcaron mi frente, mis pómulos, bajo mis ojos. —Lo siento pero... A veces se me hace difícil recordar que... Eres real.

*

Aquella mañana me costó Dios y ayuda convencer a Camila de que nos saltáramos las clases porque tenía una sorpresa para ella.

Frente a la exposición de arte, en un banco, Camila y yo estábamos sentadas. Delante de nosotros, réplicas de casi todas las esculturas más importantes de Miguel Ángel. El David, el Moisés y la Piedad. Luego, seguía Bernini. La columnata de la Plaza de San Pedro en fotos, el baldaquino de la basílica, las tres fuentes de la Piazza Navona, todo en imágenes.

—Me gustaría saber cómo son las obras, nunca me han explicado nada así. —Ella no sabía dónde mirar, estaba nerviosa, entusiasmada, y tomé su mano para que dejase de estarlo.

—Pues... Delante tenemos el David de Miguel Ángel. Es una réplica, la real está en Florencia. Es un chico de unos quince años, esculpido en mármol blanco, con abdominales, musculado, que lleva una onda en la mano izquierda. —Camila apretaba mis dedos suavemente, mordiéndose el labio inferior.

—David contra Goliat, ¿no? —Preguntó ella, y asentí afirmando.

—Sí. Representa el momento exacto en el que David va a lanzar la piedra a Goliat. Es... Es una figura perfecta. Se pueden ver las venas de las manos, de los brazos, los músculos de las piernas, la espalda, cómo su pelo parecen rizos de verdad... —Me humedecí los labios. —¿Sabes en qué reside su perfección?

—Me gustaría saberlo. —Solté una suave risa.

—En que es un chico de quince años, entonces no está aún bien... Formado, como ser humano. Entonces si vieses la figura, te darías cuenta de que sus manos son bastante grandes en comparación con sus brazos, o sus piernas. Por eso Miguel Ángel era un maestro.

Camila sonreía ante mis palabras, y casi como si quisiese tocar las figuras, pasaba las yemas de los dedos por la palma de mi mano, y juraba que podría fundirme con ella. Juraba que no quería salir de aquél museo, y quería explicarle hasta las pinturas de las estancias del Museo Vaticano.

—Miguel Ángel se volvió loco esculpiendo el Moisés. —Ella frunció el ceño, mirándome a mí.

—¿Qué le ocurrió?

—Su obra era tan real, parecía tan real, que sólo le faltaba hablar. Así que un día le pidió que hablase, pero no hablaba, y tras pedírselo un par de veces, le dio con el cincel en la rodilla.

—Me encanta. Me encanta todo esto. Tenemos frente a nosotros algo que Miguel Ángel hizo en el siglo XVI. Lauren, quinientos años y podemos ver estas cosas. Es como que un pedacito de historia se ha quedado anclado en un trozo de mármol. Que ese trozo de mármol sigue en 1500, y eso es... Increíble.

Después de aquella maravillosa mañana, en el centro urbano de Vancouver tomamos unos perritos calientes, y Camila se manchaba toda la boca al comer.

—Me estoy manchando sin querer. —Decía con la boca llena, buscó una servilleta en la mesa con la mano.

—Déjame a mí. —Ofrecí.

Acerqué mi mano a los labios de Camila, retirando un poco de kétchup que se había quedado por su boca y terminé de hacerlo con el dedo porque el papel no llegaba hasta los recovecos que escondían sus labios.

—Tus labios son muy bonitos, ¿sabes?

En realidad, no eran bonitos, eran perfectos.

Escribía sobre sus labios, escribía sobre lo húmedos que eran, lo carnosos que parecían y cómo ella los mordía tan lentamente que parecía que se acababa el tiempo. Escribía sobre besarla, sobre atrapar aquella casi obra de arte entre los míos, escribía sobre poder rozarlo con un dedo de la forma más delicada y suave posible.

—Lauren, ¿te pasa algo? —Su voz me abstraía de cada absurdo pensamiento que pasaba por mi cabeza.

—Nada. —Respondí en un tono alegre.

Me pasas tú.

*　　*　　*

Las tardes me quedaba encerrada en la habitación, con un cuaderno, el móvil y sin ordenador. No podía ver series, no podía ver a Camila por Skype, no podía escribir correctamente, simplemente lo que podía era escuchar música.

La puerta se abrió de golpe, como siempre, sin respeto alguno, y yo salté casi de la cama sentándome en esta para no parecer que no estaba haciendo nada, cuando era la realidad.

—Mira cómo tienes el cuarto, que da asco entrar. —La voz de mi madre cada vez se me hacía más pesada de escuchar. —¿Qué va a pasar cuando yo no esté? ¿También vas a vivir en una pocilga y sin hacer nada? —Apreté la mandíbula mirando por la ventana, no quería más peleas pero la rabia e impotencia me estaba comiendo por dentro. —Por cierto, tienes visita. —Casi me caigo de la cama al escucharla y me puse de pie. —Y no, no es la ciega.

—Se llama Camila. Camila. —Pasé delante de mi madre sin mirarla, bajando las escaleras lo más rápido que pude hasta llegar a la puerta.

Una chica estaba allí delante. Rubia, de ojos negros, cubierta por un chaquetón más bien de dos mil cuatro, color champán con una capucha de pelo esperaba a mi llegada en la puerta.

—¿Eres Lauren? —Preguntó ella, y asentí poniendo una mano en la puerta.

—Me suena mucho tu cara. —Respondí yo, entrecerrando los ojos para ver si la reconocía.

—Soy Marie. —No me sonaba de nada el nombre. —La chica a la que defendiste el otro día, por la que te arrestaron.

Observé a la rubia un instante, el que tomó para sentarse en la mesa de la cocina donde había puesto dos tazas de café, y me senté frente a ella. Tenía rasgos polinesios, los ojos marrones, intensos, y unas largas manos que se frotaban entre ellas.

—Gracias, de verdad. Si no hubiese sido por ti, probablemente me habrían hecho mucho daño. —Me encogí de hombros sacudiendo la cabeza, porque lo habría hecho por cualquiera.

—¿Por qué te pegaban? —Pregunté frunciendo el ceño, porque aquella cuestión era a la que no le encontraba sentido. Marie se encogió de hombros.

—No lo sé. —Respondió simplemente, dándole un pequeño sorbo al café humeante que tenía delante.

—¿Qué hacías allí? —Aquella pregunta la hizo sonreír, pero no de alegría, más bien de una forma triste e irónica.

—Vivo con veintitrés personas en casa. Mi padre trabaja todo el día, casi no lo veo, pero no puede mantener a toda la familia, y yo no soporto estar en mi casa sin hacer nada, así que... —Volvió a encogerse de hombros, dejando a la imaginación la parte final de la frase.

—¿Estabas pidiendo? —Marie asintió, rozando con los dedos el borde de la taza, y no rompí ese silencio. Aquellas situaciones me tocaban algo en el interior, y junto con Camila, me hacían pensar que lo que me estaba pasando en casa no era tan grave.

—Lo siento mucho. —Me limité a decir, y ella negó, mirándome de nuevo. Podía ver ese atisbo de tristeza en sus ojos, que me decía que habían muchos más sentimientos en su interior que esa aparente sonrisa irónica.

—Tú no tienes la culpa.

* * *

—Sí, señora Hernández, no se preocupe, llegará bien al instituto. —Dije yo en la puerta de casa de Camila, cogiéndola de las manos para que bajase los escalones lentamente hasta estar parada frente a mí.

—Eso espero, pasad buen día. —Y la señora volvió a entrar en casa, mientras Camila y yo nos quedábamos a solas.

—Estás muy guapa hoy. —Le dije, pasando mi brazo por su cintura para empezar a caminar con ella, que se sonrojaba ante mis palabras.

—Supongo que sí. —Dijo encogiéndose de hombros. Llevaba hecha una trenza sobre el hombro derecho, y al final la adornaba un pequeño lacito de color amarillo. También, una camisa blanca de la que sólo se veía el cuello y las mangas, porque estaba cubierto por un jersey de lana burdeos.

—¿Alguna vez has ido a una fiesta? —Le pregunté saliendo de su jardín.

—No me gustan las fiestas. Hay mucho ruido que viene de todas partes y acabo sin saber dónde estoy. —Me paré delante de ella cogiendo sus manos, observando la delicadeza de sus dedos, y los acaricié lentamente.

—¿Alguna vez has montado en moto o en bici? —Camila arrugó la nariz y negó, mientras yo soltaba sus manos. —¿Querrías hacerlo? Porque es algo que se debe hacer al menos una vez en la vida. Sientes cómo el viento te da en la cara... Cómo vas a toda velocidad por la carretera, y de repente, nada existe. Sólo estás tú, volando en mitad de la nada y con la sensación de querer quedarte ahí, con la brisa en el rostro, que quema tus mejillas por el frío, para siempre. ¿Quieres? —Mi mano estaba posada en su mejilla, agachando la cabeza con una sonrisa y hasta que asintió.

—¿Tienes moto? —Cogí un casco y le desabroché la correa.

—Bueno, técnicamente es de mi hermano, pero la he cogido prestada yo. ¿Quieres subir? —Camila se mordió el labio, y su mirada estaba fija en mi cuello. Muchas veces echaba de menos una mirada, algo que me dijese que estaba allí, pero no, y eso no era lo más triste. Tampoco era que no podía verme. Lo más triste es que no sabe cómo es su madre, lo más triste es que no sabe cómo son las hojas cuando caen en otoño, lo más triste es que no sabe cómo es la nieve, que sabe leer, que no puede aprender historias por sí misma, que no es independiente. Lo más triste es que Camila nunca había sentido el viento en la cara mientras iba en bici o en moto, que no sabe cómo es su hermana, y además, lo más terrorífico, es que vivía en una oscuridad perpetua.

—Estaría bien... —Sonrió un poco, pero no la notaba muy segura.

—Confía en mí. —Dije con sus manos entre las mías, dándole un beso a Camila en su mejilla, que la hizo sonrojarse un poco más.

Al fin, accedió, y para montarla en aquella moto iba a ser algo difícil. Me coloqué justo detrás de Camila, agachándome para colocar su pie derecho en el pequeño apoyo que tenía la rueda de detrás, y volví a colocarme de pie tras ella.

—Ahora tienes que impulsarte con el pie derecho, y a la vez levantar la pierna izquierda para poder pasarla por el asiento. ¿Lista? —Camila, al sentir mi mano en su muslo, soltó una pequeña risa y asintió. —Una, dos, y tres. —Camila se impulsó, y con la fuerza de mis manos pude hacer que se sentase. No pude evitar quedarme mirando su trasero unos segundos, que botó un poco al tomar asiento.

—¿Lauren? —Joder, ¿cómo cojones sabía que le estaba mirando el culo?

—Yo no he hecho nada, es decir, sólo estaba mirando que estuvieses bien puesta, vamos a ver... Que no es que seas fea ni nada de eso. —Ella frunció el ceño comenzando a reírse, y yo también aunque algo más avergonzada, siempre hacía el idiota delante de ella.

—Sólo quería que saliésemos ya. —Le coloqué el casco con delicadeza, apartándole el pelo de la cara sobre aquella sonrisa que estaba pintada en su rostro, y lo abroché.

—Entonces vamos.

Subí a la moto y cogí sus manos, poniéndolas alrededor de mi cintura.

—¿Puedo pasarlas bajo tu chaqueta? —Aquella pregunta me dejó algo inquieta, porque no sabía a lo que se refería. —Tengo frío en las manos.

—Claro. —Las manos de Camila bajaron rozando mi chaqueta hasta que llegaron bajo esta, y se amoldó a mí, abrazándose a mi espalda.

El calor de su cuerpo pegaba contra el mío, pero no quería que se separase. No quería llegar al instituto, no quería bajarme y tener que separarme de ella.

—¿Preparada? —Me puse el casco abriendo la visera para que el viento me diese en la cara.

—Sí. —Respondió Camila, y con un golpe de talón arranqué la moto, primero despacio, pero luego comencé a ir más rápido.

Los árboles eran una masa naranja que pasaba a nuestro lado, sin distinción alguna, y el viento frío, gélido, casi congelado nos quebraba la cara, pero aquella sensación era increíble. El frescor, mi chaqueta moviéndose con el viento, y la calidez del cuerpo de Camila contra mí lo hacía todo maravilloso. Sus manos se apretaron en mi estómago, y sentí cómo podría fundirme contra su tacto, entre sus brazos, con su aliento chocando directamente contra mi nuca.

Cuando paré en la puerta del instituto me bajé yo primero, y me quité el casco, dejándolo a mi lado en el suelo.

—¿Lista para salir? —Pregunté, viéndola asentir. —Pues agárrate a mi cuello. —Sus brazos tocaron los míos, y subieron por estos hasta llegar a mi cuello, donde se abrazó. Pasé una de sus piernas por encima del asiento y la bajé, desabrochando su casco y quitándolo con cuidado.

—Eso fue... —Camila se quedó en silencio con una sonrisa, cerrando los ojos mientras su respiración se calmaba. Yo por mi parte, le ponía bien el pelo, y ella se pasó un dedo por la mejilla intentando cubrir su risa.

—¿Te gustó? —Pregunté guardando los cascos bajo el asiento de la moto, y ella asintió un poco.

—Fue increíble. —Cogí mi mochila poniéndomela al hombro.

—¿Por qué intentas taparte la boca cuando ríes? —Camila se encogió de hombros, y la sujeté de la cintura, guiándola hasta la entrada del instituto lentamente.

—No sé si me veo bien sonriendo de esa manera.

—Te ves preciosa, deberías sonreír más.

* * *

Aquellas vacaciones de Navidad estaban siendo una auténtica tortura. Tenía una gripe descomunal, y casi no podía moverme de la cama. Así que, aquél 24 de diciembre, yo estaba en la cama, rodeada de pañuelos usados, con los ojos hinchados y la nariz roja, mareándome sólo al intentar incorporarme, mientras mis padres se arreglaban junto con mis hermanos para ir a casa de mis tíos a cenar.

—Te hemos dejado sopa en la nevera, bajas y te la calientas. —Decía mi madre desde la puerta colocándose sus pendientes. Lo escuchaba todo como si tuviese la cabeza metida debajo del agua, pero alguien me pisotease la cabeza cada vez que hablase.

—¿Os vais...? —Pregunté con la voz débil y tomada, haciendo que tosiese un poco, y me limpié la nariz con uno de los pañuelos.

—Claro, es nochebuena, estás castigada y enferma. Ahí tienes tus medicinas y... Si vomitas no manches mucho. —Tragué un poco de saliva girando la mirada a la ventana. Era mucho mejor ver la nieve caer que verla a ella. Aunque mis ojos apenas podían abrirse, contemplaba la estampa blanca en un fondo negro como era la noche, haciéndolo todo aún más maravilloso.

Y se fueron, y yo me quedé allí, con un especial de Navidad de la FOX puesto. Observando cómo las familias felices cenaban en sus casas, y cómo yo estaba en pijama, enterrada entre mantas y pañuelos, con 39 de fiebre.

Mi móvil sonó, y casi fue como si me taladraran la cabeza unos oompa loompa, pero acabé descolgándolo.

—¿Sí...? —Tosí un poco apoyándome en la almohada, cerrando los ojos.

—¡Feliz Navidad, Lauren! —Camila era tan adorable que me podía quedar escuchándola toda mi vida.

—Feliz Navidad, Camila. —Dije en voz baja, sorbiendo por la nariz.

—¿Dónde estás? Seguro que tu madre ha hecho algún guiso cubano delicioso. —Sonreí un poco triste, pasándome la lengua por el labio.

—Estoy en la cama con gripe y mi familia está en casa de mis tíos. —Respondí cogiendo aire, ya que respirar se me hacía difícil y tenía el Vicks VapoRub en el escritorio. Ella se quedó en silencio.

—¿Te han dejado sola en Navidad?

—Sí... Mi familia es así de especial. —Saqué un pequeño pañuelo limpio de la caja, sonándome la nariz.

—Tengo... Tengo que irme, hasta mañana. —Tragué un poco de saliva más que nada por el mal estar físico.

—Hasta mañana, Camz.

Y seguí viendo la tele, aquél programa me hacía sentirme una mierda, a decir verdad, así que cambié y puse un episodio de Juego de Tronos. En mitad del capítulo, escuché la puerta de casa, pero creí que era alguien de mi familia que se había dejado algo en casa, pero no.

—¿Lauren? —La voz de Camila resonó debajo de la escalera, y me levanté como pude, a pesar de que todo me daba vueltas y vi a Camila con su perro a los pies de la escalera.

—¿Camila...? ¿Cómo has entrado? —Dije apoyando la mano en el marco de la puerta.

—Oh, estás ahí. —No sé de qué forma Camila comenzó a subir los escalones con facilidad ayudada por su perro, hasta que llegó arriba.

Su mano tomó la mía, y esta se deslizó por su brazo hasta llegar a mi cara, y puso las dos en mis mejillas. —Dios mío, Lauren estás ardiendo. Vamos, ve a la cama. —Volvió a coger la correa del perro y caminó conmigo hasta la habitación, pero Charlie, se quedó parado en la puerta, sin entrar.

Me tumbé en la cama, mirando a Camila que fruncía el ceño, apoyando primero las manos en la cama, y luego se sentó a mi lado.

—¿Estás bien? —Tenía el pelo ondulado, cayendo por uno de sus hombros, los labios pintados de rosa palo, sus pestañas, largas y negras con una pequeña línea por encima de estas. Llevaba puesto un vestido blanco, marcaba sus clavículas, hacía su cuello fino y su mandíbula estaba definida.

—No mucho. Y olvidé coger el Vicks VapoRub... —Hice una mueca echando la cabeza hacia atrás en la almohada.

—¿Dónde está? —Giré la cabeza hacia el escritorio.

—A tu derecha tienes un escritorio, a medio metro quizás, justo en el centro mi madre dejó un pequeño bote. —Camila se levantó y estiró las manos, acercándose al escritorio hasta que dieron con este. Se deslizó suavemente hasta llegar al bote y lo cogió.

—¿Este? —Dijo enseñándomelo.

—Sí.

Y volvió a sentarse a mi lado.

—Vas preciosa. —Le dije cerrando los ojos, cogiendo un pañuelo para sonar por la nariz y quedarme en silencio un momento.

—¿Quieres ponerte esto? —Alzó el botecito con las mejillas rojas de timidez.

—Sí. —Justo cuando fui a coger el bote, sus manos se pusieron en mi pecho casi sin esperarlo. Estas se movieron hasta quedar sobre los botones, y los desabrochó lentamente con agilidad.

—Espero que no te de vergüenza... —Susurró mordiéndose el labios inferior, pero ella no podía verme, así que no podía darme vergüenza.

—No. —Respondí finalmente. Mi cabeza daba vueltas, y el único punto fijo que tenía en la habitación era Camila. Con sus dedos finos, tomó un poco de Vicks VapoRub, y el olor mentolado llegaba hasta mi nariz.

Sus dedos se apoyaron en mi pecho, por la parte superior al sujetador, y comenzó a masajearme lentamente, a extender el ungüento por mi pecho que me hacía respirar de nuevo. El frescor inundó mi garganta a medida que sus dedos subían por esta, y volvían a bajar a mi pecho, extendiéndolo con la yema de los dedos.

—¿Mejor? —Preguntó Camila, y asentí un poco, aunque luego me acordé de que no podía verme.

—Mucho. —Intentó cerrar el bote, pero no lo conseguía así que puse mi mano sobre la de ella y paró. Cogí el bote y lo terminé de cerrar.

—Siento no ser tan eficiente. —Sonrió un poco triste, pero le acaricié el brazo para que se tranquilizase.

—Gracias por venir.. —Camila se encogió de hombros, pasando la yema de los dedos por mi mejilla, hasta darse cuenta de que tenía algunos mechones en la frente, y los apartó con la mano.

—En Navidad nadie debe estar solo. —Acarició mi mejilla sonriendo, aunque luego frunció un poco el ceño. —Estás ardiendo, Lauren...

—Me tomé la medicación y... Tengo mucho sueño. —Susurré sonándome la nariz con otro pañuelo. —No quiero arruinarte la nochebuena.

—¿Puedo dormir contigo? Hace mucho frío.

Estar al lado de Lauren mientras dormía era lo mejor que me había pasado. Bajo el edredón, pegada a su cuerpo, recibía todo el calor de su fiebre. Su brazo había pasado tras mis hombros, dejándome a mí abrazada por ella. Mi vestido había desaparecido, y ahora sólo llevaba un suéter de Lauren, pero no necesitaba más. Su respiración era pausada, lenta, su pecho subía y bajaba y mi cabeza con él. Entre sus brazos, sentía esa seguridad, sentía que podía hacer cualquier cosa.

Podía aprender a leer, ir en moto, ver monumentos en los museos y leer las historias de los libros contadas por su voz.

De fondo, se escuchaba algo... Bastante extraño. ¿Gemidos?

—Lauren... ¿Estás viendo...? —No me atreví a decir porno, porque me daba un poco de reparo pronunciar esas palabras, y ella comenzó a reírse aunque acabó tosiendo.

—Es... Juego de Tronos. —Susurró en voz baja, y simplemente cerré los ojos, escuchando su respiración a mi derecha, aunque Lauren cambió de canal.

Su mano acarició la palma de la mía, y sus dedos encajaron en el hueco de los míos, dejando así nuestras manos enlazadas. No sabía por qué, pero estaba sonriendo, aunque tenía el edredón por la nariz y Lauren no podía verme. Sus dedos comenzaron a acariciar los míos, de una forma tierna, delicada, dulce, cálida, en la que nuestros dedos quedaron enlazados solo por la punta.

—No quiero dormirme. —Dijo ella, tosiendo un poco.

—Deberías dormir. —Acomodó mejor su brazo detrás de mi cuello, sin soltar mi mano.

—Sería muy estúpido tenerte aquí y ponerme a dormir, ¿sabes? —Sonreí un poco y giré mi rostro hasta donde intuía que estaba ella. Cerré los ojos, porque no debía ser muy cómodo mirarme de aquella forma. —Quiero besarte. —Su rostro estaba muy cerca del mío, demasiado, sentía cómo el aliento salía de sus labios y chocaba contra mí.

—Hazlo... —Susurré en la voz más baja que pude, y su mano, la que tenía detrás de mi cabeza, me acariciaba el pelo.

—No quiero contagiarte. —Replicó, pero yo negué aún con los ojos cerrados, humedeciéndome los labios.

—No me importa. —Respondí simplemente. Aquellos segundos fueron una tortura, hasta que por fin sentí sus labios sobre los míos. Pero no fue un beso superficial, porque su lengua rozaba mis labios cada vez que los besaba, hasta que consiguió colarse. Aquella sensación me estaba haciendo vibrar, porque nunca antes me habían dado un beso así. Su boca se abría y atrapaba la mía, una y otra vez, enlazando nuestras lenguas hasta que se fundían en una. Lauren se separó de mí hasta soltar mi labio inferior entre los suyos, pero yo estaba... Flotando. Su calor, sus manos, y su beso, habían hecho que casi me quedase con una sonrisa idiota. —Me has mentido... —Murmuré arrugando la nariz.

—¿En qué? —Preguntó Lauren con voz suave, sin dejar de acariciarme el pelo, y a la vez relajarme por completo.

—No es tu primer beso. —Repliqué yo, escuchando una suave risa.

—Sí que lo es. Eres mi primer beso. —Quizás ella también era mi primer beso. Era la primera vez que había sentido eso que llaman 'fuegos artificiales', aunque para mí era más una sensación de alegría incontrolable, y ganas de otro beso. —Me gustaría un segundo beso, si quieres, es decir, no te estoy obligando a nada, sólo que si tú quisieras podríamos besarnos...

—Quiero. —Dije, sintiendo cómo sus labios abiertos atrapaban los míos, y esta vez su mano se puso bajo mi pelo, atrayéndome hacia ella. El tacto de su boca, suave y húmedo, me hacía sentir todas las emociones a la vez.

Pero por mucho que quería, mi gripe no remitía y los pocos días que restaban de Navidad me los pasé en cama, casi sin poder moverme. Menos mal que por las fiestas mis tíos me regalaron un par de pijamas más, y mis padres... Una colonia, un libro, cincuenta dólares y una bufanda, mientras yo veía el móvil nuevo que le regalaban a mi hermano, junto con unos zapatos que costaban más de cien dólares, y un montón de ropa. También a mi hermana, que había llenado su armario de ropa nueva, otro móvil y dinero suficiente para comprarse dos más de los más caros.

Pero, a pesar de que esas cosas me hacían sentirme como una mierda, decidí que ya estaba bien. Así que aún con fiebre y frío, me decidí a salir a la calle cubierta por un chaquetón, gorro y guantes, sólo se me veían los ojos.

Caminé calle abajo, fría y desierta, nevada y blanca, que se hacía larga al caminar. Diez minutos de caminata y paré, viendo la puerta de la cafetería. Allí estaba Marie, y me acerqué, ella sonrió de lejos al verme, levantándose del suelo congelado por la nieve.

—Feliz Navidad, Lauren. —A pesar de su situación, mantenía aquella sonrisa. Saqué de la maleta una bolsa con los regalos, dándoselos.

—Feliz Navidad, Marie. —Sorbí un poco por la nariz al decirlo, y ella se quedó completamente petrificada. —Vamos, cógelos, nadie se debe quedar sin regalos de Navidad.

Y ella me abrazó, y aunque yo estaba mareada por tanto movimiento brusco, también lo hice.

Aunque por mi bien, decidí entrar en la cafetería con ella, y Marie abrió la bolsa. Pedí dos cafés, me vendrían bien para aquél dolor terrible de garganta que me dejaba sin poder hablar casi.

—¿En serio? ¿Esto es para mí? —Marie sacó la bufanda de color verde y se la puso alrededor del cuello, y asentí cogiendo la colonia, sorbiendo por la nariz.

—Claro, échatela, huele bien. —La rubia cogió el frasco mientras yo me sonaba la nariz con un pañuelo y me recosté en el asiento mirándola.

—Son tus regalos, ¿verdad? —Asentí frotándome la sien con los dedos, y ella se quedó mirándolos. —No puedo aceptarlos, son tus regalos de navidad.

—Llevo una bufanda puesta, tengo colonias de sobra en casa y ese libro ya me lo leí en la biblioteca del instituto. Me encantaría poder regalarte, no sé, algo que de verdad te ayudase. Me gustaría poder ayudarte. —La chica enredaba su dedo en la bufanda que no paraba de mirar, y apretaba un poco la tela sobre su nariz para olerla.

—No tienes por qué, esto es mucho más de lo que esperaba este año, ¿de qué trata el libro? —La camarera puso dos pasteles de calabaza junto con un café que había pedido, y puse las manos alrededor de la taza.

—Está ambientada en 1850, asesinan a una enfermera en un hospital. Está genial, me lo leí en un día. —Sorbí por la nariz con una sonrisa, y ella pasó la mano por la portada.

—Es raro. —Dijo Marie cogiendo una cuchara para partir un poco de pastel, llevándoselo a la boca.

—¿Qué es raro? —Pasé el pañuelo por mi nariz con los labios entreabiertos para poder respirar.

—Siempre creí que en las familias normales se regalaban cosas mejores, no sé. Esto es lo que espero siempre para Navidad, pero nunca me regalan. —Simplemente me dediqué a sonreír un poco, comiendo un pedazo de pastel.

—Si te consuela, a mis hermanos sí que les han regalado esas cosas que piensas. —Removí el café con la cucharilla, encogiéndome de hombros. —Soy como Harry Potter en casa de los Durlsey. Soy como un cero a la izquierda, así que da igual.

—Lo siento mucho. Eso debe de ser horrible. —Hice una mueca negando, humedeciendo mis labios para quitar el azúcar glass que tenía el pastel.

—Todo el mundo tiene algo horrible en su vida, cada uno de una forma distinta.

* * *

—¡¡Qué haces aún dormida!! —La cabeza me estalló en mil al escuchar la voz de mi madre, y con el cuerpo bañado en sudor por la fiebre, y mi corazón golpeaba fuerte contra mi pecho. —¡¡Son las diez de la mañana y tienes clase!! ¡¡Levántate!!

—Mamá... —Me aparté el sudor de la frente, y no me podía siquiera mover.

—Ni mamá ni nada. Llevas todas las vacaciones en la cama, levántate, dúchate y vas a las tres últimas clases.

No podía replicar, no podía llevarle la contraria, y mis cabeza dio vueltas al levantarme, y aunque la ducha me tranquilizó un poco, el frío que hacía en la calle no debía ser bueno para mí. Tenía calor y a la vez frío, y yo sólo quería tomar mi desayuno con Camila en la cafetería, pero cuando entré el cuerpo se me puso incluso peor.

Había un chico a su lado, y ella hablaba con él, se reía, y ella sonreía mientras se comía su sándwich en la cafetería. ¿Qué había pasado? No sabía nada, y prefería que en aquellos momentos Camila no me viese.

Habían pasado tres días desde que empezó el instituto, cinco desde que vi a Lauren, la echaba de menos. Ni siquiera olía su perfume por los pasillos, así que pensé que ella no estaba. Quizás seguía enferma, o quizás no quería verme. ¿Qué había hecho? No lo sabía, sólo sabía que desde que empezó el instituto de nuevo no había vuelto a saber de ella, ni siquiera cogía mis llamadas.

—Entonces, ¿quieres venir esta tarde conmigo? —Shawn era un chico tranquilo, no como los demás, le gustaban los cómics y los videojuegos. Se acercó a mí por si tenía un lápiz para copiar los deberes de sus compañeros, y se lo presté.

—Mmh... —Apreté los labios porque no, no quería ir, no tenía ganas de salir con alguien que no fuese Lauren. —Tengo que estudiar. —Respondí simplemente, dándole un mordisco al sándwich de mantequilla, dejándolo de nuevo sobre el papel.

—Oye, si no quieres dímelo, no me pongas esa excusa. Eres una chica muy guapa, y me gustas mucho. —No se me daba bien decirle que no a la gente, no se me daba nada bien eso de dejar a las personas.

Me rasqué el cuello un poco frunciendo el ceño.

—Verás... Me gusta otra persona, pero no sé si yo le gusto. No sé por qué se alejó, quizás porque soy ciega. Eso siempre aleja a las personas... —Murmuré en voz más baja, jugando con mis dedos en el regazo. Escuché el sonido de las voces hablando en la cafetería,

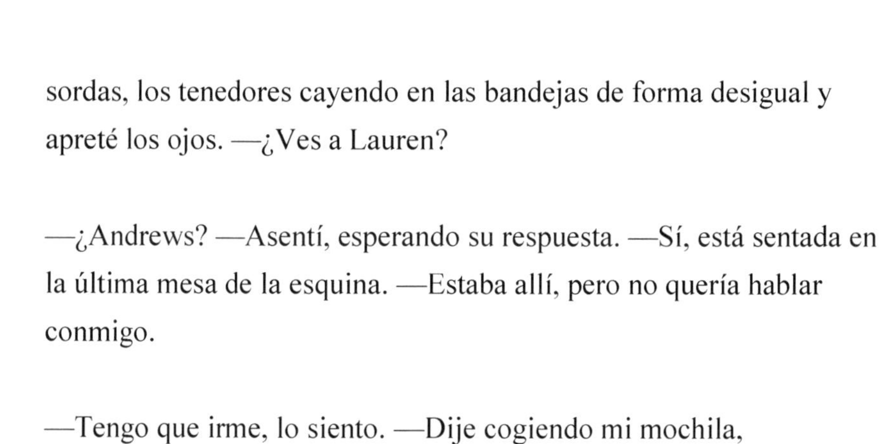

sordas, los tenedores cayendo en las bandejas de forma desigual y apreté los ojos. —¿Ves a Lauren?

—¿Andrews? —Asentí, esperando su respuesta. —Sí, está sentada en la última mesa de la esquina. —Estaba allí, pero no quería hablar conmigo.

—Tengo que irme, lo siento. —Dije cogiendo mi mochila, poniéndomela sobre los hombros, apoyando la mano en la pared.

Comencé a caminar despacio, pegada al muro, contando los pasos mentalmente que había hasta el final de la cafetería, hasta la otra esquina. Justo al final, no caí en la cuenta del pilar que sobresalía de la pared y me doblé los dedos de golpe sin esperarlo. Ya había cogido velocidad, confianza para andar algo más tranquila.

El dolor se extendió como una pequeña punzada y me sujeté la mano, pero las manos de Lauren, rodearon la mía, pero yo me quedé en silencio, a pesar de que me tentaba abrazarla de nuevo.

—¿Te duele? —Escuché su voz, y negué aunque sí que mi dedo palpitaba.

—¿He hecho algo mal? Te has alejado de mí estos días, y no sé por qué... —Lauren se quedó en silencio mientras sus manos acariciaban las mías suavemente. —Si es porque soy ciega, dímelo, estoy acostumbrada a eso... —Escuché a Lauren sorber por la nariz, sus manos estaban congeladas y apostaba lo que fuese porque tenía fiebre.

—Estabas con ese chico, y yo... No quería molestarte. Es mucho mejor estar con un chico, es más normal. —Suspiré negando, apoyando una mano en la pared.

—Le dije que me gustaba otra persona. —Me encogí de hombros, sintiendo sus brazos rodearme, y sus labios besar mi mejilla con suavidad.

—Lo siento. Soy estúpida...

—No, eres muy insegura. —Dije subiendo las manos a sus mejillas. Estaba ardiendo, y rápidamente me alarmé. —¿Todavía sigues con fiebre?

—Ajá. —Comenzó a toser y aparté las manos de su cara.

—¿No has ido al médico? —Su mano se puso en mi cintura, y me condujo hasta la silla, sentándome con cuidado.

—No me importa eso ahora mismo. —Su voz estaba tomada, y parecía necesitar respirar profundamente antes de soltar una frase completa. —¿Recuerdas la chica por la que me detuvieron? —Su mano se puso sobre la mía y me guio hasta tocar algo, creo que eran patatas fritas, y me soltó. Palpé un poco y me acerqué una a la nariz, sí que lo eran, así que mordí un poco escuchándola.

—Ajá. —Asentí, escuchando el sonido de su nariz sonándose.

—Vive con un montón de gente en su casa, y estaba allí para darle algo mejor a sus hermanos, ¿sabes? —Di otro pequeño mordisco a la patata pero la solté en cuanto escuché aquello. —Le di mis regalos de Navidad, tampoco era mucho, pero... No sé cómo ayudarla, quizás tú —comenzó a toser de esa forma ronca, seca, de la que dolía cuando tosía. Lauren se aclaró la voz un momento, y supuse que estaba bebiendo agua. —Mmh... Quizás tú podrías ayudarme.

—Yo tengo ahorros, y tengo el dinero que me dio mi abuela por Navidad. No lo necesito, se lo daré. —Dije decidida, toqueteando una servilleta entre mis dedos de forma nerviosa.

—No creo que eso sea mucho. —Lauren rio un poco, tampoco mucho, porque volvió a sonarse la nariz.

—No te voy a decir el dinero que tengo en mitad de la cafetería... —Ella se quedó en silencio, y escuché algunos suspiros. Lo que tenía claro, es que Lauren no podía seguir allí.

Mi madre nos recogió una hora antes de salir, y Lauren era demasiado tozuda, así que dijo que quería ir a casa de su abuela. Esta vivía en Minnesota, pero tenía una pequeña casa en Vancouver no muy lejos de donde nosotros vivíamos y Lauren tenía la llave. Decía que iba allí a pintar, a escribir, a pasar el rato, y relajarse.

Según Lauren, podían verse las montañas nevadas, me gustaría poder verificarlo. Escuché la chimenea crepitar, y sus manos me guiaron hasta el salón.

—¿Qué te trajeron por Navidad? —Pregunté intentando buscar a Lauren, que merodeaba delante de mí, pero acabó por sentarse a mi lado.

—Una bufanda, un libro y colonia. —En comparación conmigo, que me habían regalado un montón de ropa, discos de música, entradas para Ed Sheeran y un ordenador especial. —¿Y a ti?

—No importa. —Respondí, rozando su pierna con la mano. —Traje el dinero. —Toqué el sofá hasta llegar a mi mochila, deslizando mis dedos para atrapar la cremallera y abrí la maleta, cogiendo del fondo mi cartera. —Son trescientos dólares.

—¿¡Trescientos dólares!? —Solté una risa tímida, asintiendo. —Wow, eso podría ayudarles mucho, yo sólo tenía cincuenta dólares, me siento mal.

—¿Por qué? Yo me siento mal por tener todo ese dinero y que ella no tenga nada.

Me encantaba estar con Camila, me encantaba verla sonreír aunque ni siquiera podía verme. Me encantaba quedarme mirándola hasta que ella me decía *"¿Qué haces?"* y yo le respondía *"sólo te miraba"*.

Pero quería que Camila siguiese sintiendo, así que, le dejé una camiseta blanca, gastada, que le quedaba bastante grande, otra me puse yo, el lienzo, un par de pinceles y pintura.

—Me gusta el olor de la pintura. —Ella se frotaba las manos, y le recogí el pelo en una coleta, dejando su cuello al descubierto. Algún que otro mechón de pelo se soltó, y cayó en su nuca, por al que pasé los dedos suavemente. —Y me gusta eso...

—A mí también. —Cogí un pincel y lo mojé un poco en agua, no demasiado.

—Deberías dormir, descansar, está mal. —Me dijo ella en cuanto sintió mi cuerpo pegarse al suyo para colocarle el pincel entre las manos.

—Estoy bien así. —Respondí yo, poniendo mi mano sobre la de ella.

Comencé a dirigir los trazos, líneas curvas, tonos marrones y negros, aunque Camila rápidamente apartó su mano.

—¿Es bonito? —Preguntó, porque ella no sabía qué estaba haciendo. —¿Qué es? —Aquello me partió el corazón, y bajé el pincel, dejándolo sobre la mesa.

—Son tus ojos. —Dije, pero no pude descifrar la expresión de Camila. —Si no te gusta que pinte eso podemos...

—Quiero pintar con mis manos. —Dijo apretando las yemas de los dedos entre ellas. —¿Puedo hacer eso? —Cogí el lienzo y lo aparté, dejándolo a un lado y puse otro nuevo.

—Puedes hacer lo que quieras. —Cogí sus manos, quedando con mi pecho pegado a su espalda. —¿Qué color quieres?

—Azul. —Sumergí sus dedos en la pintura, viendo su sonrisa aparecer al sentir el frío. Conduje sus dedos hasta el lienzo, y ella los deslizó, sin ninguna dirección concreta, sólo pintaba. Yo estaba en su espalda, y también comencé a pintar con las manos, trazaba líneas verdes, contiguas a las azules.

Camila paró, y giró la cabeza hacia mí. Estiró un poco el cuello y entendí que quería besarme, así que abrí los labios para atrapar los suyos y tocar su lengua con la mía, lentamente, y aunque la fiebre me mantenía con mal cuerpo, con dolor de cabeza, sólo me apetecía besarla, abrazarla, y hacer que se sintiese bien en ese momento. Abrí la boca algo más para atrapar la suya, poniendo mi mano en su cintura, sintiendo su lengua contra la mía, el dorso de su mano se posó en mi mejilla, y yo sólo quería ir un poco más profundo.

Camila se apartó para buscar un poco de aire, sonriendo un poco tímida, agachando la cabeza.

—Me gusta. Me gustas. —Susurré en voz baja, dándole un beso en la frente. —Mucho.

—¿Sólo te gusto? —Aquella pregunta me dio qué pensar en aquellos segundos en los que medité la respuesta aunque era bastante clara.

—No. —Respondí, y ella se mordió un poco el labio. —Eres especial, pero no porque seas... —Suspiré un poco, aún me costaba decir aquella palabra.

—Ciega. —Terminó de decir Camila.

—Sino porque puedes ver lo que las demás personas no ven. No necesitas ver el mundo porque el mundo está en tu mente. Podrías ver algo bueno en lo más terrible del mundo, eres el lado positivo de las personas que te rodean, pero lo mejor de todo no es eso. Lo mejor es que ni siquiera tienes que hacer nada, sólo sonreír.

Era de noche, y el temporal golpeaba Vancouver, así que tras una charla con la madre de Camila, decidió quedarse a dormir, y mientras ella dormía, yo la miraba. Era perfecta, su mentón, su nariz, sus labios, su pelo esparcido sobre la almohada, era simplemente preciosa.

—Te quiero. —Susurré en voz muy baja, sentada en la silla de la habitación porque aquél dolor de cabeza, aquellas ganas de vomitar y ese malestar, no me dejaban dormir. No tenía muy claro lo que sentía, porque nunca me había enamorado de nadie, pero a Camila sólo me salía decirle que la quería.

Otra cosa que me traía de cabeza era Marie, era cómo podía ayudarla. Pero entonces, con todo lo que estaba viendo, se encendió la chispa en mi mente.

Rápido abrí mi mochila y saqué la cámara, acercándome de nuevo a Camila.

Empecé a sacarle fotos, pero no podía parar, de cualquier perspectiva era perfecta. Su perfil, apoyado contra la almohada, dejaba una imagen perfecta de su rostro, casi hecho a cincel. Camila se movió para cambiar de posición, quedando de frente hacia la cámara, con una mano al lado de su cabeza y el pelo rodeando esta.

Y le hice un par más, unas treinta como aquél que dice, pero no me arrepentía, porque cada una era diferente, cada una era perfecta. En blanco y negro, a color, con filtros, diferentes tonalidades, haciendo de Camila una auténtica obra de arte.

ocho

—¿Tú te crees que yo soy idiota? Levántate. Ya. —Me gritaba mi madre desde la puerta, pero la fiebre, los mareos, la tos y el dolor en el pecho me lo impedían. No podía moverme, y los escalofríos recorrían mi cuerpo a medida que mi madre daba golpes en la puerta. Pero yo necesitaba un médico desesperadamente, porque no podía respirar. —¡Que te levantes Lauren! —Gritó de nuevo, y mi padre asomó la cabeza por la puerta.

—Lauren, levántate, no quiero escuchar a tu madre gritar más.

Casi a patadas me sacaron de la cama, y en coche me llevaron al instituto.

—Me duele el pecho... —Decía casi sin aire, pero mi padre no respondía. Intenté respirar profundamente pero al hacerlo, un fuerte dolor en el pecho me inundaba, y sólo pude quejarme contra la ventanilla.

El frío de Vancouver era gélido, menos cinco grados aquella mañana, y lo empeoraba todo. La fiebre, el frío, el dolor en el pecho y la tos me acompañaban mientras encaminaba la entrada al instituto. Dando tumbos, intentando respirar pero no cogía suficiente aire, y mientras andaba por aquellos pasillos vacíos, comencé a toser, poniéndome la mano en la boca. Al separar esta de mis labios, algunas gotas de sangre cubrían la palma, y mi garganta estaba ardiendo, escocía, y simplemente no podía más, no conseguía respirar.

—Cielo, ¿qué te ocurre? —La enfermera se levantó alarmada yendo hacia mí, mientras yo tosía aún más fuerte, y entonces... Todo se volvió negro.

* * *

—Te vas a poner bien. —Escuché la voz de Camila decir en voz baja, suave, tierna, conciliadora. Su mano acariciaba mi frente suavemente, y sonreí un poco aunque estaba totalmente ida por los antibióticos. Neumonía, decían los médicos. El frío no ayudaba a que curase aquella gripe, pero todo era culpa de mis padres. Quizás, sólo quizás, si se hubiesen preocupado un poco de mí, en comprarme las medicinas que necesitaba, en creerme y dejarme recuperarme unos días más, no estaría en el hospital.

Abrí los ojos y la vi allí, sentada a mi lado sujetándome la mano, y aunque no iba a pasarme nada malo, ella estaba conmigo.

Miré hacia la puerta, que se abría, y vi a mi madre aparecer tras ella, pero no le dio tiempo a dar un paso cuando alcé la mano, levantando el dedo corazón para dedicarle un precioso corte de mangas, y a la vez me quité la mascarilla.

—Fuera. —Dije con la voz ronca, tosiendo un poco. —Fuera de aquí. —Volví a ponerme la mascarilla y el médico rápido cerró la puerta. A tientas, Camila buscó mi mano por la cara y apretó el dorso, aunque solté un quejido porque tenía una aguja puesta allí, y ella rápidamente se retiró. Cogí yo su mano acariciándola suavemente, mirando su rostro de perfil, que miraba al frente.

—¿Era tu madre?

—Ahá. —Ella hizo una mueca, y yo hice otra al verla así.

—Me gustaría poder hacer que te sintieses mejor, pero no puedo. —Sus dedos presionaron la palma de mi mano, pero yo ni siquiera respondí, simplemente me quedé en silencio, disfrutando de ella. —¿Te sientes mejor? Necesito saber eso al menos. Si no quieres hablar sólo tienes que apretarme la mano, sé que te cuesta hablar y respirar. —Apreté su mano un poco, pasando los dedos por su dorso lentamente. Estaba bien, seguía con aquél terrible malestar, pero ya era menos, y además, podía respirar bastante mejor con aquella mascarilla. Y la fiebre, ahora no eran esos 40 grados. Eran 38, pero algo era algo.

La enfermera entró, sonriéndome un poco al verme y cogió un paño poniéndomelo en la frente, frío, derritiéndose contra mi frente.

—Has cogido una buena pulmonía, ¿eh? —Sonrió un poco cambiando lo que había en el gotero. —Pero no te preocupes, mañana estarás en casa. Sólo tendrás que descansar unas semanas, tomarte la medicación y estarás como nueva.

—¿Por qué le ha pasado eso? —Preguntó Camila mirando la camilla, frunciendo un poco el ceño.

—Por no cuidarse el resfriado. —Sentí como la presión en mi cabeza bajaba, y me reí un poco, aunque Camila frunció el ceño al escucharme. —Se debe a la medicación, es bastante fuerte.

La enfermera salió por la puerta, y Camila sonreía con el ceño fruncido, ladeando la cabeza.

—Eres tan guapa... —Dije quitándome la mascarilla un momento, pasándome la lengua por los labios. Reí un poco al ver que ella negaba y casi se escondía de mi mirada. —Sí, sí que lo eres...

—Estás drogada. —Me dijo ella, y volví a reírme en bajo sin saber por qué, en aquél momento hasta la voz de Camila me hacía gracia, pero a la vez no podía dejar de mirarla y pensar que era preciosa.

—Te quiero.. —Susurré antes de volver a ponerme la mascarilla, cerrando los ojos, que en aquél momento se me cerraban solos, y me quedé dormida.

* * *

No sabía si a la madre de Lauren le iba a agradar eso de que llevase a Charlie a su casa, así que aquella vez lo dejé en casa, y mi padre me trajo hasta su casa, yéndose justo antes de que yo llamase al timbre.

Cuando la puerta se abrió, aquella persona no saludó, y me sentí algo incómoda, porque me intimidaba el hecho de que eran las personas que habían provocado que Lauren estuviese tan mal.

—Hola, ¿está Lauren? —Hubo un silencio, y escuché un suspiro.

—Sí, —la voz masculina me sorprendió— está en su habitación, vamos, entra. —Entreabrí los labios dando unos pasos cortos e indeciso, porque no era una zona que conociese bien. —Oh, tú eres la chica ciega. —La mano del padre de Lauren se posó en mi brazo, llevándome con cuidado dentro de la casa.

—George, ¿quién es? Si es la ciega dile que no... —La mujer se calló en cuanto, supongo, me vio, y metí un mechón de pelo tras mi oreja.

—Sí, soy ciega, me alegra que lo haya notado. —Dije en voz baja, haciendo una mueca algo incómoda. —Pero me llamo Camila, y soy algo más que eso...

—Te llevaré con Lauren. —Dijo su padre, porque la madre de Lauren simplemente no dijo nada, y subí lentamente las escaleras hasta llegar al final y escuché el sonido de la puerta abriéndose, y un olor a menta emanaba del cuarto. Lo conocía bien, mi madre hacía remedios caseros con menta para aliviar el resfriado.

Entré en la habitación y la puerta se cerró.

—No tenías por qué venir, aunque te echaba de menos. —Caminé hasta que mis pies dieron con su cama, y sentí la mano de Lauren rozar mis dedos, apretando finalmente mi mano con fuerza. —Te voy a contagiar...

—Si no me has contagiado ya, no lo vas a hacer a estas alturas. —Dije riendo, jugando con sus dedos permaneciendo de pie. —¿Tienes algo encima? Voy a abrazarte...

—No. —Lauren cogió mis manos y me guio hasta ella en la cama, pero me tiré encima con algo de cuidado, escondiendo la cara en el hueco de su cuello. Olía a aquella esencia de Vicks VapoRub que le había untado hacía una semana, y me recordaba a que ahora podía besarla si quería. Así que di un pequeño beso en su cuello.

—Lauren nos vamos a... —Aquella voz era de un chico, pero no era su padre, así que supuse que era su hermano Chris. El corazón de Lauren se había acelerado por completo, pero no porque su hermano hubiese entrado, ya lo estaba de antes. —Oh, vale, nos vamos todos esta noche, Lauren. —Cerró la puerta sin decir nada, más, y las manos de Lauren acariciaron mi pelo. Como si fuese pequeña y frágil, que, en cierto modo, lo era.

Aquél viernes, la nieve no paraba de caer, como era usual en enero, y me gustaba. Porque sentía los copos de nieve caer sobre mi cara, mi nariz, porque el tacto de la nieve era frío pero suave, y porque la habitación de Lauren era lo más acogedor del mundo. No podía verla, pero lo sentía. No quería salir de su cuarto mientras estábamos allí, nunca. Nadie nos juzgaba, nadie nos miraba, simplemente dormir con ella, eso era todo. Sentir el calor que desprendía, sus brazos, sus besos que, aunque nos habíamos dado dos escasos, me parecían un mundo.

Me quedé a dormir de nuevo con ella, pero esta vez era diferente. Con tan solo un suéter suyo, me metí en la cama con la ayuda de sus manos.

—¿De qué color tenías el pelo? —Pregunté pasando mis manos por su cara, sintiendo sus mejillas elevarse, lo que indicaba una sonrisa.

—Negro. —Pasé los pulgares por sus pómulos, y las yemas de mis dedos por sus labios.

—¿Y tu piel? —Mis dedos pararon, y dejé caer mis manos por su cuello, dejándola posada en este.

—Pálida. Soy un vampiro, por eso me gustan los sitios fríos, ¿sabes? —Solté una leve carcajada, sacudiendo la cabeza. —¿Por qué cuando estás cerca de mí siempre cierras los ojos?

—Porque a la gente le resulta incómodo hablar conmigo así. No sé dónde estoy mirando, y eso hace que se pongan nerviosos. —Respondí de forma simple, encogiéndome de hombros.

—Abre los ojos. —Susurró ella, pasando el dorso de su mano por mi mejilla. —Ábrelos. —Los abrí lentamente, escuchando un suspiro salir de sus labios. —Son preciosos. ¿Puedo hacerte una pregunta? —Asentí mientras su mano acariciaba mi pelo lentamente. —¿Eres... De esas chicas inocentes?

—¿Qué me estás preguntando? —Lauren se quedó en silencio, moviendo los dedos entre mi pelo.

—Si... Ya sabes, eres inocente. Ese tipo de chicas que se alteran por todo lo obsceno, o cosas así. —Apreté los labios evitando reírme, y agaché la cabeza negando.

—¿Me estás preguntando si soy una mojigata? —Puse la mano en su pecho dándole un empujón sin fuerza, escuchando su risa.

—No exactamente... —Apreté los ojos riéndome poniendo la mano en su boca con cuidado y me subí encima de ella.

—Sí, lo has dicho. —Susurré yo, pegando mi mejilla a la de ella para tener un punto de referencia de dónde estaba su cara, y pude darle un beso más suave de los que ella me daba a mí. —Sí, sé lo que es el sexo, y me gustaría hacerlo algún día con la persona adecuada. Soy ciega, no una rarita, ¿sabes?

—¿Entonces sabes lo que es un cunnilingus, por ejemplo...? —Le solté un manotazo en el estómago, porque me puse totalmente roja.

—¡Lauren! —Dije riendo, y sentí sus manos ponerse en mis mejillas dándome un beso profundo, lento y húmedo.

—Te quiero. —Esta vez, no estaba 'drogada'.

—Y yo a ti.

nueve

Dos semanas después, estaba casi recuperada, sólo una tos leve, moqueo y poco más, así que estaba lista para volver a la escuela. En casa, casi no hablaba con nadie, y lo poco que hacía era bajar a comer. Y así estaba, a la hora de la cena, con una ensalada de la que no levantaba la cabeza.

—Así que, por fin aprobaste biología. —Le decía mi padre a Elise, mientras yo terminaba de comerme un trozo de tomate. —Creo que eso se merece ese viaje a Nueva York, ¿no?

Yo aprobé biología de tercero con nota, pero claro, era Lauren. Estaban demasiado ocupados con mis hermanos, por lo que no hice mucho caso. Mientras mi hermana lo celebraba abrazando a mi padre, yo saqué mi pañuelo para sonarme la nariz.

—Joder Lauren, qué puto asco, deja de hacer eso. —Me quedé mirando a mi hermano parpadeando un momento, y guardé el pañuelo porque no tenía ganas de peleas aquella noche.

—Creo que deberías ducharte, hueles a sudor desde aquí. —Aquello me estaba cansando, porque no, no era cierto.

—¿De verdad? ¿Yo? ¿No Chris que está a tu lado y acaba de venir de entrenar? ¿Tengo que ser yo que me acabo de duchar? —Me levanté de la mesa dejando la servilleta caer, pasando detrás de mi madre y salí de la cocina, apretando los labios y los puños a la vez.

Esto era una mierda, porque quería salir de allí. Quería irme, pero aún me faltaba medio año para poder terminar el instituto. ¿Qué podía hacer? Simplemente tumbarme en mi habitación y esperar a que pasasen las horas mientras escuchaba música.

Desenrollé los auriculares y me los puse en las orejas, asomándome a la ventana. La lluvia golpeaba el cristal, y sobre este se deslizaban las gotas que caían formando surcos de agua, y en mi mente se creaban formas que pintaba la lluvia.

—¿Camz? —Tenía el móvil en la mano, y por los cascos esperaba escuchar su voz.

—Camz Camz Camz Camz. ¿Te puedo llamar Laur? —Solté una risa con el móvil en la mano y su voz sonando por los cascos, mordiéndome el labio inferior.

—Puedes llamarme como quieras. Sabes, quería comentarte una cosa. —Movía el móvil entre mis manos, comenzando a andar por la habitación.

—Claro, ¿qué ocurre? —Fruncí el ceño rascándome la ceja, porque no tenía ni idea de cómo iba a decirle aquello a Camila. Quizás pensaría que soy una rarita que la mira y le hace fotos... Lo que en definitiva era cierto.

—Es que... ¿Recuerdas el otro día cuando dormimos en casa de mi abuela?

—Ajá. —Volví a la ventana asintiendo, apretando los labios.

—Pues mientras tú dormías, yo no podía y... Estabas preciosa, ¿sabes? Pero no preciosa del tipo, 'me gusta y por eso es preciosa', no, más bien como si fueses una modelo, ¿entiendes?

—Ajá.. —Su voz era más bien curiosa por lo que estaba pasando, que una afirmación.

—Y entonces, te tomé un par de fotos. Unas cuantas. Bastantes a decir verdad... Cada una diferente, sabes, y no sé qué te parece...

—Vale... —Me froté el labio con el dedo esperando su respuesta. —¿Por qué debería parecerme mal? Me gusta que creas que soy guapa.

—No lo creo, lo eres. Pero quería llegar un poco más lejos... —Tomé una bocanada de aire. —Pensé que, como las fotos eran tan buenas, quizás podíamos venderlas para ayudar a Marie. Si me dejas yo... Las subiría a una página de internet donde se subastan fotos y... Sé que lo que te estoy pidiendo es una locura, pero así ganaríamos algo de dinero. Solo si quieres, claro. —Los silencios de Camila se me hacían eternos.

—¿Se me ve algo en las fotos?

—Mmh.. No, si te refieres a si se te ve el... El pecho o... No, no se ve nada raro. —Respondí, sujetando el móvil y rascándome la mejilla a la vez.

—Entonces vale, está bien. Y si de paso despierto tu creatividad... También es genial, ¿no? —Solté una suave risa agachando la cabeza entre mis brazos, frotándome el cuello con una mano.

—Es genial. Subiré esta noche las fotos, ¿vale?

—Vale, nos vemos mañana.

* * *

¿Literatura? Dios, desde que mis padres hablaron con mis profesores me obligaban a ir a todas las clases, porque si no me castigarían y eso significaba no ver a Camila, así que, allí estaba, cogiendo el libro de aquella asignatura y cerré la puerta de la taquilla con cuidado. Lo estaba haciendo por ella, no estaba dando mi brazo a torcer por mis padres, qué va.

—¿Alguien puede decirme quién era Victor Hugo? —Justo me senté al lado de Camila en clase, que giró un poco la cabeza sonriendo, pero luego miró al frente. Tenía el móvil encendido en la mesa, y suponía que estaba grabando la clase.

Nadie respondía, ¿cómo no iban a saber quién era Victor Hugo?

—¿Nadie? —Repitió la profesora, poniendo las manos sobre la mesa. —La participación en clase cuenta como nota. —Levanté el brazo lentamente hasta estirarlo, y la profesora clavó la mirada en mí, asintiendo para darme el turno de palabra.

—Fue un escritor francés del romanticismo. —Bajé la mano poniéndola en la mesa, y la profesora asintió escribiéndolo en la pizarra.

—Fue uno de los escritores más importantes de Francia. —Dejó la tiza en el soporte de la pizarra. —¿Alguien me dice alguna de sus obras? Vamos, todos conocéis esa obra. —Pero todos se quedaron en silencio. —¿Quizás Lauren?

—Mmh... Escribió *Los Miserables y Los trabajadores del mar*, por ejemplo.

—¿De qué trata Los Miserables, profesora? —Preguntó Camila, con el ceño algo fruncido.

—Bueno, la historia está contada a lo largo del siglo XIX. Cuenta la historia de Jean Valjean, un prisionero que logra su libertad y labrarse una nueva vida. Está el musical, es un clásico en todo el mundo. Algún día veremos la película. —Todo el mundo asintió a eso último, como se notaba que nadie quería dar clase. —El caso es, ¿qué mensaje trataba de mandar Victor Hugo? ¿Cómo eran sus obras? Para eso, buscad en internet, ¡y no en Wikipedia! —Nos señaló con el dedo, y todos soltaron unas risas, excepto yo.

—Yo lo sé, profesora. —Respondí, ladeando un poco la cabeza al sentir la mirada de la profesora. —No es que me quiera hacer la lista ni nada de eso, pero lo sé.

—No, claro, cuenta lo que sabes, les servirá de información a tus compañeros. —Hizo un gesto con la mano para que hablase.

—Bueno... Sus obras mostraban la realidad de la época de la manera más cruel y terrible, aunque también tenía 'héroes', pero eran más bien... No sé cómo explicarlo. Eran los héroes de la tragedia. Hace un análisis social e histórico, que invita a que pienses sobre lo que has leído. Él quería que a la vez que leyeses, te estuviese enseñando algo y lo disfrutases. —Me encogí de hombros apretando el bolígrafo entre mis dedos. —Pienso eso, no sé lo que pone en internet.

—Está muy bien, genial. Bueno, excepto Lauren que sabe lo que piensa Victor Hugo, los demás a buscar en internet. Camila, tú búscalo en tu libro. —La profesora sonrió, y la latina abrió las páginas del libro, presionando y palpando con sus dedos todos los puntos que había. Era abrumador, ¿cómo podía leer eso?

—¿Te has leído Los Miserables y Los trabajadores del mar? —Asentí observando cómo sus dedos se deslizaban por aquella página, aunque luego me di cuenta de que no podía verme.

—Oh, sí. Es lo único interesante que hay en casa de mis tíos en Ottawa. —Sonreí, moviendo la pantalla del ordenador para que la profesora no nos viera.

—Me encantaría poder leer libros.

—Mientras arreglamos ese pequeño problema de tu vista, puedo leértelos yo. —Camila soltó una suave risa, sacudiendo la cabeza.

—Lauren, saca un libro y ponte a estudiar. —Gruñí para mis adentros y me separé de Camila, abriendo el libro de literatura.

*

—Joder. —Dije con el móvil en la mano, y miré a Camila que hacía muecas, mirando por la ventana. —Eh, ¿estás bien? —Ella negó, soltando un suspiro.

—Hay mucho ruido. —Puse las manos en sus mejillas y acerqué mis labios a su oreja.

—¿Oyes el ruido? —Ella asintió entre mis manos, y me humedecí los labios. —Hay una diferencia entre oír y escuchar, así que, céntrate en mis palabras y escúchalas. —Acariciaba su mejilla izquierda con el pulgar, dándole un beso en la otra. —No hay nadie alrededor, estamos en una esquina de la cafetería. Nadie va a tropezar contigo, nadie va a hacerte daño, y ahora estoy yo aquí. ¿Quieres que te cuente algo? —

Ella asintió con los ojos cerrados. —Alguien quiere pagar quinientos dólares por diez fotos, ¿qué te parece?

—¿Qué? ¿Quinientos dólares? —Giró su cabeza y me aparté un poco, guardándome el móvil en el bolsillo.

—Ajá. Las he vendido, claro. Sabes, he pensado que quizás podríamos comprarle regalos a sus hermanos aparte del dinero. Tiene un montón, así que... No sé, quizás un detalle, algo. Según me contó, tiene siete.

—Wow. Siete hermanos. —Camila hizo una mueca, y se apartó el pelo de la cara. —Más mis trescientos dólares, será bastante, ¿no?

—Será mucho.

* * *

La casa de Marie era básicamente una casa prefabricada en una de las zonas más pobres de Vancouver. Camila y yo llevábamos puestos unos gorritos, el de ella, blanco con algunos detalles en rosa palo, el mío era rojo y blanco.

—¿Qué haces aquí? —Dijo Marie abriendo los labios al vernos con las bolsas en la mano, y miró a Camila. —Tú eres la chica que iba con Lauren, ¿verdad? —Camila asintió, y Marie extendió la mano. —Soy Marie. —Obviamente, Camila no respondió con su mano libre porque no veía y Marie retiró la mano lentamente.

—Yo Camila, encantada. —Sonrió al saludarla, pero Marie no podía dejar de mirarla extrañada.

—Es que no puede ver, es, es... Es ciega. —Terminé de decir, por fin, después de mucho tiempo.

—¿Qué? ¿Qué ha pasado? —Preguntó Camila girando la cabeza hacia mí.

—Quería darte la mano. —Camila alzó las cejas y estiró la mano con una sonrisa.

—Lo siento, lo mejor para estos casos es avisar. —Marie estrechó su mano y abrió la puerta de su casa algo más para que entrásemos.

El salón estaba perfectamente ordenado, un sofá, una tele antigua, no como aquellas pantallas planas que ya teníamos en todas las casas, y un par de cuadros que adornaban la estancia.

—¡Papá, mamá! —Gritó para que sus padres saliesen a saludarnos, y dejamos las bolsas a un lado. —Estas son Lauren y... Camila, sí, Camila.

—¿Son tus amigas? —Preguntó su padre, y ella asintió.

—Nosotras veníamos a traeros algo, esperamos que os guste. —Del bolsillo de mi chaqueta, saqué un sobre, tendiéndoselo a Marie.

La rubia lo tomó entre sus manos y rompió poco a poco el adhesivo que tenía, abriéndolo para ver los ochocientos dólares y abrió los ojos tapándose la boca con la mano, mirándome a mí.

—¿De verdad? —Preguntó Marie.

—¿Qué es? —Dejó que su padre cogiese el sobre y rápidamente, nos miró con los ojos abiertos.

—No podemos aceptar esto, es muchísimo dinero. —Negó él, tendiéndome de vuelta el sobre.

—No es nuestro, es vuestro. —Respondí yo, encogiéndome de hombros. —No nos ha costado nada conseguirlo, ha sido fácil.

—Sólo publicamos unas fotos y conseguimos todo eso. —Añadió Camila.

Tras unos momentos de indecisión lo aceptaron y nos abrazaron, y nosotras nos sentamos en el sofá, ¿qué podía haber mejor que eso? Por supuesto, ver a sus hermanos. Tenía una hermana pequeña que se llamaba Regina, y estaba cerca de Camila.

—Soy una princesa. —Le decía poniendo las manos en sus rodillas, y Camila se reía.

—¿Lo eres, de verdad? —Le puso las manos en las mejillas, y la pequeña Regina ladeó la cabeza.

—Sí. ¿Por qué no me miras a mí? —Regina estiró un dedo para darle en el ojo a Camila y rápidamente Marie la cogió en brazos.

—Eh, ¿qué estás haciendo tú? Deja de molestar a Camila, no puede verte. —Regina se giró hacia su hermana.

—¿¿¿No??? —Marie negó, poniéndola de nuevo en el suelo.

—No. Así que pórtate bien con ella, porque te han traído regalitos.

Y repartimos los regalos, obviamente, para Regina que decía ser una princesa, le dimos un disfraz de princesa con una corona, nada especial, pero en cuanto se lo dimos se puso a llorar, y lo mismo con los demás, que no podían creerse aquellos regalos.

*

—Esto me está cambiando. —Murmuré mirando al techo de la habitación de Camila, poniéndome las manos tras la cabeza.

—¿El qué? —Cerró la puerta con cuidado y caminó hasta la cama sin ninguna dificultad, tumbándose a mi lado.

—Tú. —Susurré acariciando su pelo con los dedos muy lentamente, girando la mirada hacia ella. —Sólo quiero ayudarte, ayudar a la gente, y muchas veces no sé cómo hacerlo. —Dije en un susurro, observando su sonrisa.

—¿Quieres ayudarme? —Pasé los dedos por su brazo, acariciándola lentamente.

—Claro. —Respondí sin dudar.

—Quiero que me beses lentamente, y que no hablemos hasta dentro de una hora. —Solté una suave risa acomodándome mejor en la cama.

—¿Estás proponiendo liarte conmigo? —Ella comenzó a reírse en bajo, asintiendo.

—Si lo dices así suena mucho menos glamuroso. —Se encogió de hombros con las mejillas teñidas de rojo, pero comencé a besarla lentamente, poniendo mi mano en su mejilla y ella se dejó llevar, rozando mi nariz con la suya al separarme, pero pronto volvía a atrapar su boca. Nos estábamos besando y no me importaba, ella tiraba de mi labio y yo del suyo, haciéndolo una lucha continua.

No fue una hora, pero quizás, unos veinte minutos sin dejar de besarnos, aunque con Camila no tenía percepción del tiempo. Pero cuando nos separamos, nos quedamos en silencio. El ambiente era cálido, enternecedor por así decirlo, porque ella tenía una mano puesta sobre la mía mientras le acariciaba la mejilla, y ninguna de las dos quería romper aquél momento de relax y tranquilidad. Pero tras unos minutos, hablé.

—Oye... —Dije en voz baja, y ella removió la cabeza contra mi pecho. —¿Cómo se llama lo que te pasa? Si quieres contármelo, si no, nada..

—Se llama Glaucoma. —Murmuró en voz baja, acariciando mi brazo con sus dedos. —Y sí, es incurable. —Sonrió de forma amarga, deslizando su mano por mi pecho hasta llegar a una de mis mejillas. —Pero tú ahora no debes preocuparte por eso.

—¿Por qué debo de preocuparme entonces? —Susurré mirando sus labios húmedos, y sus ojos, que sin saber cómo estaban clavados en los míos.

—Por nosotras.

Mis manos estaban coladas entre las de Lauren, que eran suaves, aterciopeladas, tersas, y acariciaban las mías con toda la ternura que podía. En la cafetería el sonido para mí era estruendoso, y Lauren había decidido quedarse conmigo a comer todos los días, y acompañarme en todas las clases.

—¿Qué quieres hacer hoy? —Me preguntó al oído, y mi primer instinto fue abrazarla por el cuello tan fuerte como podía, pero... No. Estábamos en el instituto, y esas cosas me las reservaba para después.

—No lo sé, no sé mucho sobre lo que se puede hacer en el mundo. —Murmuré encogiéndome de hombros, y su risa, melódica y casi infantil me hizo sonreír.

—Bueno, te lo podría enseñar yo, ¿no crees? —Escuché cómo el ruido de la cafetería iba disminuyendo, y mis manos buscaban refugio en las suyas, apretándolas un poco.

—Me gustaría tener una cita contigo. —Ella coló sus dedos entre el hueco de los míos, afianzando así nuestras manos.

—¿Dónde quieres ir en nuestra primera cita? —Dudé un poco en qué contestar.

—No es que pudiésemos tener una cita normal, Lauren. Por ejemplo... No podemos ir al cine, ni a un parque de atracciones, ni cosas sin que... Sin que yo de la nota. —Aquellos pensamientos en mi cabeza me estaban matando. ¿Qué pasaba si Lauren miraba a otras chicas y yo no lo sabía? ¿Qué pasaba si ella se cantaba de estar buscando cosas que hacer que se ajustaran a mí? ¿O si quizás llegaría un momento en el que le cansaría que no pudiese verla, que no pudiese hacer algo sola, que se cansase de cuidar de mí?

—Tú no das la nota. Oye, no tenemos por qué ir al cine, es muy caro y además las películas que salen ahora son todas basura. Pero hay algo que quizás te guste y que podríamos hacer juntas. —El tono de Lauren siempre era más suave de lo normal cuando se dirigía a mí, era como si no quisiese asustarme, alterarme, como si supiese que los sonidos fuertes me desconcertaban. —Podemos escuchar música toda la noche, cenar pizza. Podemos recorrer Vancouver en moto, puedo leerte, podemos besarnos... Cuando la gente tiene citas no hacen cosas muy especiales, ¿sabes? Además, sí que podríamos ir a un parque de atracciones.

Las palabras de Lauren me hacían enrojecer, porque había hecho el idiota totalmente. Pero mis dudas seguían ahí, ¿cómo se iba a enamorar alguien de mí? Ya me había pasado antes, pero no sabía cómo arreglarlo, como ser diferente y así, quizás alguien podría quererme.

—¿Qué quieres hacer tú? Todo eso suena muy bien. —Lauren se acercó más a mi oído, dándome un beso en el cuello que me puso el vello de punta, y una sonrisa claramente idiota en mi rostro.

—Luego lo hablamos, ¿vale? Pero... ¿Puedo besarte? —Negué separándome, cogiendo el bastón que aquél día había tenido que llevar, porque ni Lauren ni Claire llegaban a la hora.

—No. —Respondí riéndome, y me levanté de la silla.

—¿Por qué no? —Lauren me colocó la mochila en los hombros, y comencé a caminar mirando al frente.

—Porque no sabes besar en público, Lauren. —Una cosa curiosa era la forma de besar de Lauren. Cuando quería besarla de forma algo más delicada, ella simplemente... Me comía, por muy fuerte que sonase aquello.

—¿Cómo que no sé besar en público? —Decía en voz baja, y me aparté un poco de las taquillas, ya que el bastón había chocado contra el metal que retumbaba en todo el pasillo.

—Lauren, besas genial. Pero cada vez que me besas me... —Sonreí negando, pasándome la lengua por el labio inferior.

—¿Te muerdo? —Negué con las mejillas tan rosadas que podía notar el calor salir de mi cuerpo.

—Directamente me metes la lengua en la boca. Y créeme, me encanta que lo hagas, pero no si hay gente delante... —Reí un poco tapándome la boca con la mano, sin dejar de mover el bastón de un lado a otro.

—Oh, vaya, no lo sabía... Te dije que no sabía besar. —Tenía ese tono preocupado, y arrugué la nariz un poco porque era demasiado adorable.

—Te enseñaré luego. —No sé por dónde estábamos pasando, pero escuché algo a mi derecha. Era el director, y estaba hablando con el jefe de estudios. Se escuchaba a lo lejos, pero mi oído podía oírlo.

—Pero entonces yo...

—¡Calla! —Dije en voz baja, tirando del borde de su camiseta para que se acercase a mí.

Permanecí en silencio lo que pude escuchar, y Lauren estaba en silencio, hasta que solté el borde de su camiseta con cuidado.

—Siento si...

—¡Shh! —La mandé a callar de nuevo frunciendo el ceño, bajando la cabeza y esperando escuchar algo mejor la conversación, hasta que se despidieron. —Vámonos, ¡corre! —La empujé andando tras ella, escuchando la puerta del despacho abrirse.

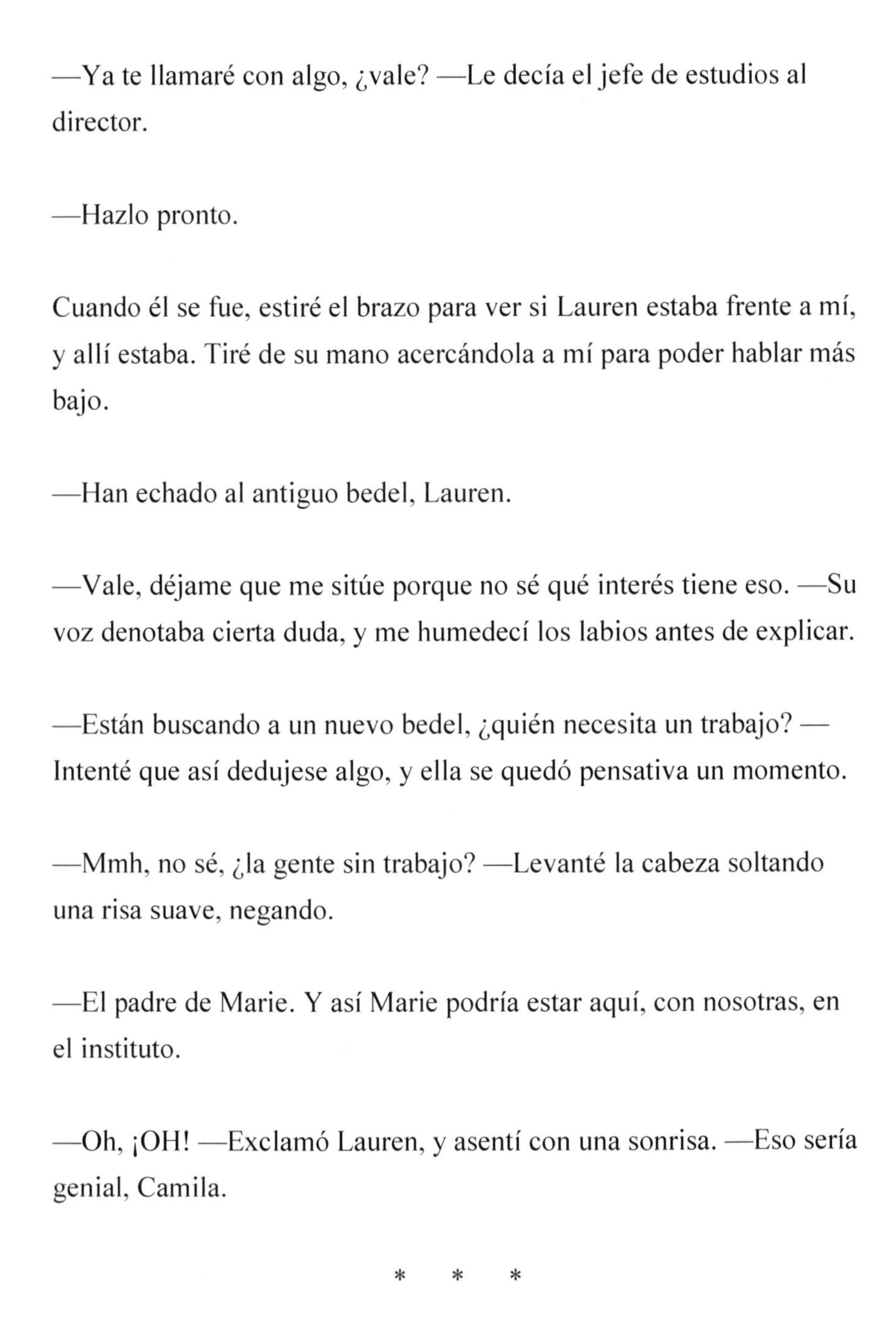

—Ya te llamaré con algo, ¿vale? —Le decía el jefe de estudios al director.

—Hazlo pronto.

Cuando él se fue, estiré el brazo para ver si Lauren estaba frente a mí, y allí estaba. Tiré de su mano acercándola a mí para poder hablar más bajo.

—Han echado al antiguo bedel, Lauren.

—Vale, déjame que me sitúe porque no sé qué interés tiene eso. —Su voz denotaba cierta duda, y me humedecí los labios antes de explicar.

—Están buscando a un nuevo bedel, ¿quién necesita un trabajo? —Intenté que así dedujese algo, y ella se quedó pensativa un momento.

—Mmh, no sé, ¿la gente sin trabajo? —Levanté la cabeza soltando una risa suave, negando.

—El padre de Marie. Y así Marie podría estar aquí, con nosotras, en el instituto.

—Oh, ¡OH! —Exclamó Lauren, y asentí con una sonrisa. —Eso sería genial, Camila.

*   *   *

—¿Escuchas esta canción? —El pecho de Lauren era un sitio más que recomendable en el que recostarse. Subía y bajaba lentamente, al ritmo en que sus dedos acariciaban los míos. Se colaban entre estos, las yemas de sus dedos me rozaban con delicadeza, relajándome, y haciéndome dar cuenta de que yo era más que una amiga para Lauren. —Se llama Creep de Radiohead. Muchas veces la escucho porque...

—¿Porque sientes que no encajas en tu familia? —Terminé yo la frase, y sus dedos pararon un poco de moverse, pero al segundo volvieron a acariciarme.

—Exacto. De alguna forma, la música es para la gente que no encaja, para los enamorados y para los que tienen el corazón roto. —Su voz, lo que me decía, su mente, todo era un conjunto de cosas que hacían enamorarte de su personalidad con muchísima facilidad.

—¿En qué grupo estás tú? —Mi pregunta era claramente una indirecta, quería saber qué sentía por mí exactamente.

—En los dos primeros. —Sus labios se posaron con cuidado en mi mano, dándole un tierno beso que me hacía sentir mil cosas a la vez. —¿Me vas a enseñar ya cómo besar o aún no? —Me giré dejando un poco de espacio entre ella y yo, porque no sabía exactamente dónde estaba su cara.

—Si me guías a tus labios, quizás podría hacerlo. —Dije con los ojos cerrados, odiaba estar a esa distancia de Lauren con los ojos abiertos, porque dijese lo que dijese, aquello debía ser bastante incómodo para ella.

La mano de Lauren se coló por mi pelo, acercándome a ella hasta notar su aliento salir de entre sus labios. Aquella sensación en la que estás a punto de besar a alguien, era la sensación que mantenía a la raza humana con vida. Las ganas de besar, de seguir viviendo ante todo lo que pasa, de querer, eso nos mantenía vivos.

Mis labios presionaron los suyos suavemente, atrapando el inferior con cuidado, separándome para darle otro más suave, y acabar retirándome mordiéndome el labio inferior.

—¿Ahora me puedes besar tú como lo haces?

Lo primero que sentí fue la lengua de Lauren entrar en mi boca, e instantáneamente solté una pequeña risa, y ella se retiró.

—¿No te gusta...? Es decir, es normal, es... Como la tercera vez que beso pero...

—Me gusta, besas muy bien, pero me hace gracia la intensidad que le pones, la cual también me gusta.

—¿Entonces sigo haciéndolo o no? —Asentí, y volví a sentir su lengua en mi boca para después notar el beso, y aunque le hubiese dicho aquello, los besos de Lauren eran la cosa más excitante del mundo. Lo hacía lento, con dedicación, recorriendo mi boca con su lengua el tiempo que quería hasta separarse y dar otro nuevo beso, y luego se separaba para darme un beso más suave aunque su lengua seguía estando presente. —Deberías poder ver cuando me besas. —Susurró en voz baja, acariciando mi espalda por debajo de la camiseta. Creía que podría fundirme con ella en aquél momento, incluso solté un suspiro contra su boca.

—¿Por qué? —Pregunté tumbándome a su lado con cuidado de no hacerle daño, y ella se colocó encima de mí.

—Porque separarme un poco y ver tu lengua aún ahí es sexy... —Se quedó en silencio, y esta vez fui yo quien recorrió su costado hasta llegar debajo de su camiseta.

Tenía los ojos cerrados, y sentía la mirada de Lauren sobre mí.

—Camila, abre los ojos. —Susurró con voz dulce, acariciando mi mejilla, pero negué. —No quiero que me mires, sólo quiero ver tus ojos. —Los abrí lentamente, escuchando una risa aspirada a la vez que me acariciaba la mejilla.

—¿No te vas a cansar de mí? —Musité apretando la mano que tenía puesta en mi mejilla, como si no quisiese que se fuera.

—¿Por qué me dices eso? —Parecía algo dolida por aquella pregunta.

—Porque debe de ser cansado ir guiando a una persona, distraerla para que el ruido no le moleste, leerle porque no puede leer libros, tener que ir despacio a todos los sitios...

—No. —Respondió rápidamente Lauren, apagando la música que sonaba de fondo definitivamente. —No quiero que pienses eso, porque... Porque te quiero, Camila. Y me gusta hacer todo eso, porque es diferente. Tú me cuidas de una forma, y yo te cuido de otra. —Pasé mi mano por su brazo hasta subirla a su hombro, aunque ella la paró. —¿Y qué pasa si notas que mi cuerpo no es perfecto? Que no tengo una tripa plana, por ejemplo. —Su mano me guio bajo la camiseta que llevaba puesta, y me hizo acariciar su abdomen, pero no de una forma lasciva. Noté sus curvas, cómo no era un abdomen liso como el mío. Era musculoso, terso, suave, algo más voluminoso que el mío.

—Me gusta... —Susurré en voz baja, y Lauren se quedó en total silencio. —Eres suave. —Susurré en voz baja, alzando un poco la boca para conectar con sus labios, que por primera vez me dieron un beso simple, suave y dulce. —Yo también te quiero. —Dije al separarme. —Y me encantaría poder verte, para decirte que tus ojos son preciosos. Porque eso me han dicho, ¿sabes?

—¿Te han dicho que tengo los ojos bonitos? —Escuché su risa ronca, y me humedecí los labios mientras asentía. —Eso dicen. Los tuyos son preciosos también. Si te recuerdas con cuatro años, no sabes en la mujer que te has convertido.

—¿Cómo soy? —Nunca nadie me había dicho cómo era, y la verdad es que tenía demasiada curiosidad.

—No eres muy alta, eres más bajita que yo, pero no mucho. Tienes un pequeño lunar en el muslo, aquí —tocó mi pierna para mostrármelo— y otro en el dedo del pie. Casi siempre llevas el pelo ondulado, es negro intenso y tus ojos son marrón chocolate. Son grandes y... Cuando me miras a los ojos es increíble. Piensas que estás mirando a otro sitio, pero en realidad me estás mirando a mí. Y tienes unos labios... Carnosos, pero a la vez finos. Rosados, siempre húmedos, y son lo más perfecto del mundo. Y aunque no eres alta, tus piernas son perfectas, ni muy gruesas ni muy finas, lo justo para poder... —Apretó mi muslo suavemente, acariciándolo con los dedos, haciéndome soltar un suspiro entre mis labios que enmarcaban una sonrisa. —Hacer eso. Y tienes la mandíbula marcada, y... —Volvió a reírse, pero esta vez tuve la sensación de que se me quedó mirando como una sonrisa, haciendo que enrojeciese. —Y tienes un trasero bastante... —Rompí a reír, pasando las manos por su cuello para enredar mis dedos en su pelo, dándole un beso más profundo, de los que ella daba, algo más lento quizás, hasta que sus labios desconectaron de los míos. —Te... Te compuse algo.

—¿Compones? —Lauren rio levantándose de la cama, y me incorporó un poco, haciendo que apoyase mi espalda en el cabecero de la cama.

—La música es poesía con ritmo. —Y sus palabras eran poesía en prosa. —Está en español, espero que te guste.

—Adoro cuando hablas español. —No pude ver si sonrió, pero al instante siguiente, una guitarra comenzó a sonar.

—Antes de que amaneciera salí huyendo de tu cama y en tu espejo un testamento: "no nos queda nada". Dejé tu barra de labios y entre medias un par de años, de quererte por las tardes de mañanas sin llamarte. ***Tú me enseñas que se puede querer lo que no ves.*** *Tropecemos de repente como un nuevo 11—S, sonreíste a quemarropa contra el filo de mi boca y susurraste que el pasado sólo es como un día malo, y la lluvia abrió las puertas de mi vida en tu Ford Fiesta. Tú me enseñas que se puede querer lo que no ves. No consigo recordar por qué motivo me fui, pero en tu cuarto de baño sigue tu rojo de labios. No consigo recordar cómo he llegado hasta aquí, sólo sé que estoy borrando, lo que un día te hizo daño. Tú me enseñas que se puede querer lo que no ves.*

Y Lauren paró de tocar, pero yo sólo podía sonreír y agachar la cabeza, porque estaba llorando y aunque fuera de emoción no quería que me viese llorar.

—¿Eso es que te ha gustado? —Su dedo me sobresaltó quitándome la lágrima que caía por mi pómulo, dándome un pequeño beso en este.

—¿Quieres salir conmigo? —Pregunté, escuchando su silencio que se alargaba y casi me mataba.

—¿Lo dices en serio? —Preguntó ella, y agaché la cabeza sin saber muy bien qué decir.

—Sí, bueno, no importa...

—Claro que quiero, iba... Iba a preguntártelo yo. ¿Entonces eres mi novia? ¿Puedo llamarte así? —Me abracé a ella tirando de su brazo, y aunque noté cómo la guitarra se clavaba contra mis costillas, no la solté en absoluto.

—Puedes llamarme como quieras, Lauren.

Aquél día debería ser uno de los más especiales del año, debería.

Guardé los libros en la maleta, me puse la chaqueta y bajé a la cocina, escuchando el frecuente jaleo del desayuno por las mañanas. El olor a pan tostado y café inundaba la casa, pero yo decidía tomar casi siempre un zumo de naranja envasada, porque la natural ya se la habían tomado mis hermanos.

—¡Ay Chris, déjame el último buche! —Chris se retiró bebiéndose el vaso, y yo me senté en una de las esquinas, observando lo que ocurría desde allí.

—¿Tenéis exámenes hoy? —Mi madre les puso por delante un plato de tortitas con sirope, mientras que yo observaba mi vaso ya casi vacío de zumo.

—De física y biología. —Respondieron los dos a la vez. Yo no tenía ni exámenes ni ganas de hablar, así que permanecí en silencio.

—Sólo queda una tostada, Lauren. ¿La quieres? —Me encogí de hombros y mi padre casi la tiró en el plato con desgana. Era básicamente una metáfora de lo que pasaba en mi casa, a mí me dejaban las migajas.

Me levanté de la mesa colgándome la mochila al hombro, escuchando la voz de mi madre decir:

—Acuérdate que al salir de clases tienes que limpiar la caseta del perro de tu abuela.

Perdí el autobús esa mañana, era lo peor que podía pasarme, porque para más inri mi móvil hacía unas semanas que había decidido no reproducir música, así que me esperaba un camino aburrido y frío hasta el instituto.

El césped del pario principal estaba cubierto de escarcha helada, que pisoteaban los distintos estudiantes, entre ellos, Camila.

Fui tras ella, aunque ya entraba en el pasillo. Lo bueno del instituto, es que dentro se estaba caliente, recogido del frío del exterior. Llevaba el pelo suelto, que caía sobre un jersey azul de lana, unos jeans negros y unas converse blancas. Tan sencilla y tan preciosa a la vez, ni siquiera sabía cómo lo hacía. Pero lo extraño era lo que estaba haciendo.

Camila puso las manos sobre mi taquilla, casi parecía que me miraba a mí, apretó los dedos sobre el metal hasta que se volvieron blancos. Me acerqué a ella despacio, sin querer asustarla, porque los sobresaltos le causaban ansiedad. Sin decir nada, ella giró la cabeza para mirarme y se tiró a mi cuello para abrazarme. Mis brazos la rodearon de una forma reconfortante, escondiendo la cabeza en su cuello.

—Feliz cumpleaños Lauren. Creí que no vendrías hoy y... —Me separé, y Camila tenía la vista fija en el suelo. Odiaba aquello, era la única cosa de la que podía sentirse insegura y lo hacía.

Levanté su barbilla haciendo que me mirase a los ojos, aunque ella no quería abrirlos.

—Quería escribirte algo y meterlo en tu taquilla, pero tampoco sé escribir y... —La abracé, porque sin duda tenerla a ella era más que suficiente. Nunca pensé que alguien podría quererme, y Camila lo hacía de la manera más pura, porque no podía ver cómo era, veía lo que era.

—Eres el mejor regalo que alguien podría tener. —Camila negó, y bajó su mano por mi brazo hasta apretar la mía.

—Tengo regalos para ti, Lauren. Vamos.

Llegamos hasta la cafetería, que en aquellos momentos estaba totalmente vacía. Al sentarnos, Camila se puso la maleta en el regazo, mirando al frente.

—¿Estás lista? —Ella estaba incluso más emocionada que yo, porque lo que yo estaba era embobada con ella.

—Siempre lo estoy.

—Está bien —Continuó ella, sacando una cajita de la mochila—. Ábrelo.

Rompí con cuidado el envoltorio con delicadeza, y Camila dirigía la mirada a sus manos moviéndolas nerviosa. Era un reproductor mp3 color rojo, y adoraba ese tipo de mp3. A los iPods se les podía romper la pantalla, y costaba un mundo arreglarlo, aquél no. Era alargado, y la pantalla cada vez que cambiaba de canción se iluminaba de un color distinto. Era perfecto para mí, porque yo era un desastre. El botón de mi iPhone ya no funcionaba, y tenía media pantalla rota, aunque eso Camila no lo sabía.

—Esto es... Camila, es perfecto. Gracias. —Cuando intenté abrazarla, ella se apartó negando.

—No, no, no. Ese es el primero. —Espetó ella, sacando otra caja más. He de puntualizar que Camila no llevaba una mochila en sí, era más un bolso. Ella era una chica más madura y femenina quizás, yo era... Yo era Lauren.

Abrí la caja, y una cazadora de cuero negra, con un revestimiento de lana en el interior apareció. No sabía ni qué decir porque era absolutamente preciosa. Las había tenido antes, pero no eran de tanta calidad como estas, las demás parecían de plástico por dentro y no abrigaban nada.

—¿Qué tal? ¿Te gusta? ¿Es de tu talla? Mi madre decía que sí. —Solté una suave risa, sosteniendo la chaqueta entre mis manos.

—¿Puedo ponérmela ya? Hace frío. —Me levanté escuchando cómo se reía, pero yo me estaba poniendo la chaqueta, mirando cómo me quedaba, era perfecta y además calentita. —Es el mejor cumpleaños que he tenido.

—Espera. —Sacó una cajita de perfume sin envolver, y fruncí un poco el ceño. —Hueles genial, pero es lo primero y único que huelo cuando estás cerca, y me cansa un poquito...

—Me pondré lo que tú quieras. —Dije poniéndome de cuclillas delante de ella, cogiendo su mejilla para darle un beso tierno, de esos que ella misma me había enseñado.

—¿Quieres venir esta tarde a mi casa? —Besé su frente, sentándome de nuevo en la silla.

—No puedo, tengo que limpiar... No sé qué en casa de mi abuela.

—Ven después. —Dijo ella, pegando su frente contra la mía. —Y ponte la chaqueta.

* * *

En el autobús de vuelta a casa, Camila se pegó un poco más a mí, porque al llevar la chaqueta, desprendía algo más de calor que siempre venía bien en aquellos días de frío descomunal. Mi nariz se enterraba en su pelo, que olía a suavizante fresco, y su mano acariciaba la palma de la mía de una forma lenta y tierna.

—¿Por qué llevas el bastón? —Le susurré al oído. Creía que le molestaba que la viesen con él o algo así.

—Porque hoy no has llegado a tiempo. —Respondió en voz más baja, apretujándose algo más contra mí.

Aquella chaqueta, de alguna manera, olía a como olía Camila, y estaba segura de que su madre le había echado algo de perfume, o quizás la había lavado porque sabría que me quedaría bien.

—La bollera de Andrews y su novia. —Escuché la voz de Alisha desde el fondo del autobús, y Camila también lo escuchó, así que simplemente me cogió de la mano para que no me levantase como tenía pensado hacer.

Al bajar del autobús, sujeté a Camila por la cintura, guiándola hasta la salida, y la aupé un poco para dejarla en la acera, y luego salí yo también. Lo que no me esperaba era que Alisha se bajase también en esa parada.

—Qué haces. —Dije en tono serio, observando a Camila abrir el bastón como si nada, aunque hizo una mueca al escucharme.

—¿Acompañas a tu novia a hacer tortillas? —Dijo en tono burlón con una risa al final, y a Camila le cambió el rostro.

—Déjame en paz de una puta vez. —Escupí cabreada, mientras ella se acercaba a nosotras.

—Deja de acosar a cada tía que ves por la calle, lesbiana. No me extrañaría que me acosases en los vestuarios. —No sabía qué responderle, estaba enfadada y a punto de estallar, tenía ganas de reventarle la cara a puñetazos, pero no fui yo quien lo hizo.

Camila levantó el brazo para endosarle un bastonazo justo en toda la cara, con tanta fuerza que creía que le había partido el pómulo.

—Dile algo más y te juro que te mato. —Alisha se incorporó con la mano en el pómulo, yendo para correr hacia ella.

—Te voy a... —Camila le dio otro bastonazo fuerte en el costado.

—¿Qué? ¿Qué vas a hacerme? ¿Se lo vas a decir a tu mamá? ¿A la policía? ¿Y quién te va a creer? ¿Quién va a creer que una pobre chica ciega e indefensa ha agredido a la zorra del instituto? —Camila soltó una risa y buscó mi mano a tientas, hasta apretar la mía.

Y nos fuimos de allí hasta llegar a la puerta de su casa.

—Nos vemos esta tarde, ¿vale? —Ella parecía estar tan normal, pero mi mandíbula no dejaba de rozar el suelo por lo que acababa de pasar.

—Te quiero mucho. —Dije dándole un beso en la frente antes de separarme.

—Yo más.

* * *

Tras limpiar la caseta del perro de mi abuela y ganarme diez dólares, volví a casa. Los cuatro estaban apelotonados en el sofá viendo la tele, y cuando entré nadie se dio cuenta, cosa que agradecía, aunque en realidad me sentase como un tiro en el pecho.

Me duché, me cambié, me puse de nuevo aquella chaqueta de cuero, un pañuelo al cuello y me eché el perfume que Camila me había regalado. Dios, olía tan bien y tenía pinta de ser tan caro, igual que la chaqueta. Era fino, dulce, con toques ácidos que me hacían parecer algo más formal.

Quería parecer presentable delante de sus padres, o quizás era porque era mi cumpleaños y aunque mi familia no se hubiese acordado, quería darles las gracias a los Hernández por aquellos regalos.

—Mamá, volveré esta noche. —Dije cogiendo mis llaves algo distraída mientras me ponía el auricular en la oreja, pero no respondió.

Calle abajo se llegaba rápido a casa de los Hernández, unos quince minutos de camino andando, y por primera vez en mucho tiempo no estaba pasando frío.

Llamé a la puerta tres veces, y me moví nerviosa en el porche de aquella casa, hasta que Gloria abrió.

—Pasa. —Dijo sin más con una sonrisa, apartándose para que yo entrase.

—Gracias señora Hernández. —Sonreí, entrando en la casa de Camila. Su padre, Andrés, apareció en el camino y me abrazó sin esperarlo.

—Feliz cumpleaños, Lauren. —Sonreí asintiendo, tragando un poco de saliva porque era la primera vez que hablaba con su padre, nunca había coincidido con él en la casa.

—Gracias señor Hernández. —Cuando entré en el salón, la imagen de Cady y Camila me enterneció.

Estaban sentadas en el sofá, y Camila miraba al frente, pero Cady la miraba a ella, suponía que estaba acostumbrada a que su hermana fuese... Ciega.

—¡No! ¡No es eso! —Le decía la pequeña y Camila, algo frustrada fruncía el ceño.

—Cady, ¡dime qué es! ¡No puedo verlo! —Cady se levantó y la abrazó, echándose con ella en el sofá.

—Lo siento Mila. —'Mila', aquél apelativo me parecía de lo más tierno del mundo. —No te enfades conmigo, por fi.

—Nunca nunca me he enfadado contigo. —Sí, era absolutamente adorable. Cady, al verme se levantó de encima de Camila y corrió hacia mí para abrazarme. Puse la mano en su hombro y en su espalda para abrazarla, dándole un besito en la cabeza, sabía que iba a hablar, así que coloqué mi dedo índice en mis labios para que guardase silencio.

—¿Cady? —Preguntó Camila levantándose del sofá, y yo me acerqué con cuidado para no asustarla. Quedé frente a ella, que miraba hacia mi cuello, y parecía totalmente desorientada. —¿Quién eres...? —Preguntó entrecerrando los ojos, y cogí sus manos entre las mías para ponerlas en mis mejillas.

Camila comenzó a palpar mi cara, lentamente, hasta que una sonrisa se formó en su rostro y por fin me abrazó, escondiendo su rostro en mi cuello.

—Llevas la chaqueta puesta. —Era increíble cómo podía llegar a reconocer las cosas simplemente por el tacto. —Y el perfume.

—Sí, creía que era adecuado.

—¡Lauren! ¡Mira! —Cady tiró de mi chaqueta señalando la tarta que estaba encima de la mesa. Era de nata y fresa, sin duda, mi favorita. Adoraba la fruta, aunque en mi casa comer fruta era como los juegos del hambre, poco quedaba para mí cuando bajaba a comer.

—No hacía falta, de verdad... —Camila me empujó de forma suave, y yo solté una pequeña risa algo sonrojada.

La peor parte de los cumpleaños era cuando cantaban cumpleaños feliz, porque me moría de vergüenza, y más si era con los padres de Camila delante, a los que no conocía de nada.

—Vamos, pide un deseo. —Dijo Cady emocionada.

Lo pedí y soplé las velas. Nada más, miré a Camila que se frotaba un ojo sonriente, pero en realidad sabía que lo hacía porque no sabía muy bien dónde mirar.

—¿Y qué te han regalado? —Preguntó Gloria repartiendo los trozos de tarta, mientras yo me quitaba la chaqueta para quedar en una simple camiseta de Pink Floyd blanca.

—Mmh... —Cogí la cucharilla, partiendo un trozo de pastel. —Nada. —Andrés y Camila se miraron entre sí, y luego me miraron a mí.

—La... Economía está mal últimamente, ¿no? —Intentó suavizar algo la cosa Gloria, pero yo negué mientras me comía aquél primer trozo de pastel con una fresa encima.

—No se han acordado de que es mi cumpleaños. —Respondí sin más, cruzándome de brazos encima de la mesa. Camila puso una mano en mi pierna, acariciándome suavemente.

—Pero... Tiene que haber una explicación. —Decía Andrés parpadeando, pero negué, comiéndome otro trozo de tarta.

—No, sólo es que mis hermanos son más importantes que yo. Pero tengo esta chaqueta, un mp3 nuevo, y una colonia. Es mucho más de lo que recibí en Navidad. —Sonreí feliz, girándome para darle un beso a Camila en la mejilla. —Gracias por eso.

—Pero... ¿Tus hermanos tampoco tienen regalos en Navidad o su cumpleaños? —Asentí chupando la cuchara de nata.

—Sí, ellos sí. —La mesa se quedó en silencio, pero para mí, no era nada incómodo. —No se preocupan mucho por mí. Más bien nada.

—Nos tienes aquí si nos necesitas, ¿vale? —Dijo Gloria poniéndome una mano en el hombro.

—Gracias.

Cuando me levanté aquella mañana, estaba todo demasiado en silencio. Era la una de la tarde, ¿cómo me había pasado tanto tiempo? Quizás, era porque no había nadie en casa para despertarme.

—¿Mamá? —Mi voz resonó por las escaleras, pero nadie respondió. A la vez que me despertaba, mi móvil sonó. —¿Sí?

—Lauren, no te olvides de sacar a pasear a Dash. —Fruncí el ceño frotándome la cabeza, quitándome el edredón blanco de encima.

—¿Dónde estáis todos? —Estaba absolutamente desorientada.

—En el puerto, almorzando. —Entreabrí los labios porque ni siquiera para eso contaban conmigo.

—¿¡Y no se os ha ocurrido despertarme para que fuese!? PARA OTRAS COSAS SÍ QUE ME LEVANTAS TREMPRANO, PARA ESTO NO. —Grité enfadada, porque ya estaba harta de todo.

—Lauren, no voy a discutir por teléfono. —Y me colgó.

Pasaron horas, no almorcé. No tenía ganas de nada, sólo de irme de aquella casa para siempre. Preferiría no existir a que me tratasen así, porque estaba harta de sentirme de aquella manera desde que nací.

Eran las ocho de la tarde cuando volvieron, me había pasado el día sola, mirando la tele. Camila estaba en casa de sus tíos de comida familiar, justo como mis padres. Giré la cabeza para mirarlos, tensando la mandíbula absolutamente enfadada, y luego volví a mirar a la tele.

—Hola Lauren. —Me dijo mi padre pasando su mano por mi cabeza y me aparté instantáneamente.

—Quita esto, joder. —No cambié, pero mi hermano se sentó a mi lado. —Lauren, que cambies.

—No voy a cambiar, no vas a quitarme algo que yo estaba viendo. —Respondí dándole más voz a la tele, y él enganchó mi mano que tenía el mando.

—Dios, deja de estar amargada todo el día y dame el puto mando. —Tiró de mí y me levanté totalmente enfadada.

—¿¡AMARGADA!? ¿¡AMARGADA!? —Grité mirándolo, con la respiración totalmente agitada. —¿TÚ SABES LO QUE ES VIVIR EN MI LUGAR? OS HABÉIS IDO SIN MÍ, OTRA VEZ. ME LEVANTÁIS A GRITOS CADA DÍA, CADA PUTO DÍA DE MI VIDA. ME LLAMÁIS VAGA, ME DECÍS QUE NO VOY A

LLEGAR A NADA EN MI VIDA, QUE VIVO DE ILUSIONES, QUE SOY UNA MIERDA, QUE SOY LA VERGÜENZA DE LA FAMILIA. —Mi voz comenzó a temblar pero yo seguí gritando mirando a mis padres. —CUANDO YO ENFERMO NADIE ME CREE, CUANDO ENFERMAN MIS HERMANOS LOS LLEVÁIS AL HOSPITAL CON UN SIMPLE ESTORNUDO. —Le di una patada fuerte al armario del salón, y mi padre se acercó a mí pero lo empujé para que no me tocase. —A ellos le regaláis móviles nuevos, ordenadores, y a mí una bufanda y un perfume. El otro día fue mi cumpleaños y NADIE me felicitó. Nadie en esta puta casa se dio cuenta de que cumplía los 19. Nadie. —Dije comenzando a llorar, apretando los puños. —Me dejasteis sola en nochebuena, me dejasteis sola en Navidad. Me decís que no valgo una mierda, y todo eso me lo tengo que tragar. ESTOY HARTA, HARTA DE VIVIR EN ESTA PUTA CASA, HARTA DE SENTIRME UNA JODIDA MIERDA, Y ODIO A MIS HERMANOS, LOS ODIO. —Aquellas palabras debían ser demasiado fuertes, pero en aquél momento lo sentía así. —Yo no soy vuestra hija, sólo soy un puto condón roto. —Pasé entre mis padres para salir de casa y tiré la mesa del salón llena de rabia e impotencia, saliendo de casa.

Cogí la moto de mi hermano escuchando sus gritos desde la puerta.

—EH, DEJA MI PUTA MOTO, LAUREN, DEJA MI PUTA MOTO. —Pero yo simplemente salí de allí.

*

La caseta del guardabosques estaba en mitad del bosque, alejada de todo. Había una chimenea, un sofá y no mucho más. El fuego crepitaba, iluminando la estancia de piedra de un tono anaranjado, cálido, mientras fuera comenzaba a nevar lentamente, posándose los copos en las hojas, las ramas, la tierra, el musgo y Vancouver en general.

Llevaba llorando desde que llegué, y no tenía consuelo. Había apagado el móvil, pocas veces lo hacía, sólo cuando venía al bosque. ¿Por qué esas cosas me tenían que pasar a mí? ¿Por qué? No lo entendía.

Escuché la puerta y creí que sería el mismo guardabosques, así que tendría que salir de allí, pero cuando la puerta se abrió era Camila. ¿Cómo cojones había sabido que estaba en el bosque? ¿Y cómo me había encontrado?

—¿Lauren? —No sabía si responder, pero Charlie, su perro, tiró de ella hacia donde yo estaba, sentándose justo frente a mí.

—Hey... —Susurré en voz baja, con la voz temblorosa.

—¿Qué ha pasado? —Ella miraba por la ventana, y luego agachó la cabeza. —¿Dónde estás? —Cogí su mano y tiré de esta para agacharla y se sentó a mi lado.

—Nada. —Respondí quitándome las lágrimas, recostándome de lado en el sofá.

—Nada siempre es algo. Y por tu voz, diría que estás llorando. Además, no sueles venir al bosque por cualquier razón. ¿Qué ocurre?

Se lo conté, se lo conté todo con cada detalle, y ella me abrazó contra su pecho mientras yo lloraba, y odiaba eso. Cuando terminé de contárselo, ella me acarició el pelo y se quedó conmigo, sin decir nada, porque en ese momento nada iba a arreglar lo que sentía. Mientras su mano me acariciaba el pelo y me sostenía contra su pecho, sus labios daban pequeños besos en mi pelo, y yo lloraba. Eran demasiados años soportando aquello, reteniendo lo que en realidad sentía, y había estallado en aquél momento.

—Mi madre dice que estoy más alegre desde que te conocí. —Sonreí un poco, pero ella no dejaba de acariciar mi pelo.

—Yo apruebo las asignaturas desde que te conocí. —Camila soltó una risa, apretando mi mejilla con una mano, y acariciándome el costado con la otra.

—Porque me acompañas a las clases.

*

El reloj de la pared no paraba de sonar, tic—toc, me ponía de los malditos nervios. La puerta se abrió, y una mujer de unos cuarenta años, con falda y camisa entró.

Había acabado yendo al psicólogo por culpa de mis putos padres. Mi madre decía que no estaba bien de la cabeza, y mi padre la secundaba. A mí me daban ganas de coger una sierra mecánica y matarlos a todos, pero claro, no todo se podía en esta vida.

—Hola, Lauren, ¿verdad? —Ni siquiera me molesté en responder, simplemente coloqué mejor mi mochila en el sofá. Ella se sentó en el sillón frente a mí. —Bien, ¿quieres que empecemos? —La miraba a los ojos, hostil, y simplemente me puse a mirar por la ventana, donde estaba lloviendo a cántaros. —Está bien... —Ella empezó a apuntar en la libreta.

—Usted se cree que estoy aquí porque estoy mal de la cabeza, que tengo problemas. Si usted supiera la historia, los que necesitarían una terapia serían mis padres. —Dije apretando las manos en el sofá, cruzándome de piernas y volví a mirar por la ventana.

—No estoy aquí para juzgarte, ni decirte que estás mal de la cabeza...

—Estás aquí para ayudarme, ¿no? —Solté una risa irónica, negando. —La solución a mi vida es irme de casa. —Respondí volviéndola a mirar.

—¿Por qué tu móvil está así? —Señaló el móvil que estaba encima del sofá, lo cogí y me lo metí en el pantalón, cruzándome de brazos.

—Se cayó. —En realidad lo tiré contra la pared de mi habitación de rabia la mañana de mi cumpleaños.

—¿Te gusta la fotografía? —Mi mochila estaba medio abierta, dejando ver la cámara que llevaba dentro, y asentí a su pregunta. —¿Estás estudiando algún curso de fotografía?

—Estoy en el instituto. —Esperaba el '¿aún?' que todo el mundo soltaba. Había repetido varios cursos, y todos mis amigos estaban ya en sus carreras.

—¿Y qué dicen tus padres de eso? —Solté una risa, frotándome la frente.

—Que soy una inútil, que no voy a llegar a nada, que ojalá fuera como mis hermanos... —Me encogí de hombros, y la mujer volvió a apuntar en su cuaderno.

—Yo repetí tercer curso dos veces. —Dijo mirando el cuaderno, haciéndome sonreír un poco, lo mínimo. —¿Y te gustaría hacer algo relacionado con la fotografía?

—Sí, sí que me gustaría. Pinto, escribo, compongo pero... Lo que más me gusta es la fotografía. —Comencé a jugar con el borde del pantalón enredándolo entre mis dedos.

—¿Y tus padres qué opinan de eso? —Ahí sí que me reí.

—Que es inútil, como yo. Que ojalá hiciera algo como mis hermanos, que no malgastase mi vida de esa manera. —Apreté los ojos un poco, encogiéndome de hombros.

—¿Suelen ser afectivos contigo en algún momento? —Negué en rotundo agachando la cabeza.

—Nunca, nunca lo han sido. Desde que tengo uso de memoria yo... No recuerdo que mi madre viniese y me diese un abrazo, o que me dijeran te quiero. O simplemente decirme algo bonito, no. En cambio con mis hermanos es otro mundo, los quieren, los adoran.

—¿Los tratan muy diferentes a ti? —Asentí sonriendo algo triste, sin darme cuenta, aquella doctora estaba sacando mierda de mis padres.

—En Navidad ellos recibieron consolas nuevas, móviles nuevos, un montón de cosas. A mí me regalaron una bufanda, un perfume, y un libro de segunda mano. A ellos los abrazan, mi madre siempre va a la habitación de Elise a hablar de cosas, ropa y demás, y mi padre no ve otra cosa que el fútbol de mi hermano, y el equipo de animadoras de mi hermana. Cuando llego por la mañana nunca tengo desayuno porque ya se lo han comido todo, y me dicen 'lo siento, se ha acabado' y no quieren hacer más para mí. No se acordaron de mi cumpleaños, mi madre simplemente... Para ella no existo. Cuando yo estoy enferma, no me hacen caso, dicen que lo estoy fingiendo, pero mis hermanos estornudan y los meten en la cama una semana. Por esa razón tuve una neumonía antes de Navidad, porque me mandaban al instituto con gripe, estuve en el hospital tres días. No quería ver a mi madre. Cuando volvimos del hospital yo seguía enferma en la cama, y me dejaron sola en nochebuena. —La psicóloga me miraba y casi no se podía creer lo que estaba escuchando. —Lo que le estoy contando es verdad, no gano nada contando esto.

—Creo, Lauren, que el suceso que ocurrió el otro día y por el cuál tu madre me llamó, no tiene nada que ver contigo. Toda tu vida marcada por estas cosas que me cuentan, han hecho que seas una persona pasiva—agresiva.

—¿Estoy loca? —Ella soltó una risa negando.

—No, en absoluto. Hay muchos tipos de personas pasivo—agresivas, pero en tu caso, se basa simplemente en que te callas todo, y dejas que todo el mundo te pisotee, hasta que un día explotas. —Se quedó en silencio un momento. —Y lo veo justificado. Porque incluso una persona que no es pasiva—agresiva lo haría. —Sonreí un poco porque, por fin alguien adulto me entendía. Por fin.

—¿Me va a mandar medicación para que deje de ser pasiva—agresiva? —Negó con el ceño muy fruncido.

—No. En primer lugar, creo que no necesitas venir aquí, sino que lo necesitan tus padres. En segundo lugar, me gustaría ver tus fotos y juzgar si eres inútil o no, si tú quieres. —Saqué la cámara de la mochila, encendiéndola, y se la acerqué. Ella empezó a pasar las fotos, hasta que paró en una. —Wow, esta es increíble. —Giró la cámara y era un riachuelo del bosque, rodeado de vegetación y rocas llenas de musgo con las nubes bajas.

—Gracias. —Dije en voz suave, con la mano en la mochila.

—¿Cuánto cuesta? —Frunćí las cejas al escucharla.

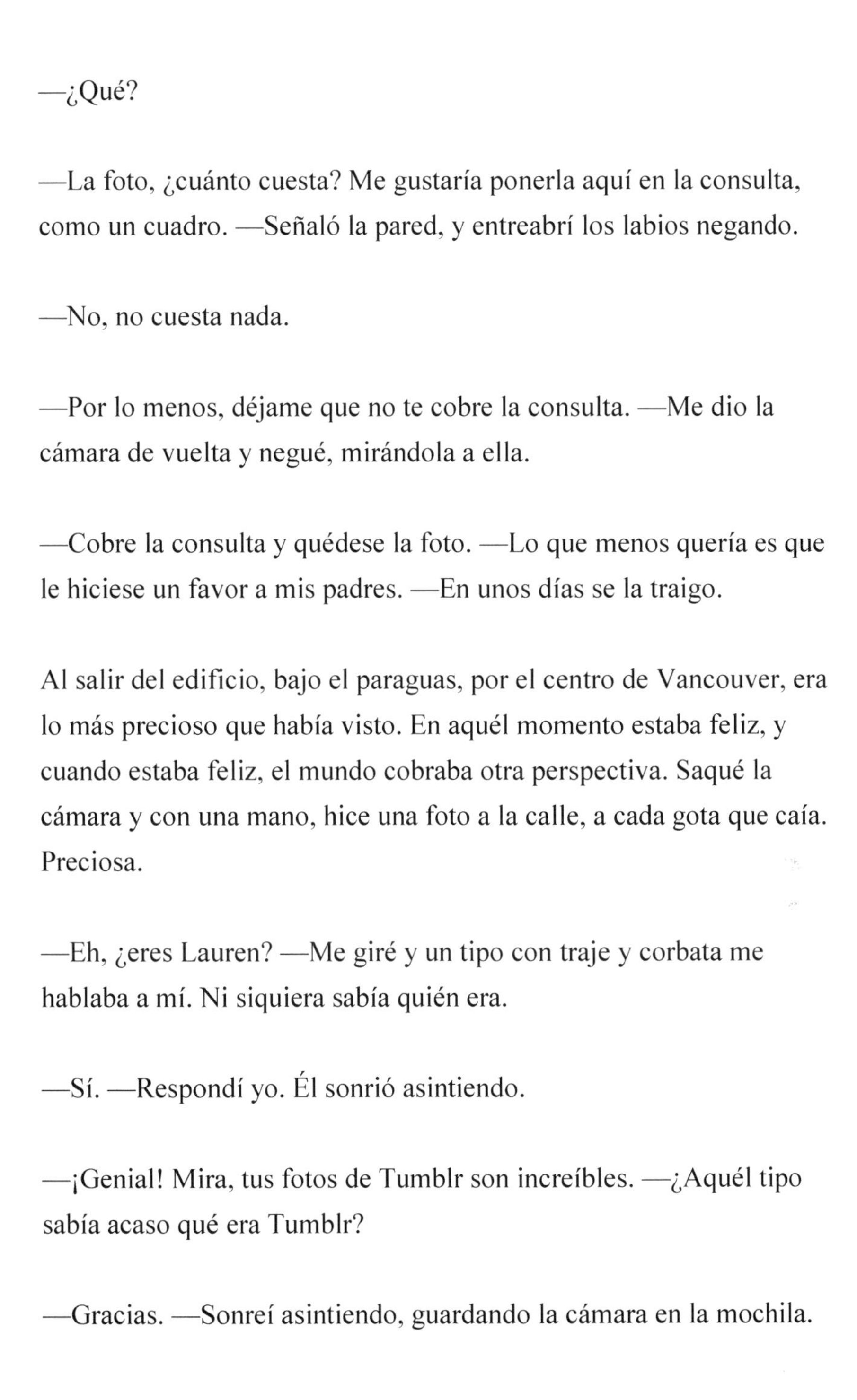

—¿Qué?

—La foto, ¿cuánto cuesta? Me gustaría ponerla aquí en la consulta, como un cuadro. —Señaló la pared, y entreabrí los labios negando.

—No, no cuesta nada.

—Por lo menos, déjame que no te cobre la consulta. —Me dio la cámara de vuelta y negué, mirándola a ella.

—Cobre la consulta y quédese la foto. —Lo que menos quería es que le hiciese un favor a mis padres. —En unos días se la traigo.

Al salir del edificio, bajo el paraguas, por el centro de Vancouver, era lo más precioso que había visto. En aquél momento estaba feliz, y cuando estaba feliz, el mundo cobraba otra perspectiva. Saqué la cámara y con una mano, hice una foto a la calle, a cada gota que caía. Preciosa.

—Eh, ¿eres Lauren? —Me giré y un tipo con traje y corbata me hablaba a mí. Ni siquiera sabía quién era.

—Sí. —Respondí yo. Él sonrió asintiendo.

—¡Genial! Mira, tus fotos de Tumblr son increíbles. —¿Aquél tipo sabía acaso qué era Tumblr?

—Gracias. —Sonreí asintiendo, guardando la cámara en la mochila.

—Justo andaba buscando tu número por alguna parte. Verás, vendiste unas fotos por eBay de una chica, ¿verdad? —Asentí lentamente sin apartar la mirada de él. —Bueno, cliqué en tu perfil de eBay, me llevó a tu Tumblr y vi todas tus fotos sobre naturaleza, o las cosas más cotidianas. El caso es que mi jefe está buscando un cuadro similar a tus fotos, y me preguntaba si... Tenías alguna como esas a la venta. —Tenía toneladas de fotos del bosque en mi cámara.

—¿Cuántas quiere?

*

En la parte trasera de casa de Camila, estábamos sentadas pegadas a la pared. Algo refugiadas del frío, pero a la intemperie. Era de noche, y casi no veía lo que teníamos a dos pasos. Mi mano estaba sobre su hombro, y sus dedos estaban enlazados a los míos mientras nos besábamos lentamente. Mi lengua acariciaba la suya, y cada vez que pasaba la mía por su paladar apretaba mi mano, haciéndome sonreír. Ella sentía más que cualquier otra persona, con una simple caricia sentía lo que la gente normal con un beso.

—Te quiero. —Susurré en voz baja contra sus labios, observando cómo mantenía los ojos cerrados. —Te quiero mucho. —Di un beso corto y suave.

—Me encantaría saber cómo eres en realidad. —Dijo Camila con voz tenue y suave. —Pero me basta con el sonido de tu voz. —Sonreí al escucharla, pasando mi dedo pulgar por su mejilla.

—A mí me encantaría que pudieses ver cómo eres, para que entendieras por qué me enamoré de ti.

Las mañanas de Vancouver nunca eran cálidas y acogedoras, nunca daban ganas de salir de casa a dar un paseo, y mucho menos, de levantarse para ir al instituto. Y menos aún aquél día, estaba nevando y se habían formado esas horribles placas de hielo en las aceras, y era insufrible caminar desde el autobús hasta la entrada del instituto.

Pasé las manos por el borde de la puerta de la taquilla y la cerré con cuidado, presionando esta para que quedase bien anclada. Ese olor a perfume intenso llegó hasta mi nariz, y giré la cabeza hacia el lado del que provenía con los ojos cerrados.

—Llegas tarde. —Dije intentando no reírme, y Lauren cogió la mochila que llevaba en las manos.

—¿Me dejas darte un beso al menos? —Asentí, sintiendo los labios de Lauren en mi mejilla, y su mano ponerse en mi cintura. —Estás muy guapa hoy.

—Gracias, supongo. —No se me daba bien aceptar cumplidos, pero tampoco podía replicar porque en realidad, ni siquiera sabía cómo era.

—Siento llegar tarde, problemas en casa. —Hice una mueca agarrándome a su brazo para caminar por el pasillo, y entonces escuché la voz de megafonía.

—*Por favor, Camila Hernández, acuda al despacho del director.* —Suspiré al escucharlo y todo el pasillo se quedó en silencio por unos segundos, aunque luego, comenzaron a murmurar. Aquello nunca traía nada bueno, y la gente lo sabía.

—Oh, no. —Escuché decir a Lauren mientras me llevaba del brazo, pero yo estaba totalmente tranquila.

—No te asustes. —Le dije yo en voz baja, parando a la vez que ella en la que suponía, era la puerta del despacho.

—No quiero que te castiguen, o que te expulsen. —Dijo ella, tomándome de la mano con delicadeza.

—No va a pasar ninguna de las dos. —Subí las manos a sus mejillas y planté un beso en esta con una sonrisa, girándome hacia la puerta del despacho.

—Me quedaré aquí fuera. —Añadió ella, y sabía que si replicaba, iba a ser para nada porque Lauren no iba a irse de allí por mucho que yo se lo dijese.

Toqué tres veces la puerta y escuché el sonido de las bisagras que indicaban que la puerta se había abierto.

—Pasa, Camila. —La voz tenue de la secretaria me recibió, y me tomó del brazo adentrándome en la sala previa al despacho del director. Nunca me habían llamado por algo que había hecho, pero ese día sabía que sí lo había hecho. —Por aquí. —Seguí caminando de su brazo, apoyando la mano en la puerta para entrar al despacho.

—Buenos días, Camila. —Escuché la voz penetrante del director, parecía como si fumase cuatro paquetes de cigarrillos al día, que de hecho aquél hedor que rezumaba la habitación lo delataba.

—Buenos días señor director. —Miré hacia otro lado diferente al que estaba él, a mi izquierda, agachando la cabeza con la mirada perdida.

—Está a tu lado Alisha. —Jugué con mis manos moviendo mis dedos, y sabía que mi mirada estaba clavada en otro sitio diferente al de Alisha. —Dice que le agrediste con tu... Bastón. —Carraspeó al decirlo.

—Sí, me pegó dos veces, una en la cara y la otra en las costillas. —Negué un poco ladeando la cabeza con una pequeña sonrisa.

—Yo nunca llevo bastón, señor Director. Pero si lo duda, puede llamar a mi madre... —Cogí el móvil e hice que se me cayera de las manos, al suelo, mirando de un lado a otro poniéndome de rodillas en el suelo para coger el móvil. —Lo... Lo siento mucho, soy muy torpe. —Palpé el suelo con las manos, fingiendo una mueca de preocupación y tristeza, hasta que sentí los bazos del director cogiéndome.

—Vamos, arriba, arriba, tranquila. Toma. —Puso el móvil en mi mano, y me quedé en absoluto silencio mirando al suelo.

—Es una mentirosa, ella sabe lo que está haciendo. Se hace la víctima para dar pena, director. ¡Mírela! —Ni siquiera me moví, sólo tuve que mantener la postura con la mirada fija en el suelo.

—Alisha, ya hemos tenido esta reunión mil veces. Culpas a personas de cosas que no han hecho para vengarte de ellas, ya me lo han contado un par de padres. —El director soltó un suspiro. —Camila, perdona la molestia, puedes salir.

—Gracias, señor Director. —La secretaria me cogió del brazo y caminó conmigo a paso lento hasta la puerta, escuchando la reprimenda a Alisha, que a pulso se había ganado.

Permanecí delante de la puerta, porque no sabía si Lauren estaba allí o se había ido, hasta que noté una mano posarse en mi cintura y aquél olor afrutado del perfume llegar hasta mi nariz. Pasé los brazos por encima de sus hombros, abrazándola de una forma reconfortante, porque sabía que Lauren se estaba sintiendo mal por mí.

—¿Te ha castigado? —Solté una suave risa en su oído, humedeciéndome los labios.

—Esa puta va a pagar, ¿sabes? —Lauren soltó una risa en mi oído, y sus manos se apretaron alrededor de mi cintura.

—No te esperaba así. —Busqué algo de refugio en su pecho, apoyando la cabeza en este casi colándome en su cuello.

—Te dije que no soy una víctima. Mi problema no me define. —Las manos de Lauren acariciaron mis mejillas, dándome un beso tímido y dulce como yo le había enseñado, haciéndome sonreír.

—Me gustas mucho más así. Cuando pienso que vas a hacer una cosa, haces otra. —Besó mi frente y sus dedos se enredaron en los míos, guiándome por los pasillos del instituto, aunque para entonces, las clases ya estaban empezadas. —He visto a Marie, ¿sabes? Ahora estudia aquí.

—¿De verdad? ¡Eso es genial! —Exclamé en voz baja, apretando los dedos de Lauren con una sonrisa, y por lo que pude intuir, me estaba llevando a la cafetería.

—Sí. ¿Qué tienes que hacer ahora? —Lauren paró de caminar y yo me quedé a su lado, sentándome cuando sentí el borde de la silla tocar las corvas de mis piernas.

—Trabajar con el cuaderno de texturas, según dice la terapeuta estoy mejorando pero tengo que seguir. —Palpé la mesa que al parecer era redonda, pero retiré la mano al notar algo de suciedad pegajosa. Lauren cogió mi mano y con un trozo de papel comenzó a limpiarla.

—¿En qué te ayudará eso? —El dedo de Lauren levantó mi barbilla, para que alzase la cabeza y la mirase a los ojos.

—A reconocer cómo son las cosas por el tacto. No... Lauren. —Arrugué la nariz girando la cabeza, poniendo la mano encima del libro de texturas que Lauren había puesto encima de la mesa.

—Sí, Camila. No me va a doler que me mires a los ojos, ¿sabes? —Le dediqué una risa irónica, negando y abriendo el libro por la primera página, frotando las yemas de mis dedos entre ellas.

—Te duele que te mire y parezca que estoy mirando a la nada. —Susurré en voz baja, acariciando algo frío, parecía metálico. —Y a veces ni siquiera sé si estoy mirándote a los ojos.

—Me duele más que mires al suelo porque te sientes insegura. —Alcé los hombros, sin dejar de pasar los dedos lentamente por aquél libro.

—No, Lauren, no. No puedo. —Cerré la tapa de golpe, casi frustrada, apretando los dedos en el borde del tomo, soltando un suspiro hastiado.

—Tienes los ojos marrones más bonitos que he visto en mi vida.

—Mis ojos son marrones, no tienen nada de especial. —Repliqué negando, y en ese momento el aliento de Lauren se posó sobre mi mejilla, y sus dedos apartaron el pelo de mi oreja.

—La forma de tus ojos los hace especiales. Tus pestañas largas, y la forma en que se arrugan cuando te ríes, es adorable. —Los labios de Lauren dejaron un tierno beso en mi mejilla, que aunque estuviese algo enfadada conmigo misma, me hizo sonreír. —Te quiero, y si no quieres mirarme, no te obligaré.

—Eres tan buena, Lauren. —Negué sin borrar aquella tímida sonrisa, apretando los dedos entre sí. —No te merezco.

—No, Camila, yo...

—Lauren estoy hablando. —Tenía los ojos vidriosos, y no era buena señal porque iba a comenzar a llorar en poco. —¿Qué pasará si un día te cansas de mí? De que no quiera mirarte a los ojos, de... Tener que llevarme como si fuese una niña pequeña, siempre de la mano, y...

—No es un problema. Poder ayudarte y así tenerte a mi lado, no es un problema. El problema sería que no me quisieras, Camila. Para de ser tan insegura, sólo céntrate en mí.

—Tengo miedo, porque... Ya me han roto el corazón, y todo porque no puedo ver. Porque cuando me quise dar cuenta, él ya estaba con otra chica y conmigo a la vez. —Confesé con la voz temblorosa, escondiendo la mirada de Lauren, que probablemente no perdía detalle de mí. —Y quizás, mientras yo sólo tengo tu personalidad, tú estarás fijándote en otras chicas, más guapas y...

—No deberías preocuparte. —La voz de Lauren ahora parecía apagada y algo triste, todo por mi culpa. —Nadie me ha querido hasta que llegaste tú, porque tú no ves mi físico, sólo ves cómo soy. Y tú... —Soltó una risa negando, poniendo una mano en mi mejilla. —Tú eres perfecta. Es una auténtica tontería pensar que voy a irme con otra cuando te tengo a ti sólo porque te tengo que llevar del brazo. No sé cómo explicarte que si estoy en esta relación es porque quiero, porque estoy enamorada de ti, de cómo me reconoces sin que siquiera diga nada, de cómo sabes si me ocurre algo, de la manía que tienes por pasarte el pelo detrás de la oreja y morderte el labio constantemente, de tus ojos...

—Ves cómo eres demasiado buena para mí, y yo sólo diciéndote que me vas a dejar... —Lauren me arropó entre sus brazos, y yo me dejé, quedando absolutamente arrumbada entre ellos, pidiéndole perdón en voz baja, aunque ella... Ella simplemente besaba mi frente.

*

El sonido que hacía la cámara al hacer fotos se sucedía, y en la pequeña pantalla la imagen de Camila frente a la ventana se reflejaba. Estaba sentada en la cama, de perfil, con los cascos puestos y los ojos cerrados; de fondo el bosque. Era preciosa, sin siquiera darse cuenta de que la estaba fotografiando, pero desde distintos ángulos, tenía una nueva perspectiva de la belleza Camila. Abrió los ojos y se quitó los cascos, así que yo paré de hacer fotos al instante. Quizás, aquello podría parecer algo raro, pero la verdad es que cuando se trataba de ella me daba un poco igual si el resultado eran aquellas magníficas fotos.

—¿Lauren?

—Estoy aquí. —Me senté frente a ella en la cama, poniendo una mano en su muslo, acariciándolo lentamente. —Oye... Te he hecho unas cuantas fotos, ¿te importa?

—No, no, claro que no. Confío en que me saques guapa. —Sonrió palpando la cama hasta llegar a mi mano y cogerla, apretándola un poco. —Me gusta esta casa.

—No puede gustarte esta casa. —Respondí yo, tumbándome a su lado con la cámara de fotos yaciendo en uno de mis costados.

—Sé que no puedo verla, pero... Me gusta cómo te hace sentir. Estás a gusto aquí más que en cualquier otro sitio, y haces que yo note lo que sientes. Este lugar me hace feliz, ¿sabes? —Sonreí un poco pero mis palabras no rompieron el silencio, simplemente me limité a mirarla sin decir nada. —¿Lauren? —Me llamó ella, pero yo no contesté, simplemente le di un beso en el brazo, colocando mi cabeza en su regazo y casi buscando algo en lo que refugiarme.

—Mi abuela volverá pronto y no podremos venir de nuevo. —Camila acarició mi mejilla suavemente, subiendo por el pelo, acariciándome con dulzura y delicadeza.

—Siempre puedes venir a mi casa, ¿sabes? Sé que no es lo mismo, pero... —Moví la cabeza para frotarme un poco contra su mano, buscando aquél cariño, algo que me indicara que todo estaba bien.

—No pasa nada. Me preocupa más encontrarte un libro de texturas nuevo, a decir verdad. —Me incorporé de la cama y cogí la cámara de fotos con el ceño fruncido, comenzando a revisar las imágenes que había capturado con ella. —¿Sabes qué es lo peor? Que no sé cómo hacer las cosas.

—¿A qué te refieres? —Camila estaba desorientada, intentando encontrarme, ladeando la cabeza para captar mejor mi voz.

—A que hay gente mucho mejor que yo en el mundo. Las fotos que veo... —Solté una aspirada risa, dejando la cámara en la mesa. Miré por la ventana, intentando ver de otra perspectiva el bosque, el verde, sus tonalidades, pero no podía.

—Si pudiera ver te daría mi opinión sobre tus fotos, pero sólo puedo decirte que si han comprado algunas, es por algo. Si la gente está dispuesta a pagar por una foto tuya, no es ninguna tontería.

—Que la compren algunos no significa que a todos les guste. —Apreté las cejas frunciendo el ceño, sentándome de nuevo a su lado, casi dándome por vencida.

—¿Quieres que pidamos pizza? Eso lo arregla todo siempre. —Palpó la cama para ver dónde estaba el borde, y giró las piernas hasta sentarse justo a mi lado.

—La realidad es, Camila, que tú lo arreglas todo siempre.

Ella siempre me hacía sentir bien, no era cosa de aquella pizza. Podría estar comiendo brócoli o coles de Bruselas que tanto odiaba, que si Camila estaba frente a mí yo sería feliz. Y no importaba si me veía o no, no importaba si me miraba a mí o estaba mirando a la pared, estaba conmigo en aquella habitación. Estaba conmigo, siempre lo estaba.

—Así que... ¿Por qué te odia tanto Alisha? —Preguntó ella mientras yo ponía la caja de pizza en mitad de nosotras.

—Éramos muy amigas, ¿sabes? Pero... A mí me empezó a gustar, y se lo dije. Creía que iba a seguir siendo mi amiga, pero se distanció, hizo que todo el instituto me odiase. —Separé los trozos con un cuidado para que se fuesen enfriando. —Es homófoba, creo.

—Es gilipollas. —Dijo Camila con voz enfadada y el ceño fruncido. Agradecía enormemente que Camila lo entendiese, aunque si no lo hiciera era una absoluta tontería, porque salía conmigo. Al intentar incorporarse en la cama, apoyó su mano sobre la mía y se ayudó a levantarse, presionando mi mano con todo el peso de su cuerpo.

—¡Ah! —Grité quitando la mano rápidamente, porque había sentido los huesos de mis dedos crujir.

—Lo siento, lo siento mucho... —Camila buscó mi mano a tientas por la cama hasta cogerla, con los ojos cerrados.

—No pasa nada, mi padre se sienta encima de mi pie cuando estoy en el sofá, ¿sabes? No es nada nuevo... —Sonreí amargamente, acariciando su mejilla para darle un beso en la frente.

—Lo sé, pero... —Hizo una pequeña mueca encogiéndose de hombros, quedándose con las manos pegadas a los lados de su cuerpo. No quería que se sintiese mal por eso, así que le puse un trozo de pizza en la mano con cuidado.

—Así mejor. —Pero el trozo de pizza entre sus manos se tambaleaba, y el queso rozó la punta de sus dedos, comenzando a quemarla. —Ah, ah, ah. —Intentó zafarse del queso, pero al no poder ver dónde ponía los dedos, comenzó a quemarse más.

—Espera, espera. —Intenté que se calmara pero la pizza estaba totalmente sobre sus manos, hasta que entre sus manos y las mías, ambas quemándose, cayó sobre el escote de su camisa.

—¡Joder! —Gritó ella, apartándose el queso del pecho a manotazos, mientras yo lo miraba con la boca abierta.

—Lo siento. —Susurré sin dejar de mirar sus pechos, parpadeando un poco. Quizás era el sujetador, pero el tomate se había quedado esparcido en el espacio entre sus pechos.

—No importa, tengo... Tengo que quitarme esto. —Dijo sacando las piernas por la cama hasta tocar el suelo, incorporándose rápidamente. Al tener las manos ardiendo, estaban temblorosas, y no atinaban a desabrochar el primer botón.

—Déjame a mí. —Dije levantándome de la cama, poniéndome delante de Camila. Ella se dio por vencida y bajó los brazos, dejándome a mí.

Comencé a desabrochar uno por uno los botones de aquella camisa, mirando sus pechos cubiertos con tomate que se descubrían a medida que los botones eran desabrochados, dejando la camisa a medio abrir, mostrando parte de su abdomen, su sujetador, casi expuesta delante de mí. En aquél momento me di cuenta de las ganas que tenía de poder probar aquello, de tener un tipo de relación más íntima, de...

—¿Lauren? —Escuché su voz, y rápidamente me sacó de mis pensamientos en los que estaba sumergida.

—¿Sí? —Carraspeé después de hablar, soltando las manos de su camisa.

—¿Estás bien...? —Asentí, aunque me di cuenta de que no podía verme. —Lauren, ¿estás mirándome las tetas?

—Uhm... —Me rasqué la nuca, y ella soltó una suave risa cogiéndome del bajo de mi camiseta.

—¿En qué piensas? —Entreabrí los labios balbuceando un poco, y Camila volvía a tirar de mí, pegándome totalmente a ella. —Vamos.

—¿Q—Qué? —Ella sonreía, pasándose la lengua por el labio inferior.

—Vamos, dime qué se te está pasando por la cabeza al verme. —La imagen de Camila con la camisa entreabierta, mostrando el sujetador blanco manchado de tomate, justo como estaba esa parte de su piel.

—Que... Tus... Digo... Estás mojada, ¡¡manchada!! Manchada, estás manchada, de tomate y... —Agaché la cabeza besando su cuello, aunque al instante paré. No sabía si la estaba incomodando, no sabía si ella quería eso, o sólo quería que le dijese lo que pensaba.

—¿Por qué paras? —Tiro del cuello de mi camiseta, acercándome a sus labios con una sonrisa algo lasciva. —Soy ciega, pero una persona normal, ¿sabes?

—L—Lo siento, yo... —No estaba siendo así por ella, estaba siendo así por mí. Ese tipo de cosas me ponían nerviosa, y más si la tenía a ella delante. —Me ponen nerviosa estas cosas, no es porque seas así.

—No vamos a hacer nada, sólo... Tranquilízate. Así que... —Volví a besarla lentamente, quitando su camisa y dejándola caer al suelo por los hombros, bajando las manos por su cintura y mordiendo sus labios un poco, algo suave, provocando una sonrisa en sus labios. Bajé los besos por su cuello, lentamente, aunque sólo eran besos superficiales. Decidí sacar un poco la lengua y deslizarla por su piel lentamente, como si la estuviera besando a ella. Lento, suave, húmedo, retorciendo mi lengua sobre el cuello de la latina, deslizándome hasta llegar a sus clavículas. Las besé, las mordí con cuidado, con sutileza, mojándolas bajo mis labios.

Una vez empecé, no quería parar, quería besar cada centímetro de su piel, quería hacer que ella sintiese, que volviese a sentir algo por primera vez, que volviese a sentir conmigo.

Cuando me quise dar cuenta, tenía la boca entre sus pechos y a Camila no parecía importarle, porque su mano estaba puesta en mi mejilla, acariciándome lentamente. Mi lengua recorría la piel de sus pechos por encima del sujetador, llevándome el tomate en la lengua.

—Laur... —Tiró de mi mano un poco, caminando hacia la cama hasta topar con el colchón. Retiré el cartón de pizza poniéndolo encima de la mesa, aunque justo cuando Camila notó que estaba a su lado, tiró de mi camiseta para tumbarse en la cama, arrastrándose hasta la almohada, y me coloqué encima de ella apartándole el pelo de la cara.

Los besos se hicieron lentos, profundos, húmedos, con nuestras lenguas saliendo lentamente de nuestras bocas para hundirse en la de la otra, y luego fundirse entre ellas.

—Laur... —Escuché su voz, y levanté la cabeza de forma repentina, mirándola. Ella permanecía con los ojos cerrados y una sonrisa débil en su rostro.

—¿Quieres que pare? —Ella asintió, por su mueca, parecía no estar muy cómoda con aquella situación que había llegado demasiado lejos. Como ella bien me advirtió, no íbamos a llegar a nada.

—Lo siento, no quería incomodarte. —Dije apartándome de encima de ella, que negó un poco sonriendo.

—No, no me incomodas. Sólo... Quiero esperar un poco más. —Pero yo no podía reaccionar, porque Camila estaba en sujetador delante de mí, haciendo que se me cayese la baba al mirarla, y ella ni siquiera lo sabía.

—Claro, claro. No hay problema. —Dije algo nerviosa, cogiendo de nuevo la caja de pizza para darle un mordisco enorme al trozo que estaba comiendo y así evitar tener que hablar del tema, porque para mí sí que era complicado después de haberme calentado de aquella manera.

—Ven. —Buscó mi brazo arrastrando la mano por la cama hasta encontrar la mía, y tiró un poco. Dejé el cartón de nuevo en la mesa y me acomodé a su lado. —Tenemos que aprovechar hasta que tu abuela vuelva.

—Tendremos que buscarnos otro sitio para nosotras, ¿no crees? —Camila no respondió, simplemente me abrazó un poco más fuerte escondiendo la cabeza en mi pecho.

Su sitio estaba conmigo.

* * *

—¿Dónde cojones estabas? —Escuché gritar a mi padre mientras pasaba por delante de la cocina. —Eh, eh, ¿dónde vas? Ni un hola, ni nada. Entras y ya. —Suspiré soltando la mochila en el suelo, mirando a mis hermanos y a mis padres comer.

—Hola. —Dije con pesadez, mordiéndome la cara interior del labio. Quería subir a mi habitación cuanto antes, aquello de estar allí era un auténtico suplicio.

—¿Qué has sacado en el examen de biología? —Preguntó mi madre con el tenedor en la mano, apuntándome.

—No la ha dado. —Respondí cogiendo la maleta de nuevo, y corrí para subir las escaleras.

—¡Sí! ¡Sí que la ha dado! ¡Deja de mentirnos a mí y a tu madre! —La voz de mi padre se clavaba en mi cabeza.

—Seguro que ha suspendido, si no estudia. —Mi hermano no sabía ni siquiera de qué hablaba. No, no había dado ninguna nota.

Las tardes en mi habitación se hacían eternas, sobre todo, porque no podía salir, no quería salir. Sentada en la cama con las piernas cruzadas y el portátil encima pasaba las tardes, reblogueando fotos en Tumblr y escuchando música. Esa tarde no fue menos.

Cada vez que escuchaba los pasos de mi padre junto a mi puerta se me encogía el corazón. Sólo abría la puerta para decirme que era una inútil, que cuándo me iba a dignar a terminar el último curso del instituto y entrar a una universidad, pero no, yo no quería hacer ingeniería o economía como él me quería imponer.

Abrí el portátil colocándome los cascos en cada uno de mis oídos, y ahí se acabó el mundo. La música sonaba tenue en mis oídos, pero yo sólo me centraba en eso. Abrí Tumblr, y vi unos cincuenta mensajes en la bandeja de entrada. ¿Qué mierdas? Siempre solía tener, pero no más de 15. Cuando tenía 16 solía hacer una fiesta. Abrí los mensajes, y todos eran sobre lo mucho que les gustaban mis fotos. Uno incluso me decía que quién era la modelo de las fotos, parecía muy natural.

Claro que era natural, ella no se estaba dando cuenta de que la fotografiaba en ese momento. Camila despertaba mi lado más creativo, y sin duda eso se veía reflejado en los comentarios de la gente y el los reblogs que las fotos tenían. Ya no sólo las de Camila, las de los bosques, las de Vancouver. Gente de la otra punta del mundo que me decía lo mucho que le gustaría estar ahí, gente que alababa los aspectos más técnicos de las fotografías, o gente que sólo quería decirme que les gustaba y ya está. También, los que pedían aún más fotos, y aún no podía creerme nada de eso.

¿De verdad eran tan buenas mis fotos? Sólo eran... Fotos. Nada más. No tenían nada de especial, yo sólo captaba los momentos que sucedían, no era tan difícil de hacer, cualquiera con una buena cámara podría hacerlo.

—¡Eh! —Los golpes fuertes de mi padre en la puerta me alertaron, di un pequeño bote en la cama y cerré el portátil tan rápido como pude. —Deja ya el maldito ordenador, todo el día con el puto ordenador. Eres una inútil, no sabes hacer nada. Vives en una pocilga, ¿qué vas a hacer cuando tu madre y yo muramos? ¿Vas a seguir esperando a que te hagamos las cosas? ¿Eh? Ponte a estudiar de una vez que es lo que tienes que hacer, deja ya la puta cámara y el puto ordenador y coge un libro. —Al salir dio un portazo que me hizo rebotar en la cama, con el corazón encogido, un nudo en la garganta y el pecho oprimido.

—Ya sé que soy inútil. —Susurré en voz baja, hundiéndome en la cama a punto de sollozar. —Todo el mundo lo sabe.

Ni siquiera me hizo falta abrir los ojos aquella mañana para darme cuenta de que había dormido fatal. El cuello me daba un pinchazo cada vez que lo movía y mi espalda era un auténtico desastre. Creía oírla crujir si me movía un poco. La tenía completamente dolorida y llena de contracturas.

—Tú, ts, vamos, arriba. —La voz de mi madre resonó en la puerta, ni siquiera me había dado tiempo a decir nada cuando ya había cerrado de golpe.

Puse los pies en el suelo y moví un poco el cuello, pero no, por mucho que lo moviese no se pasaba el dolor.

Bajé las escaleras escuchando las voces de mis padres desde la cocina donde preparaban el desayuno. Quizás era una de las cosas que hacían por mí, el desayuno.

—Buenos días. —Dije mirando la mesa, y mi madre no respondió.

—Buenos días. —Pero mi padre sí.

Me senté en la mesa soltando un quejido por la espalda, cayendo en la silla con pesadez, y con el dolor punzante en el cuello y mi espalda.

—Qué, ¿otra excusa para no ir a clase hoy? —Levanté la mirada hacia mi madre, que se sentó frente a mí. La miraba incrédula, porque no sabía de qué estaba hablando.

—Ni siquiera he dicho nada. —Bajé la mirada hacia la tostada, untándola con mantequilla con cuidado.

—Tú sabes muy bien lo que haces. —Decidí no responder, apretando la empuñadura del cuchillo mientras cogía un poco de mermelada para ponerla en la tostada.

Por la puerta entraron mis hermanos, y yo seguía resintiéndome de aquél dolor de espalda mientras desayunaba, y justo cuando fui a meterme la tostada en la boca mi hermano me la quitó comiéndosela él.

—Hey, buenos días Lauren, gracias por la tostada. —Le di un golpe en el muslo, aunque no debí hacerlo.

—¡Lauren! ¿¡Qué coño haces!? ¡Tu hermano está resentido del muslo y tiene que jugar el siguiente partido! —Mi hermano ni siquiera se quejó de que le doliese, pero claro, tenía que jugar el siguiente partido.

—A mí me duele la espalda y no me quejo. —Solté cogiendo otra tostada, untando la mantequilla con más rabia e impotencia que antes.

—Tú no juegas al fútbol, tú no haces nada. —Las últimas palabas de mi madre se quedaron grabadas a fuego en mi cabeza, doliendo, como siempre lo hacía.

—Sigo sin entender por qué ellos tienen un colchón nuevo y bueno y yo tengo el de la abuela. —Exigí una explicación, soltando la tostada en el plato.

—Ay, que es una envidiosa. —Chris me tiró de la mejilla apretando los dedos y le di un manotazo apartándolo de mí. Envidiosa, sabría él las injusticias por las que yo tenía que pasar y él no. Envidiosa, cuando ellos tenían los mejores regalos y de mi cumpleaños ni se acordaban.

*

Odiaba los días que Camila tenía que ir al médico y no podía ir al instituto, lo odiaba porque yo sólo iba por ella.

Las clases eran eternas, un auténtico suplicio, pero iba porque tenía que cogerle los apuntes a Camila. Ella era todo lo contrario a mí, era aplicada, era lista, era educada y yo sólo era un amasijo de rebeldía y creatividad que estaba enamorada de ella.

La cafetería tampoco era lo mismo sin ella, era sólo un montón de gente hablando alto y sin sentido, así que decidí sentarme en el pasillo con la bandeja en el regazo, todo era mejor allí, o eso creía.

—Mira quién es. —Escuché la voz de un chico a mi lado. No era sólo un chico, vi un montón de piernas además de la suya. Subí los ojos lentamente hasta llegar a él, era Luis.

—¿Qué quieres, Luis? —Pregunté sin levantarme, con el cartón de zumo en una de mis manos.

—Que dejes a mi novia en paz. —Escupió y solté una suave risa.

—La única que viene a buscarme es tu novia, yo no tengo nada con ella.

—Pues no te acerques a ella, porque ya sabe lo que es que una lesbiana como tú esté babeando por ella. Y créeme, ella no te quiere.

—Pues vale. —Me encogí de hombros, pero eso no fue suficiente para él. Dio una patada a mi bandeja de tal forma que golpeó mi mano y salió disparada por el pasillo. El tomate de la pasta se esparció por el suelo al igual que el zumo, pero lo peor era la punzada en mis dedos que recorría mi mano, pero eso no fue todo.

Dos de sus amigos me cogieron de un puñado, como si fuera un saco de patatas y comenzaron a golpearme el estómago, puñetazo tras puñetazo me retorcía contra la pared, me daban ganas de vomitar por los golpes en la boca del estómago, uno tras otro hasta dejarme caer al suelo.

Me retorcía intentando levantarme, pero una patada de Luis en el vientre me dejó sin respiración, retorciéndome en el suelo, hasta que una patada en la cara me dejó noqueada en el suelo. Ellos se fueron, y mi nariz dolía, sangraba a borbotones e incluso tenía el labio partido. Me temblaban las manos, me temblaba el cuerpo, pero no podía levantarme porque los golpes me habían dejado aturdida en el suelo.

Escuché la voz de alguien mientras yo me retorcía en el suelo, se estaba riendo y yo, tosiendo aún por los golpes. Era la zorra de Alisha.

Me levanté como pude, pero cuando lo hice ella ya no estaba. También habían reventado mi maleta, la botella de agua había explotado dentro.

Salí de allí, salí con la cara ensangrentada y sin dejar de toser, buscando algo de aire que me ayudara a soportar los golpes en el estómago. No podía ir a mi casa, pero suponía que Camila estaría en la suya a esas horas de la mañana.

Por la calle la gente se me quedaba mirando, y algunos se acercaban para preguntarme si estaba bien, y yo asentía, aunque no, porque mi nariz no dejaba de sangrar, mi camiseta estaba completamente embadurnada en sangre, roja y espesa.

Crucé el jardín de su casa y pegué tres veces a la puerta, limpiándome con la manga de la chaqueta la sangre que caía desde mi nariz y mi labio.

—¿Quién es? —Escuché a través de la puerta, era la voz de Camila.

—Soy.. Soy yo, Camz. —Intenté aparentar normalidad en la voz, y tan rápido como me escuchó abrió la puerta.

—Lauren, ¿qué haces aquí? —Miraba justo al lado de mi cabeza, pero en aquél momento daba gracias a que no pudiese verme.

—Yo... —Carraspeé sintiendo cómo empezaba a marearme, y de fondo vi a Gloria pasar. No había caído en la cuenta de que ella estaría ahí.

—Por dios, ¡Lauren! —Gritó al verme, corriendo y apartando a Camila, para salir a ayudarme.

—¿Mamá? ¿Qué te pasa? —Preguntaba la latina sin entender nada, mientras su madre me metía en casa sujetándome por la cintura.

—Camila, tiene la cara llena de sangre. —Gloria me llevó hasta el sofá, porque después de caminar hasta su casa, me di por vencida. Camila miraba al suelo con tristeza, decepción quizás, y Gloria me limpiaba la nariz haciéndome levantar la cabeza. —¿Quién te lo ha hecho?

—Unos chicos. —Respondí sin más, sintiendo cómo me ponía dos trozos de algodón en la nariz.

—¿Por qué? —Preguntó Camila, y no supe qué responderle, dudé un momento, el que tardó Gloria en volver después de dejar todo de nuevo en el botiquín.

—Alisha. —Susurré en voz baja antes de escuchar la voz de su madre de nuevo.

—Vamos, ve a cambiarte de camiseta, te dejaré una de Camila. Espero que te sirva. —Me incorporé del sofá apoyando las manos en este, y me dirigí a la habitación de Camila. —Déjame tu camiseta para que pueda lavártela.

La camiseta de Camila era negra, y sin duda su madre sabía que a mí los colores chillones, llamativos no me iban nada. Siempre iba con tonos apagados e intentó que me sintiese cómoda. Me quedaba algo ajustada, porque Camila era algo más delgada que yo.

Llegué al salón y no había nadie, estaban ya en la cocina. Mi cabeza todavía estaba algo aturdida, estaba mareada y dolorida.

—¿Quién pudo hacerte eso? —Gloria cogió mi camiseta sucia y la metió en la lavadora, poniéndola en marcha. —¿Y por qué?

—Porque me gustan las chicas. —Respondí con voz algo cansada y ronca, sentándome en la silla al lado de Camila.

—Pero esa no es razón para pegarle a nadie, Lauren. —Exclamó Camila con un tono algo agresivo, aunque sabía que no era por mí.

—Estoy bien, tranquila. —Gloria salió de la cocina en busca de algo, y Camila negó levantando la cabeza para negar al frente.

—Tú nunca estás bien, Lauren. Finges estar bien, pero no lo estás. Y quizás puedas esbozar una sonrisa para la gente que te ve, pero yo no puedo verte, yo te escucho y te siento. Y tú nunca estás bien. —Hizo una mueca frunciendo el ceño, pero no me dio tiempo a contestar porque Gloria ya había llegado de nuevo a la cocina.

—Deberías comer un poco, corazón, para pasar el mal rato.

Mi madre siempre me decía que no sabía nunca qué hacer de comer porque yo era muy complicada, quizás era ella la que no sabía cocinar y yo tenía sentido común. Algo tan simple como un guiso de carne y patatas podría recomponerme el cuerpo en una sola cucharada. No decía nada, yo simplemente comía sin hablar, en silencio, porque la mayoría de las veces me iba a la cama sin probar bocado, pero la culpa siempre era mía, porque yo era 'rara'.

—¿Te gusta? —Preguntó la madre de Camila mirándome comer, en ese momento me di cuenta de que quizás estaba comiendo demasiado rápido, así que levanté la cabeza.

—Sí, mucho. —Dije tragando, y Camila soltó una risa cerrando los ojos, porque mi respiración estaba un poco agitada, quizás no tomaba el suficiente aire al comer.

—Cuando tú quieras puedes venir a comer con nosotros, sólo díselo a Camila antes, tendré que hacer comida para cinco.

—No quiero ser molestia. Además, ya ha hecho suficiente por mí.

—Lauren. —Giré la cabeza hacia Camila, que cerró los ojos con un suspiro. —Déjate ayudar.

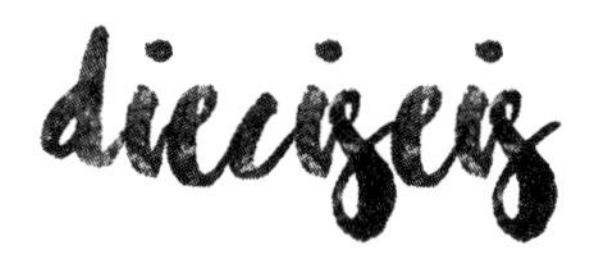

Educación física sí que era una pérdida de tiempo para mí y para todo el mundo. Les gustaba a los chicos, claro, porque no tenían que hacer mucho esfuerzo mental ni pensar demasiado para hacerlo bien, pero a los demás se nos daba de pena. Si conseguía respirar, era casi un milagro. Si conseguía no caerme al menos una vez en mitad de la clase, era un verdadero logro.

Al terminar de la clase, todas las chicas fueron a los vestuarios, pero a mí me daba algo de vergüenza cambiarme delante de ellas. Todas estaban delgadas, seguras de ellas mismas, hacían bromas sobre chicos, y yo me sentía algo aislada. Aislada porque no tenía el cuerpo que ellas tenían, porque ellas eran 'normales' y a mí me gustaban las chicas. Yo me sentía muy inferior a ellas en todos los aspectos. Quizás porque ellas hablaban de chicos con los que se habían acostado o besado, mientras yo me sentaba en una esquina a observar. Además, a algunas no les hacía mucha gracia que yo estuviese en el vestuario a la misma vez que ellas se cambiaban, por lo que por evitar peleas y conflictos, me quedaba un rato en el patio sentada en el suelo hasta que el vestuario quedaba vacío.

El suelo alicatado de blanco al igual que las paredes estaba encharcado, con olor a humedad y desodorante, al fin y al cabo, vacío.

Me acerqué a mi bolsa de deporte, me quité la camiseta que llevaba puesta, y rebusqué la limpia entre la toalla, el desodorante, algo de colonia, los jeans y la chaqueta de cuero negra que Camila me regaló por mi cumpleaños hasta que la encontré, pero no me duró la alegría mucho tiempo. Unos gritos de júbilo y burla se escucharon al final del vestuario, haciendo eco, hasta que Luis y sus amigos aparecieron de nuevo.

—Vaya, vaya, vaya, si estás aquí de nuevo. Supongo que la última vez no te comenté eso de 'como digas algo te mato'. —Él se cruzó de brazos ladeando la cabeza, mirándome con una sonrisa burlona.

—Yo no dije nada. —Me defendí, con la parte trasera de mis piernas chocando con el banco que tenía detrás.

—Sí, sí que lo dijiste. O si no, explícame por qué han venido clase por clase preguntando quién te pegó. —Se iban acercando, poco a poco, hasta llegar a mí. Tragué saliva, encogiéndome un poco sobre mí misma.

—Si le pegáis a alguien y lo dejáis sangrando es normal que la gente lo vea y vaya preguntando quién ha sido. —El primer puñetazo de Luis fue directo a mi ojo, haciendo que cayese contra el banco. No me daba tiempo a reaccionar, porque se iban turnando, un golpe cada uno, fuerte y seco en la boca, que comenzó a sangrar al instante. —Seguro que esto no te duele. —Estampó la punta de su zapato en mi entrepierna, provocando una punzada de dolor que me doblegó a mis rodillas, escurriéndome por el banco hasta acabar en el suelo con la mano en la entrepierna. —A ver si adelgazas, gorda.

*

Ese mismo día, algo más tarde, tenía cita con la psicóloga. Mis padres me dijeron que era una manipuladora y que tenía que seguir yendo, no les haría creer que no me pasaba nada, y después de aquella paliza, me escabullí entre los árboles del patio, y corrí a través de los árboles hasta llegar a la avenida principal que me llevaría al centro de Vancouver. Con la camiseta sucia me tapaba la cara, la sangre que caía desde mi nariz y mi labio inferior manchándome los dientes y la piel de alrededor.

—Necesito ver a la doctora Sullivan. Tenía cita a las cuatro. —La recepcionista me miró con los ojos abiertos, sin saber qué decir. —Lauren Andrews, vamos, búscalo. —Dije con prisa, apretando la camiseta contra mi cara.

—Sí, pero la doctora... —No la dejé terminar y entré a la sala de espera, observando que no había nadie. Lo que sí había era un baño en la consulta, que sin duda quería usar.

Cuando me quité la camiseta, la sangre se había esparcido por toda mi cara y no dejaba de brotar. Metí mi cara debajo del grifo, frotándola para quitar los restos del líquido espeso rojizo, y expulsé lo que restaba de sangre, colocándome un trozo de papel en cada orificio de mi nariz. Mi ojo era una bola de tenis color púrpura, que con sólo rozar el aire ya dolía.

Llamé a la puerta de la consulta, no sabía si había alguien entro, pero la voz de la doctora salió de su interior.

—Adelante. —Abrí la puerta y en cuanto me vio, se levantó de su escritorio para mirarme con los labios entreabiertos. —Lauren, ¿qué te ha pasado?

—Unos chicos en el instituto. —Puso sus manos en mis mejillas, y me miraba casi perpleja, como si no se creyese lo que estaba viendo. —Es la segunda vez esta semana. —Murmuré mirándola. No sé qué buscaba, no sé qué pretendía. Ella era una simple psicóloga y yo era simplemente una paciente.

—¿Por qué has venido? Deberías estar en un médico. —Me encogí de hombros tomando asiento con cuidado en el sofá. Aquella patada en la entrepierna me había dejado completamente dolorida. El pantalón me molestaba en esa zona, ¿pero qué más podía hacer.

—Se lo dirían a mis padres. —La doctora se sentó a mi lado, cogiéndome la mano pero la retiré rápido. Aquella patada en la mano que me dieron el otro día comenzó a pasarme factura. Tenía los nudillos morados y algo inflamados.

—¿Siguen igual tus padres?

—Tenía cita hoy porque creían que me estaba inventando eso de que estaba bien.

—La realidad, Lauren, es que necesitas venir a terapia. Pero no por lo que tus padres creen que te pasa, sino por el estrés que te causan ellos. —Apreté los labios sin querer mirarla, sólo observando los rastros de sangre que habían quedado debajo de mis uñas, signos de aquellas fuertes agresiones. —¿Qué haces en tu tiempo libre? —Solté una risa irónica, cerrando los ojos.

—Mirar Tumblr, poner fotos pero... —Negué un poco sintiendo el pinchazo de dolor que me recorría el ojo que había recibido el puñetazo. —Mi padre siempre me grita porque estoy con el ordenador.

—Sal a hacer fotos, intenta canalizar lo que sientes y plasmarlo en esas fotos. Quizás eso te ayude.

—No tengo talento como para hacer eso. —Espeté, girando el rostro para mirarla.

—No pierdes nada por intentarlo.

* * *

Mi mochila estaba echa un auténtico desastre. La mojaron, y aunque el otro día gracias a dios no llevaba apuntes, hoy sí. Y los mojaron, metieron mi mochila debajo de las duchas y la dejaron allí, con mis libros empapándose a la vez que las hojas de mi archivador, donde no sólo tenía deberes, también pequeños dibujos que hacía entre clase y clase.

Saqué a puñados el papel aplastado al fondo de la mochila, y puse los libros en el alféizar de la ventana para ver si así se secaban. La tinta se extendía entre los folios, corriendo rápida y fluida por todo el papel, destiñendo las líneas cuadriculadas y deshaciendo las letras a su paso.

Bajé a la cocina, escuchando el sonido de la sartén en la que mi madre, por el olor, seguramente estaría friendo palitos de cangrejo congelados. No dije nada, simplemente entré en la cocina con la cabeza gacha.

—¿Qué te ha pasado en la cara? —Me preguntó mi padre señalándome. —Ayuda a tu madre a poner la mesa, anda.

—Dice que se lo han hecho en el instituto. —Cogí uno de los platos de la estantería y lo coloqué en la mesa, antes de darme la vuelta a por otro.

—¿Cómo te lo van a hacer en el instituto? En ese centro no ocurren cosas de esas. —Apreté el borde del plato dejándolo en la mesa, mirándolo a él.

—¿Quién te lo hizo, enana? —Chris pasó a mi lado dándome un golpe suave en la cabeza que agaché, sin querer mirarlos a ninguno de los dos.

—Luis. —Mi hermano se echó a reír. Me pegaban por segunda vez y él se echaba a reír.

—¿De qué te ríes? —Le preguntó mi padre, y Chris simplemente se echaba agua en el vaso.

—Nada, es buena gente. —Miré al techo con los labios entreabiertos sin saber bien si irme a llorar o reventarle la cara a guantazos.

—No sé si habrá palitos para todos. —Comentó mi madre escurriéndolos y echándolos en el plato. En el momento en que puse el plato de palitos en la mesa, escuché las palabras de mi padre.

—No importa, a Lauren no le hace falta comer. —Mis hermanos comenzaron a reírse, y solté el plato, dándome la vuelta y saliendo de la cocina, escuchando cómo seguían la conversación entre risas.

No pude más, no podía esperar ni siquiera a llegar a mi cama para comenzar a llorar, porque todo aquello me estaba superando. Odiaba mi vida, odiaba a mi familia, pero lo peor de todo es que ellos hacían que me odiase a mí misma. Odiaba amanecer un día, otro y otro más sufriendo aquella indiferencia, aquél mal trato por parte de mi propia familia. Tenía miedo de abrir los ojos por las mañanas y esperar las vejaciones por parte de mis padres, las risas de mis hermanos por mi físico o por lo que era. Odiaba que yo sólo fuese un accidente, odiaba que lo único que podía distraerme fuera de casa fuese un auténtico infierno en el que me estaban torturando por mi condición sexual, lo odiaba todo.

Pensaba, mientras lloraba en silencio bajo el edredón de mi cama, ¿cómo sería ir a un sitio sin que nadie se metiese contigo? Sin que te conocieran, sin que te juzgasen por nada, simplemente ser tú y que a la gente le valiese eso. Pero yo no podía, porque no podía irme y deshacerme de aquél lastre que llevaba a mis espaldas, mi familia, mi vida entera, pero al menos, me quedaba Camila.

Quería llamarla, quería decirle que la quería y que la necesitaba, pero mi garganta estaba oprimida por el llanto, y mis palabras sólo eran quejidos y alaridos de un dolor interno, perpetuo que dolían más que aquellos puñetazos que Luis me daba.

La pintura de mis ojos estaba fundida con la tela de la almohada, al igual que la tinta que esta mañana se había escapado de los bolígrafos y había llenado mis apuntes. No podía abrir mis ojos, no podía si quiera respirar, pero entre llanto y llanto mi cuerpo tomaba una bocanada de aire para que siguiese llorando.

Quizás mis padres tenían razón y yo no debería de haber nacido, porque había sido un error, y el mundo me lo estaba haciendo saber.

Life's too short to even care at all oh,
I'm losing my mind losing my mind losing control.
These fishes in the sea they're staring at me oh oh,
Oh oh oh oh,
A wet world aches for a beat of a drum.
Oh.
If I could find a way to see this straight
I'd run away
To some fortune that I should have found by now
I'm waiting for this cough syrup to come down, come down

Life's too short to even care at all oh
I'm coming up now coming up now out of the blue
These zombies in the park they're looking for my heart
Oh oh oh oh
A dark world aches for a splash of the sun oh oh

If I could find a way to see this straight
I'd run away
To some fortune that I should have found by now

And so I run now to the things they said could restore me
Restore life the way it should be
I'm waiting for this cough syrup to come down

Life's too short to even care at all oh
I'm losing my mind losing my mind losing control

If I could find a way to see this straight
I'd run away
To some fortune that I should have found by now

So I run now to the things they said could restore me
Restore life the way it should be
I'm waiting for this cough syrup to come down

One more spoon of cough syrup now...

Cuando Camila estaba conmigo en el instituto, era una historia diferente a lo que vivía cuando estaba sola. Siempre tenía una sonrisa en el rostro que me contagiaba, y gracias a Dios nadie se acercaba cuando estaba ella. No sabía si era porque a la gente le daba pena, no sabía si era por ser ciega, o simplemente porque era agradable con todo el mundo.

Iba agarrada de mi brazo, caminando por el pasillo, evitando a la gente para dirigirnos a nuestras taquillas. Decía que aquella mañana olía muy bien, y se acurrucaba contra mí en el autobús para calentarse un poco y redimir el frío que cubría Vancouver. Era adorable, siempre tenía las palabras justas para animarme y hacerme olvidar que detrás tenía a Alisha y sus amigas que se reían de mí a cada minuto.

—¿Qué clase tienes ahora? —Le pregunté girando el candado de su taquilla hasta que se abrió. El instituto aún tenía que ponerle su propia taquilla especial, pero supongo que sólo le quedaba un año y sería malgastar el dinero.

Abrí la mía para meter los libros de aquél día, y entonces vi que estaba llena de post it con insultos. 'Gorda', 'Zorra', 'Puta' y 'Lesbiana' se repetían una y otra vez en las notas. Las cogí todas rápidamente, con un nudo en la garganta.

—Historia. —Camila estiró las manos para tocar los libros que estaban dentro de la taquilla, palpando el lomo de los libros hasta que cogió el que era. —¿Y tú? —Yo aún intentaba calmarme, haciendo una bola de papel con todo ese odio escrito.

—Mi profesor no ha venido, así que tengo esta hora libre. —Cogí su mano una vez había cerrado la taquilla y caminé con ella hasta la clase de historia. —Vendré a por ti para llevarte hasta tu taquilla, ¿vale? —Paré frente a la puerta, tomando sus manos entre las mías.

De reojo, pude ver a Luis y sus amigos pasar a mi lado y mirarme de arriba abajo como si fuese una bolsa de basura, como si no fuese nada.

—Vale, te quiero. —Camila subió una mano por mi brazo hasta mi cara, cerró los ojos y me dio un tierno beso con una pequeña sonrisa, antes de separarse y llamar a la puerta.

—Hasta luego.

Cuando me di la vuelta, los chicos ya no estaban, respiré. Me apresuré hacia mi taquilla y cogí uno de aquellos libros por los que muchos me llamaban rara, por leer quizás libros sobre cómo en la Segunda Guerra Mundial intentaban salvar las obras de arte de la masacre. Quizás, sí que lo era un poco, pero a mí me parecía bastante interesante. Me gustaría que Camila pudiese ver el arte de la forma en que yo lo veía.

Me di la vuelta con el libro en la mano y la mochila al hombro para ir a la biblioteca, pero al levantar la cabeza, Luis estaba allí. No vocalicé palabra, no moví un músculo, cuando me estampó contra las taquillas con tal fuerza que creí haberme partido alguna vértebra. Había chocado contra el candado de una de ellas, provocando que gritase por aquella punzada que me recorría la espalda de costado a costado, pero no tenía un momento de respiro porque recibí un cabezazo seco, fuerte, directo a mi ojo derecho, que me dejó retorciéndome en el suelo, con una mano en la espalda arqueada, abriendo los labios para soltar un quejido profundo.

Mi espalda se había quebrado en dos, y mi ojo latía por el golpe, por el dolor, ardía a la vez. Cuando abrí los ojos, mi hermano estaba corriendo hacia mí, e instantáneamente comencé a retroceder con las piernas, no quería que se acercarse a mí.

—Lauren, Lauren. —Se arrodilló delante de mí y puso una mano sobre mi hombro, intentando calmarme. —¿Estás bien?

—Suéltame. —Sacudí el brazo poniéndome de pie con el dolor de la espalda aún latente, uniéndose al del ojo. —Te reíste de mí cuando os lo conté y dijiste que Luis era un buen chico. Te reíste cuando papá me llamó gorda. Te ríes cada vez que papá y mamá me llaman inútil, que me insultan, así que déjame en paz. —Cogí mi libro del suelo al que le habían roto la portada.

—Lauren, déjame...

—No. —Me colgué la mochila al hombro, mirándolo sin sentir nada, nada más que rabia e impotencia. —Si ahora te quieres hacer el bueno conmigo, no lo vas a conseguir. No sé qué ha cambiado.

—Es diferente ver cómo te pegan. —Dijo acercándose a mí, pero negué apretando las manos en la tira de mi mochila.

—¿Y no es difícil ver cómo papá y mamá me llaman gorda e inútil cada día? —Él se quedó en silencio bajando la mirada, no dije nada más y me fui, dejándolo allí sin decir nada.

* * *

—¿Cómo ha ido vuestro día? —Preguntaba mi padre repartiendo el puré de patatas en cada plato, que yo miraba con algo de recelo.

—Bien. —Respondió Elise simplemente empezando a comer, Chris no dijo nada, sólo asintió, yo ni siquiera eso.

—Y tú, ¿cuánto has sacado en el examen de biología? —Removí un poco el puré con el tenedor, encogiéndome de hombros.

—Un seis. —Dije a media voz, con la cara metida en el plato. Mi padre bufó, y entonces sí que se me quitaron las ganas de comer, aunque no iba a hacerlo.

—Un seis. Katy, ¿ves qué te digo? Es el puto ordenador que le come la cabeza, la está consumiendo, ¿un seis? Tu hermana saca un nueve en lo mismo, joder. —Tragué saliva dejando el tenedor en la mesa, bajando las manos debajo de esta. —Pero eso lo voy a solucionar, te quito el ordenador y punto. Aquí se ha acabado la tontería esta.

—Pero si he aprobado el examen. —Repliqué. Hubiese buscado una mirada cómplice, alguien en quién apoyarme, pero no tenía nadie.

—Esta noche llevo el ordenador a casa de tu tía hasta que no me saques bien los exámenes. Y punto.

* * *

Lo próximo que me quitaría sería la cámara de fotos, así que aquella misma tarde me escabullí mientras mi padre estaba en la ducha y mi madre iba a la compra. Mi hermano no había salido de su habitación en todo el día, y si era por mí, se le estaba bien empleado.

La puerta de casa de los Hernández estaba pintada de rojo, aunque daba la sensación de que era vieja y estaba ajada, gastada, en realidad era así. Me encantaba aquella puerta. Justo antes de llamar al timbre me separé un poco, tomé una foto y la observé un momento. Con algunos filtros quedaría genial.

—Lauren, ¿qué hacías? —Gloria abrió la puerta, y yo entreabrí los labios algo nerviosa, carraspeando.

—Nada, su... Su puerta es preciosa. —La mujer cerró un poco la puerta para mirarla, y luego dirigió la vista a mí sin entender nada.

—Gracias. ¿Qué haces aquí?

—Oh, sí, claro. —Subí de nuevo las escaleras del porche para acercarme a la puerta de nuevo. —Vengo a ver a Camila. Necesito... Que me haga un favor. —Gloria abrió un poco más la puerta, dejándome entrar en casa. Aún no me acostumbraba a ver a su padre, porque las veces que iba a su casa él estaba trabajando.

—Pasa, ahora le digo que baje. —Asentí con una pequeña sonrisa, y miré a Andrés que permanecía en el umbral de la puerta de la cocina con una taza de café en la mano. Fruncía el ceño al mirarme, mientras que yo esbozaba una pequeña sonrisa.

—¿Qué te ha pasado en el ojo? —Preguntó señalándolo. Bajé la mirada pasando mi dedo por el contorno del ojo hinchado, tragando saliva.

—Sólo... Jugando al softball. —Él sonrió asintiendo, aunque hizo una mueca por el supuesto golpe.

—Ten más cuidado la próxima vez. Tienes el ojo fatal. —Lo señaló con el ceño fruncido, y carraspeé sonriendo, dando algunos pasos señalando las escaleras.

—Iré yo a la habitación de Camila, si no les importa.

Llamé dos veces a la puerta, y desde dentro escuché la voz de Camila.

—Adelante. —Abrí la puerta despacio, para no hacer ningún ruido brusco de esos que a Camila tanto le molestaban. Estaba en el escritorio con un libro en la mesa y las manos puestas en él.

—Hey... —Al escuchar mi voz, se formó una sonrisa enorme en su rostro, por lo que no tardó mucho en apartarse un poco con las manos y ponerse de pie. —No hace falta que te levantes.

—Cállate. —Dijo riendo. Puso la mano en el borde del escritorio, guiándose para llegar hacia mí. —¿Puedes cerrar la puerta? —Tal y como me dijo, me giré y la encajé perfectamente.

—¿Qué hacías? —Pregunté echándole un vistazo al libro que tenía encima de la mesa, rascándome la nuca.

—Estudiar. Tú también deberías hacerlo, es divertido. —Solté una suave risa negando. Puse mi mochila encima de la mesa y la abrí, sacando de ella la cámara de fotos.

—Oye, necesito que me hagas un favor. ¿Puedes guardar tú mi cámara? Mi padre ya me ha quitado el ordenador, y temo que me quite también la cámara. —Camila fruncía el ceño mientras miraba por encima de mi hombro, justo hacia la pared.

—Claro, puedes dejarla en mi escritorio. —Puse la cámara justo donde ella me dijo y donde no le molestase. Su habitación tenía algunos tonos rosa pastel, blanco, como si fuese la habitación de un bebé pero decorada y diseñada para un adulto.

—Gracias. Hoy están siendo unos días bastante raros... —Suspiré sentándome en su cama, cogiendo la mano de Camila para que supiese qué posición había tomado. Ella se acercó, poniendo la mano en mi hombro. Comenzó a subirla por mi cuello hasta mis mejillas, mirando al frente.

—Sí, la verdad es que sí. ¿Tienes algo que contarme? —Sus manos pasaban por el contorno de mi ojo, no lo suficiente para que me doliese, pero sí que escocía.

—¿Qué? —Alcé la mirada hacia ella, que apartó la mano de mi rostro, aunque con la otra seguía acariciándome la mejilla.

—Que si tienes algo que contarme, Lauren.

—¿Por qué lo preguntas? —Camila soltó una pequeña risa, dándome un suave pellizco en la mejilla.

—Porque tu ojo está hinchado. —Dijo algo más seria, apretando los labios.

—Es... Es de la otra vez. —Mentí, y ella lo sabía porque negó dos veces.

—La otra vez fue el ojo izquierdo. El que yo estoy tocando es el derecho, y lo tienes hinchado. —Cogí la mano de Camila y la aparté de mi cara, viendo en su rostro algo de decepción y tristeza.

—Lo siento. No quiero que tengas que preocuparte por mí, porque no deberías. Estoy bien.

—No estás bien. —Camila retiró su mano de entre las mías para poder palpar la cama y tomar sitio a mi lado, negando con el ceño fruncido.

—¿Y qué vas a hacer si te lo cuento, Camila? ¿Qué? No puedes hacer nada, lo único que voy a conseguir es preocuparte. —Repliqué algo enfadada, girándome hacia ella.

—Bueno, ¡pues quiero preocuparme! Quiero preocuparme por ti, porque para eso eres mi novia, joder. —Miraba al suelo con el gesto duro, serio, agitado, con la mandíbula tensa y un suspiro al final.

—No era mi intención enfadarte. —Dije con voz más suave.

—No... No estoy enfadada Lauren. —Puso una mano en mi rodilla, pasando los dedos por la tela vaquera del pantalón. —Lo único que ocurre es que no quiero que te pasen las cosas y no me las cuentes, no sabes lo frustrante que es no poder ver, no saber qué está ocurriendo y si la gente se está aprovechando de ti, o te está ocultando cosas. ¿Entiendes?

—Lo siento, no... No lo había pensado. Te pido perdón. —Puse mi mano encima de la suya en mi pierna, y Camila la apretó un poco, sonriendo levemente. Besé su mejilla, aunque giró la cabeza para besarme de una forma ligera y dulce, terminando con una tierna sonrisa.

—No pasa nada.

dieciocho

Llamaron a la puerta justo en el momento en el que nos besábamos, y entonces nos separamos. Camila se reía, pero a mí me hacía menos gracia, así que simplemente me quedé con los codos en las rodillas, mirando la puerta.

—Adelante. —Respondió ella, frunciendo un poco el ceño.

—Hemos pedido pizza, ¿queréis bajar? —Dijo Andrés asomándose por la puerta.

—¡Sí! —Camila se puso de pie rápidamente, caminando hacia la puerta con una facilidad pasmosa, y yo salí justo detrás de ella.

—Espero que te guste la cuatro quesos, Lauren. —Comentó Andrés, mientras yo ayudaba a bajar las escaleras a Camila, que se agarraba a mi brazo.

—He comido algo antes de venir, no tengo mucha hambre. —Mentí, porque el simple olor de la pizza que provenía desde la mesa del salón hacía que mi estómago rugiese de hambre.

—Bueno, entonces, quédate a pasar un rato con nosotros.

Acepté, porque no quería volver a casa, porque en aquella familia todos me trataban bien, en aquella familia yo era alguien. Era simplemente la novia de su hija, pero como si yo también lo fuese. En mi casa, era sólo alguien que vivía en la última habitación que da al vecindario. La única que no tiene vistas al bosque, y quizás, aquello era una metáfora.

—Toma, Lauren, cómete un trozo. —Ofreció Gloria.

Me comí sólo medio, pero la mujer se quedó contenta aunque tardase siglos en tragarlo, casi me resistía a morder el trozo, bebía agua para así alargarlo un poco más.

Entre ellos reían, contaban anécdotas familiares que me hacían sonreír y añorar eso que yo nunca tuve. Camila contó que la llevé al museo, y que gracias a mí podía imaginarse un poco mejor cómo era el arte. Eso valía la pena.

—¿Quieres quedarte a dormir? —Andrés puso su mano en mi hombro, y levanté la mirada hacia él.

—No, me duele un poco la espalda y el sofá...

—No, puedes dormir con Camila. —Me dio un suave golpe en la mejilla y luego me revolvió el pelo. No veía ninguna amenaza en mí, y eso estaba bien, porque además de que no lo era, jamás se me ocurriría hacer nada con Camila al lado de sus padres.

Quizás ellos no sabían que su hija se quitaba el pantalón del pijama cuando dormía, o cuando dormía conmigo. Quizás tampoco sabía que tenerla cerca era un peligro, pero no para mí. Yo sólo quería besarla lento y que me abrazase, nada más. Ni siquiera se me pasaba por la cabeza hacer algo en ese momento, sólo necesitaba a Camila cerca.

—¿Ya? —Pregunté en voz baja cuando terminó de quitarse el pantalón, acurrucándose entre las mantas. Camila asintió, y yo apagué la luz. Al instante, sentí su cuerpo chocar con el mío, pasando su brazo por encima de mi cintura.

—¿Bien? —Aquella pregunta me descolocó un poco, no sabía a qué se refería. Pero estaba con ella, durmiendo en una habitación con calefacción al contrario que en mi casa donde a mí no me dejaban ponerla con la excusa de que gastaba mucho, en una cama realmente cómoda y con la chica que quería.

—Bien. —Respondí, acercando mi rostro al suyo para poder besarla de aquella forma tan tierna, tan lenta, tan mía que tenía de hacerlo.

Una de sus manos se coló bajo mi camiseta, y comenzó a acariciar la piel de la parte baja de mi espalda lentamente, con pequeños movimientos circulares, poniéndome los vellos de punta, y haciendo que suspirase en sus labios.

Su mano fue acariciándome lentamente por la columna, mientras nuestros labios no se separaban y sus dedos me relajaban, e fundían conmigo, era una sensación maravillosa, pero entonces llegó al medio. Me separé de golpe con los ojos apretados, y ella lo hizo también.

—¿Qué ocurre? —Preguntó en un susurro, preocupada.

—Tengo un golpe en la espalda.

—Lo siento. —Susurró ella, algo arrepentida.

—Sigue acariciándome, pero por debajo, por favor... —Dije en sus labios antes de volver a besarla, casi rogándole que no parase aquello, porque aquella era una de las mejores cosas que había sentido en mi vida.

* * *

—¿Dónde coño has estado? Y encima sin avisar. —Gritaba mi padre desde la cocina, pero yo no hice caso y corrí hasta mi habitación subiendo las escaleras.

Cerré la puerta de la habitación, y vi mi escritorio vacío, ni siquiera mis ceras y pinturas estaban allí. Luego me percaté de que mi madre las había ordenado en la estantería, al igual que mi reproductor de mp3, que tenía bien anudado los auriculares alrededor. Los cogí y me tumbé en la cama poniéndomelos, encendiendo la música.

And they say she's in the class A team

Stuck in her daydream

Been this way since eighteen, but lately

Her face seems, slowly sinking, wasting

Crumbling like pastries

And they scream

The worst things in life come free to us

Mi madre irrumpió en la habitación de una forma estruendosa, que me hizo encogerme en la cama apoyando las manos a los lados de mi cuerpo, quitándome los auriculares casi de un tirón.

—Un día, te vas un día y tengo tu habitación arreglada. —Hizo una pausa, apretando los labios. —Vuelves cinco minutos y ya tienes otra vez la habitación hecha una pocilga. Dios, qué pena. —Volvió a cerrar la puerta. Me quedé mirando esta unos segundos, y luego, observé la habitación. Lo único que había desordenado había sido la cama, que estaba completamente estirada y al sentarme la colcha se arrugó, pero nada más.

Muchas veces me preguntaba si aquello pararía, si, en algún momento de mi vida, mis padres me tratarían bien. Una vez mi abuela me contó que de pequeña mi madre no me daba el pecho porque no quería que se le estropearan, sin embargo a mis hermanos sí que se los dio.

También, en una cena familiar en Ontario, mi tía Elisabeth me contaba cómo la ropa que yo usaba de pequeña era de mis primos, que eran dos años más grandes que yo. Quizás por eso cuando pasaba la navidad en familia, a mí me regalaban más cosas, porque sabían qué estaba pasando. Me regalaban discos, películas, mi cámara de fotos profesional me la regalaron mi tía Elisabeth y mi tío Stephen y el portátil fue por cortesía de mis abuelos, siempre eran muy atentos conmigo. En definitiva, mis padres de lo único que se preocupaban era de darme un techo en el que vivir. Quizás se podría comparar mi situación con la de Harry Potter y los Dursley, sólo que aún peor. Porque ellos eran mis padres.

Bajé las escaleras hacia el salón, donde mi hermano y mi padre veían el fútbol. No me atrevía ni a respirar más fuerte de la cuenta, porque si lo hacía me mandarían a callar. Necesitaba estar sentada en el salón, la silla de mi habitación me hacía daño en la espalda, y lo único mejor que eso era el sofá, justo al lado de Chris.

—¿Qué hacías ahí arriba? —Preguntó mi padre con el ceño fruncido, pero sin apartar la vista de la tele.

—Escuchar música. —Dije en voz baja, abriendo el móvil para así tener que evitar seguir con la conversación.

—Escuchar música. Te voy a quitar la tontería de estar todo el día en la puta habitación. Como me hartes, te quito hasta la puerta. —¿Era en serio lo que estaba diciendo? No, no podía estar tan mal de la cabeza. No podía estar tan pirado como para eso.

—Pues venga, corre. —Respondí mirando el móvil.

—No juegues, Lauren, no juegues porque la tenemos. —Solté una suave risa encogiéndome de hombros. Él apretaba la mandíbula, asintiendo, hablando con rabia y dureza.

—Venga, adelante, quítala.

—¿¡Tú quieres ver cómo te quito la puerta!? ¿¡EH!? —Se levantó de golpe y corrió para subir las escaleras, no me lo podía creer. Escuché cómo la desencajaba y me levanté del sofá, viendo cómo en tres segundos la había arrancado de cuajo. —Y ahora ten cojones y vuelve a ponerla.

La rabia que corría por mis venas parecía envenenarme, el calor que me inundaba el cuerpo de impotencia se apoderaba de mí, y subí las escaleras de dos en dos hasta llegar a mi habitación. Había arrancado hasta las bisagras para que no pudiese volver a ponerlas. Joder.

—¡¡JODER!! —Exclamé dándole una patada a la puerta, que cayó al suelo con un tremendo golpe, estruendoso. No tardé en escuchar los pasos fuertes de mi padre que subía a la habitación.

—¿¡QUÉ COÑO HACES!? ¡EH! ¿¡ERES GILIPOLLAS, NIÑA!? —Su cara estaba a centímetros de la mía, con los ojos inyectados en sangre y la voz agresiva, feroz, grave, firme, gritando. —¿¡QUIÉN COÑO TE CREES QUE ERES!?

—Déjame. —Dije apartándome, pero él me acorraló en la habitación.

—¿¡CÓMO QUE DÉJAME!? ¿¡CÓMO SE TE OCURRE HABLARME ASÍ!? ¡QUE SOY TU PADRE! —Me cogió de la camiseta zarandeándome, y yo sólo era un juguete roto, un saco de boxeo al que podía manejar como quería.

—¿¡Tú puedes insultarme y yo no puedo responder!? —Aquello hizo que mi padre me estampase contra la puerta del armario, tan fuerte, que sentí mi espalda crujir contra el pomo, justo donde tenía el golpe, el moratón, la herida que me hicieron en el instituto. No sé qué tipo de grito solté, pero fue desgarrado, con los ojos apretados, tan doloroso, que mi madre entró en la habitación para ponerse entre mi padre y yo.

—George, ya está. —Mi padre la miró a ella, y desapareció de la habitación junto con mi madre. Yo, me quedé en el suelo con la mano en la espalda, boca abajo, temblando y con las lágrimas a punto de salir de mis ojos.

Me encerré en el baño, escuchando cómo mis padres hablaban, pero no entendía nada. Lo único que hacía era llorar contra la puerta, sentada en el suelo, con la espalda palpitando de dolor, los labios húmedos por las lágrimas y las manos temblorosas, como si fuese un auténtico flan. Sin duda, aquello había sido peor que Luis.

Cogí mis pinturas, mis cuadernos, mis ceras, mi mp3 y una mochila. Me escapé, no sabía dónde ir, pero me fui de mi casa aquella noche.

¿Dónde iba a ir? Eran las doce de la noche, y a esa hora, nadie estaría para mí.

diecinueve

Di gracias a que en la enfermería pudieron hacerme un buen vendaje en la muñeca, y aunque tuve que llevar el brazo en cabestrillo para no hacerme daño, estaba bien. Sobre todo, porque quizás estaba habiendo algo bueno en mi vida después de aquello. Tenía esa sensación, ya no estaba sola, ahora tenía a alguien más. Estaba Marie, a la que sí que tenía, y a la que sí le importaba, y quizás, no sabía si se quedaría en mi vida, Kyle.

Por lo pronto sí que se quedaría, estaba en la puerta del instituto con la mochila a la espalda, suponía que había llegado de la universidad. Lo envidiaba, por lo que me habían contado los universitarios sólo tenían tres horas de clase. Pero mientras yo llevaba a Camila del brazo, Marie pasó andando rápido, casi corriendo hasta la puerta.

—Vaya, vaya... —Reí al ver a Marie casi correr para salir del instituto.

—¿Qué pasa? —Preguntó Camila mientras cruzábamos la puerta.

Antes no había tenido tiempo de presentarle siquiera a Camila, porque cuando me di la vuelta ya se había ido. No respondí, simplemente me acerqué a Marie y a Kyle que hablaban entre ellos con una sonrisa.

—Hey. —Dije sonriendo, con Camila enganchada a mi brazo, algo confusa. —Camila hay un chico aquí, es Kyle, es... Amigo nuestro.

—¿Es tu novia? —Asentí con media sonrisa, y él se quedó mirándola con el ceño fruncido y una pequeña sonrisa.

—Hola, encantado. —Le dio un pequeño toque en el brazo en vez de estirar la mano, y estaba segura de que Camila agradecía aquello.

—Igualmente. —Respondió ella.

—Oye, chicos, ¿y si vamos a mi casa? —Propuso Marie. Los tres nos quedamos esperando a que siguiese hablando. —Tengo que cuidar de mis hermanos, y además tenemos que pensar qué hacer con la situación de Lauren.

—Podemos pedir pizza. —Sugirió Kyle, y fruncí el ceño ladeando la cabeza para mirarlo, ¿aquél chico nunca comía otra cosa?

—Bueno, no tenía pensado que pidiésemos pizza para comer pero... —Espetó Marie, y es que la verdad el trabajo de sus padres no daba para mucho, y menos para gastar en cosas como esas.

—No importa, yo invito. —Comenzamos a andar hacia casa de Marie, y Kyle se fijaba mucho en Camila con el ceño fruncido.

—¿No llevas bastón? —Era bastante directo, cosa que a mí me costaba hacer con Camila cuando nos conocimos.

—No, llevo a Lauren. —Dijo riendo, aferrándose más fuerte a mi brazo. Él alzó las cejas, soltando una suave risa mirándome y yo me encogí de hombros simplemente.

Cuando nosotros entrábamos en casa de Marie, su madre se iba, y su padre seguía trabajando en el instituto hasta por la tarde. Su hermano Seth y Regina se quedaron mirando a Kyle, porque la verdad es que era bastante llamativo. Tenía el pelo azul, ¿quién tenía el pelo azul normalmente? Sólo él, y llamaba bastante la atención.

—Tienes el pelo azul. —Regina se acercó al chico y él se quitó la gorra, agachando la cabeza.

—Porque soy Squirtle. —La pequeña comenzó a revolverle el pelo, y Kyle arrugó la nariz mientras Marie llamaba por teléfono para pedir pizza. Sus hermanos iban a alucinar, seguro.

—Yo era más de Charmander. —Dije riendo, con Camila sentada entre mis piernas, a la que abrazaba con ternura. Ella, mientras, jugaba con mi mano, acariciando mi palma con lentitud, fundiendo su piel con la mía suavemente.

—Bueno, he pedido pizza cuatro quesos y otra barbacoa. —Kyle había acabado en el suelo con Seth entre las piernas de pie, acariciándole el pelo con la boca abierta.

—¿¡Barbacoa!? Es mi favorita. ¿Cuál es tu favorita? ¿Uhm? —Le preguntó a Seth, cogiéndolo en brazos para alzarlo, dándole un beso en la frente.

—No ha probado nunca la pizza. —Comentó Marie riendo, sentándose en el sitio libre que había dejado Kyle. —El caso es, ¿qué hacemos contigo, Lauren? —Suspiró, y Kyle se giró hacia mí con Seth en brazos que le daba pequeños golpes en el pelo.

—No sé... Ya no sé qué hacer. No sé si me han pegado cuatro o cinco veces pero... Yo no aguanto más y en el instituto no hacen nada. —Suspiré acariciando el costado de Camila suavemente, que apoyaba la cabeza en mi pecho.

—Yo opto por hincarle mi bastón en el ojo. —Camila estaba enfadada, fruncía el ceño y apretaba el borde de mi camiseta con fuerza.

—Vaya, madre mía. —Kyle me miró soltando una risa, riendo por la agresividad de mi novia.

Cuando los hermanos de Marie vieron la pizza, se quedaron perplejos, y aunque sólo comieron uno o dos trozos porque no podían más, era suficiente. Regina se acercó a Camila, y como ni siquiera se acordaba de que era ciega, se quedó mirándola con un trozo de pizza en la mano para dárselo a ella. Luego miró a su hermana algo disgustada.

—Marie, no me hace caso. —Camila frunció un poco el ceño, arrastrando las manos por la mesa con cuidado hasta chocar con la lata de refresco.

—¿Me está hablando a mí? —Preguntó ella con una pequeña sonrisa.

—Sí. Gina, es que Camila no puede ver, entonces si no la llamas no puede verte. —Gina se giró de nuevo hacia Camila, dándole con la manita en el brazo.

—Mira, te regalo un trocito de pizza. Es un triángulo y lleva... Queso, tomate y jamón. —Camila se giró al escuchar a la pequeña, alcanzando su cuerpo para palparlo y así poder saber dónde estaba, luego la cogió de las mejillas y le dio un beso en la frente.

—Ay, muchas gracias, corazón. —Como pudo, puso la pizza en su mano, y Camila la puso en la mesa con una gran sonrisa. Sin duda, aquellas cosas la hacían bastante feliz. Que la gente no se incomodase, y que simplemente la tratasen como una persona normal.

—Comes muy poco, Lauren. Además, tú y Kyle habéis pagado la pizza, deberíais comer. —Dijo Marie dándome con la mano en la cara, haciéndome reír. —Vamos.

—Estoy comiendo, es que... Tengo muchas cosas en la cabeza ahora mismo como para comer, ¿sabes? —Di un pequeño bocado a la pizza, sintiendo la mano de Camila acariciar mi rodilla bajo la mesa, lentamente, para tranquilizarme.

—Joder, cómo no se me ha ocurrido antes. ¡Sácate el graduado! —Exclamó Kyle dejando caer el trozo encima de la mesa.

—Sí, es lo que intento hacer, Mich...

—No, no, no. —Él se giró negando rápidamente con una sonrisa. —Sacarte el graduado en el examen que hacen en marzo para los que no van al instituto. Vas, te presentas, apruebas, y ya lo tienes. No tienes que ir más al instituto.

—Eso es... ¡Eso es genial! —Exclamé con una gran sonrisa, dándole un bocado al trozo de pizza que acabó con la mitad de este, y Marie dio una palmada levantando las manos.

—Lauren va a ser la primera universitaria. —Kyle frunció el ceño y la miró cruzándose de brazos.

—Estudio ingeniería química. —Camila se aguantaba la risa, mordiéndose el labio inferior.

—Bueno... Pues la segunda. —Kyle asintió con los ojos cerrados y una pequeña sonrisa.

—Eso está mucho mejor.

* * *

Después de que Camila y Lauren se fuesen, en casa de los Hansen Marie seguía cuidando de sus hermanos, pero Kyle no se fue. Le sabía mal dejar a la chica allí a cargo de los dos pequeños, así que, se quedó. La rubia miraba desde la puerta de la cocina cómo Kyle estaba sentado en el suelo con las piernas estiradas jugando con sus dos hermanos. Seth se había puesto su gorra y se subió a su espalda para que Kyle lo cogiese a caballito.

—Mira, mira. —Dijo el chico, dejando a Seth de pie en la silla del salón. —Te voy a regalar una cosa. —Kyle se dirigió hacia su mochila, negra y algo destartalada, de la que sacó un muñeco de Charizard, aquél dragón naranja de Pokémon. —Toma, esto es para ti. No lo rompas, ¿vale? —Le revolvió el pelo mientras el pequeño examinaba la figura.

—No tienes por qué darle eso. —Marie se acercó a él de brazos cruzados, mirando cómo su hermano se sentaba en la silla y comenzaba a mover las articulaciones del muñeco.

—Oh, oh... No, es que me gusta expandir la afición por Pokémon, ¿sabes? —La rubia soltó una risa ante la ironía del chico, tapándose la boca con la mano al reír, negando a la vez.

—¿Por qué te tapas la boca al reír? —A Marie no le gustaba mostrar su sonrisa, a decir verdad, pocas veces sonreía, pero las veces que lo hacía odiaba mostrarla.

—No me gusta cuando río. —Se encogió de hombros sin más, y él frunció el ceño, cogiendo la gorra que llevaba Seth en la cabeza y se la puso de nuevo hacia atrás.

—¿Por qué? A mí me gusta. —El chico apretó los labios ladeando la cabeza al decir eso. El rostro de Marie no sabía muy bien qué color tomar, pero se decantó por un rojo que le hizo girar el rostro.

Qué va. —Respondió ella negando.

—Bueno, pues... Me gustan tus ojos. Espero que a ti también, no podemos tener gustos tan diferentes. —Puso las cejas gachas abriendo los brazos casi desesperado, haciendo reír a Marie. Ella nunca reía más de dos veces seguidas, y si algún día lo hacía, era un caso muy excepcional.

—Sí, sí que me gustan. Y gracias. —Kyle terminó por asentir un poco, y luego sacó su teléfono móvil, mirando a la rubia.

—Oye, si... —Carraspeó levemente. —Si quieres, podría darte mi número, o yo el mío, para hablar y esas cosas...

—Te lo daría pero... No tengo teléfono móvil. —Kyle se quedó algo quieto, parpadeando al escucharla. No sabía si era una excusa para no darle su número, o es que de verdad no tenía. —Mis padres no se lo pueden permitir, así que...

—Oh, claro, perdón. Bueno pues... Supongo que nos veremos otro día, ¿no? —La realidad era que tanto Marie como Kyle querían verse otro día. A Kyle, Marie le parecía tierna y simpática. A Marie, Kyle le parecía divertido y diferente. —Si es que no has quedado con tu novio. —Entrecerró los ojos, comprobando que dijese que no.

—Nunca he tenido novio. —Respondió la chica. Marie había sido privada de una vida normal desde que nació, pero no porque no la quisieran como a Lauren, sino porque en su casa hacía falta para cuidar de sus hermanos y hacer las tareas de casa. A Kyle, aquello sí que le extrañó, porque sin duda era una chica que tenía muchas cosas para apreciar.

—Yo... Debería irme. Tengo clase de Química Orgánica en una hora. Pero... —Kyle se quedó pensando en qué más decir, pero no le salía nada, y a Marie sí que le salía; una risa.

—Vas a llegar tarde, deberías irte. —Él asintió de nuevo, y justo cuando iba a dar un paso para darle un beso en la mejilla a Marie, se paró, la miró y entrecerró un poco los ojos.

—¿Te importa que te de un beso en la mejilla? —Pero Marie tomó el primer paso y se puso de puntillas ante aquél chico tan alto, con una mano en su hombro, besando su mejilla algo rasposa por la barba que comenzaba a salir.

Después de ver cómo Regina besaba la mejilla del chico y Seth chocaba su mano, Kyle cogió su mochila colgándosela al hombro.

—Hasta otro día. —Se despidió Marie en la puerta, alzando la mano.

—No muchos. —Respondió él, corriendo para atravesar el jardín.

Di gracias a que en la enfermería pudieron hacerme un buen vendaje en la muñeca, y aunque tuve que llevar el brazo en cabestrillo para no hacerme daño, estaba bien. Sobre todo, porque quizás estaba habiendo algo bueno en mi vida después de aquello. Tenía esa sensación, ya no estaba sola, ahora tenía a alguien más. Estaba Marie, a la que sí que tenía, y a la que sí le importaba, y quizás, no sabía si se quedaría en mi vida, Kyle.

Por lo pronto sí que se quedaría, estaba en la puerta del instituto con la mochila a la espalda, suponía que había llegado de la universidad. Lo envidiaba, por lo que me habían contado los universitarios sólo tenían tres horas de clase. Pero mientras yo llevaba a Camila del brazo, Marie pasó andando rápido, casi corriendo hasta la puerta.

—Vaya, vaya... —Reí al ver a Marie casi correr para salir del instituto.

—¿Qué pasa? —Preguntó Camila mientras cruzábamos la puerta.

Antes no había tenido tiempo de presentarle siquiera a Camila, porque cuando me di la vuelta ya se había ido. No respondí, simplemente me acerqué a Marie y a Kyle que hablaban entre ellos con una sonrisa.

—Hey. —Dije sonriendo, con Camila enganchada a mi brazo, algo confusa. —Camila hay un chico aquí, es Kyle, es... Amigo nuestro.

—¿Es tu novia? —Asentí con media sonrisa, y él se quedó mirándola con el ceño fruncido y una pequeña sonrisa.

—Hola, encantado. —Le dio un pequeño toque en el brazo en vez de estirar la mano, y estaba segura de que Camila agradecía aquello.

—Igualmente. —Respondió ella.

—Oye, chicos, ¿y si vamos a mi casa? —Propuso Marie. Los tres nos quedamos esperando a que siguiese hablando. —Tengo que cuidar de mis hermanos, y además tenemos que pensar qué hacer con la situación de Lauren.

—Podemos pedir pizza. —Sugirió Kyle, y fruncí el ceño ladeando la cabeza para mirarlo, ¿aquél chico nunca comía otra cosa?

—Bueno, no tenía pensado que pidiésemos pizza para comer pero... —Espetó Marie, y es que la verdad el trabajo de sus padres no daba para mucho, y menos para gastar en cosas como esas.

—No importa, yo invito. —Comenzamos a andar hacia casa de Marie, y Kyle se fijaba mucho en Camila con el ceño fruncido.

—¿No llevas bastón? —Era bastante directo, cosa que a mí me costaba hacer con Camila cuando nos conocimos.

—No, llevo a Lauren. —Dijo riendo, aferrándose más fuerte a mi brazo. Él alzó las cejas, soltando una suave risa mirándome y yo me encogí de hombros simplemente.

Cuando nosotros entrábamos en casa de Marie, su madre se iba, y su padre seguía trabajando en el instituto hasta por la tarde. Su hermano Seth y Regina se quedaron mirando a Kyle, porque la verdad es que era bastante llamativo. Tenía el pelo azul, ¿quién tenía el pelo azul normalmente? Sólo él, y llamaba bastante la atención.

—Tienes el pelo azul. —Regina se acercó al chico y él se quitó la gorra, agachando la cabeza.

—Porque soy Squirtle. —La pequeña comenzó a revolverle el pelo, y Kyle arrugó la nariz mientras Marie llamaba por teléfono para pedir pizza. Sus hermanos iban a alucinar, seguro.

—Yo era más de Charmander. —Dije riendo, con Camila sentada entre mis piernas, a la que abrazaba con ternura. Ella, mientras, jugaba con mi mano, acariciando mi palma con lentitud, fundiendo su piel con la mía suavemente.

—Bueno, he pedido pizza cuatro quesos y otra barbacoa. —Kyle había acabado en el suelo con Seth entre las piernas de pie, acariciándole el pelo con la boca abierta.

—¿¡Barbacoa!? Es mi favorita. ¿Cuál es tu favorita? ¿Uhm? —Le preguntó a Seth, cogiéndolo en brazos para alzarlo, dándole un beso en la frente.

—No ha probado nunca la pizza. —Comentó Marie riendo, sentándose en el sitio libre que había dejado Kyle. —El caso es, ¿qué hacemos contigo, Lauren? —Suspiró, y Kyle se giró hacia mí con Seth en brazos que le daba pequeños golpes en el pelo.

—No sé... Ya no sé qué hacer. No sé si me han pegado cuatro o cinco veces pero... Yo no aguanto más y en el instituto no hacen nada. —Suspiré acariciando el costado de Camila suavemente, que apoyaba la cabeza en mi pecho.

—Yo opto por hincarle mi bastón en el ojo. —Camila estaba enfadada, fruncía el ceño y apretaba el borde de mi camiseta con fuerza.

—Vaya, madre mía. —Kyle me miró soltando una risa, riendo por la agresividad de mi novia.

Cuando los hermanos de Marie vieron la pizza, se quedaron perplejos, y aunque sólo comieron uno o dos trozos porque no podían más, era suficiente. Regina se acercó a Camila, y como ni siquiera se acordaba de que era ciega, se quedó mirándola con un trozo de pizza en la mano para dárselo a ella. Luego miró a su hermana algo disgustada.

—Marie, no me hace caso. —Camila frunció un poco el ceño, arrastrando las manos por la mesa con cuidado hasta chocar con la lata de refresco.

—¿Me está hablando a mí? —Preguntó ella con una pequeña sonrisa.

—Sí. Gina, es que Camila no puede ver, entonces si no la llamas no puede verte. —Gina se giró de nuevo hacia Camila, dándole con la manita en el brazo.

—Mira, te regalo un trocito de pizza. Es un triángulo y lleva... Queso, tomate y jamón. —Camila se giró al escuchar a la pequeña, alcanzando su cuerpo para palparlo y así poder saber dónde estaba, luego la cogió de las mejillas y le dio un beso en la frente.

—Ay, muchas gracias, corazón. —Como pudo, puso la pizza en su mano, y Camila la puso en la mesa con una gran sonrisa. Sin duda, aquellas cosas la hacían bastante feliz. Que la gente no se incomodase, y que simplemente la tratasen como una persona normal.

—Comes muy poco, Lauren. Además, tú y Kyle habéis pagado la pizza, deberíais comer. —Dijo Marie dándome con la mano en la cara, haciéndome reír. —Vamos.

—Estoy comiendo, es que... Tengo muchas cosas en la cabeza ahora mismo como para comer, ¿sabes? —Di un pequeño bocado a la pizza, sintiendo la mano de Camila acariciar mi rodilla bajo la mesa, lentamente, para tranquilizarme.

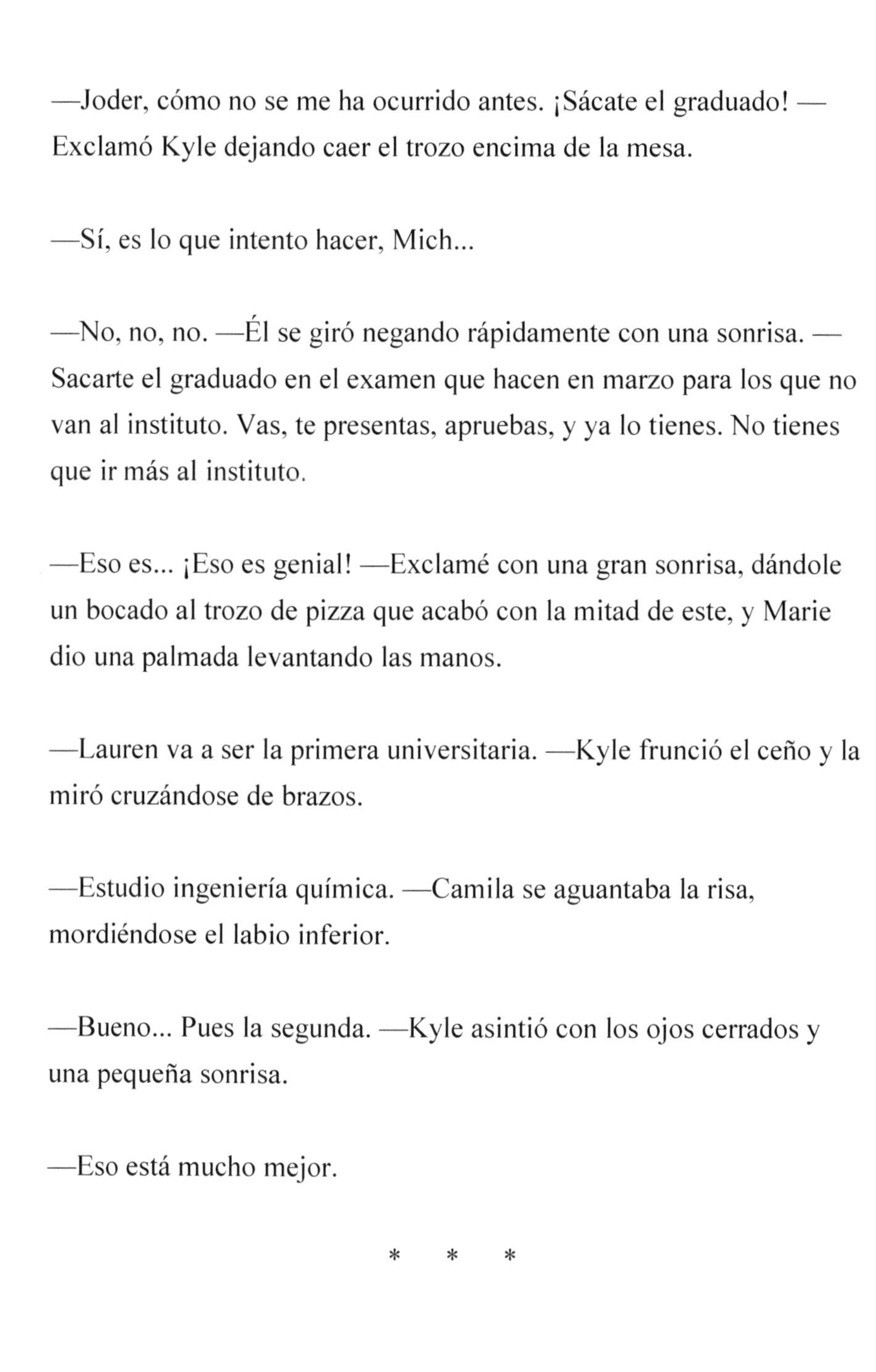

—Joder, cómo no se me ha ocurrido antes. ¡Sácate el graduado! —Exclamó Kyle dejando caer el trozo encima de la mesa.

—Sí, es lo que intento hacer, Mich...

—No, no, no. —Él se giró negando rápidamente con una sonrisa. —Sacarte el graduado en el examen que hacen en marzo para los que no van al instituto. Vas, te presentas, apruebas, y ya lo tienes. No tienes que ir más al instituto.

—Eso es... ¡Eso es genial! —Exclamé con una gran sonrisa, dándole un bocado al trozo de pizza que acabó con la mitad de este, y Marie dio una palmada levantando las manos.

—Lauren va a ser la primera universitaria. —Kyle frunció el ceño y la miró cruzándose de brazos.

—Estudio ingeniería química. —Camila se aguantaba la risa, mordiéndose el labio inferior.

—Bueno... Pues la segunda. —Kyle asintió con los ojos cerrados y una pequeña sonrisa.

—Eso está mucho mejor.

* * *

Después de que Camila y Lauren se fuesen, en casa de los Hansen Marie seguía cuidando de sus hermanos, pero Kyle no se fue. Le sabía mal dejar a la chica allí a cargo de los dos pequeños, así que, se quedó. La rubia miraba desde la puerta de la cocina cómo Kyle estaba sentado en el suelo con las piernas estiradas jugando con sus dos hermanos. Seth se había puesto su gorra y se subió a su espalda para que Kyle lo cogiese a caballito.

—Mira, mira. —Dijo el chico, dejando a Seth de pie en la silla del salón. —Te voy a regalar una cosa. —Kyle se dirigió hacia su mochila, negra y algo destartalada, de la que sacó un muñeco de Charizard, aquél dragón naranja de Pokémon. —Toma, esto es para ti. No lo rompas, ¿vale? —Le revolvió el pelo mientras el pequeño examinaba la figura.

—No tienes por qué darle eso. —Marie se acercó a él de brazos cruzados, mirando cómo su hermano se sentaba en la silla y comenzaba a mover las articulaciones del muñeco.

—Oh, oh... No, es que me gusta expandir la afición por Pokémon, ¿sabes? —La rubia soltó una risa ante la ironía del chico, tapándose la boca con la mano al reír, negando a la vez.

—¿Por qué te tapas la boca al reír? —A Marie no le gustaba mostrar su sonrisa, a decir verdad, pocas veces sonreía, pero las veces que lo hacía odiaba mostrarla.

—No me gusta cuando río. —Se encogió de hombros sin más, y él frunció el ceño, cogiendo la gorra que llevaba Seth en la cabeza y se la puso de nuevo hacia atrás.

—¿Por qué? A mí me gusta. —El chico apretó los labios ladeando la cabeza al decir eso. El rostro de Marie no sabía muy bien qué color tomar, pero se decantó por un rojo que le hizo girar el rostro.

—Qué va. —Respondió ella negando.

—Bueno, pues... Me gustan tus ojos. Espero que a ti también, no podemos tener gustos tan diferentes. —Puso las cejas gachas abriendo los brazos casi desesperado, haciendo reír a Marie. Ella nunca reía más de dos veces seguidas, y si algún día lo hacía, era un caso muy excepcional.

—Sí, sí que me gustan. Y gracias. —Kyle terminó por asentir un poco, y luego sacó su teléfono móvil, mirando a la rubia.

—Oye, si... —Carraspeó levemente. —Si quieres, podría darte mi número, o yo el mío, para hablar y esas cosas...

—Te lo daría pero... No tengo teléfono móvil. —Kyle se quedó algo quieto, parpadeando al escucharla. No sabía si era una excusa para no darle su número, o es que de verdad no tenía. —Mis padres no se lo pueden permitir, así que...

—Oh, claro, perdón. Bueno pues... Supongo que nos veremos otro día, ¿no? —La realidad era que tanto Marie como Kyle querían verse otro día. A Kyle, Marie le parecía tierna y simpática. A Marie, Kyle le parecía divertido y diferente. —Si es que no has quedado con tu novio. —Entrecerró los ojos, comprobando que dijese que no.

—Nunca he tenido novio. —Respondió la chica. Marie había sido privada de una vida normal desde que nació, pero no porque no la quisieran como a Lauren, sino porque en su casa hacía falta para cuidar de sus hermanos y hacer las tareas de casa. A Kyle, aquello sí que le extrañó, porque sin duda era una chica que tenía muchas cosas para apreciar.

—Yo... Debería irme. Tengo clase de Química Orgánica en una hora. Pero... —Kyle se quedó pensando en qué más decir, pero no le salía nada, y a Marie sí que le salía; una risa.

—Vas a llegar tarde, deberías irte. —Él asintió de nuevo, y justo cuando iba a dar un paso para darle un beso en la mejilla a Marie, se paró, la miró y entrecerró un poco los ojos.

—¿Te importa que te de un beso en la mejilla? —Pero Marie tomó el primer paso y se puso de puntillas ante aquél chico tan alto, con una mano en su hombro, besando su mejilla algo rasposa por la barba que comenzaba a salir.

Después de ver cómo Regina besaba la mejilla del chico y Seth chocaba su mano, Kyle cogió su mochila colgándosela al hombro.

—Hasta otro día. —Se despidió Marie en la puerta, alzando la mano.

—No muchos. —Respondió él, corriendo para atravesar el jardín.

veintiuno

Las manos de Lauren eran mejor que cualquier libro de texturas. Me hacía sentir mil cosas simplemente con rozarla, con dejar mis dedos pasar entre los suyos, con notar su palma acariciándola con las yemas, lentamente, como si estuviese palpándola al igual que hacía con su rostro y Lauren lo sabía. Lauren sabía que podía hacerme sentir mil cosas a la vez, por eso siempre estaba en constante contacto conmigo. Me pasaba el pelo detrás de la oreja, una caricia en la mejilla, un beso. Un abrazo que se alargaba lo que yo quisiese, o el roce de su nariz con la mía. Gracias a ella era una esponja de sensaciones. Pero para Lauren nunca era suficiente, ella amaba el arte y se enfadaba porque yo nunca comprendería lo que era, según decía, yo nunca disfrutaría del arte, pero sí que lo hacía. El arte fluía por sus venas, salía por sus poros y lo expandía a la gente que estaba a su alrededor. Ella convertía palabras en arte haciéndome disfrutar de su mente, de sus pensamientos, de historias que yo nunca vería, pero que con frases me hacía vivir. Y eso era el arte, en realidad, una expresión física de cualquier sentimiento, relato o experiencia por la que disfrutar, y eso hacía Lauren.

Pero en el sentido literal, seguía sin poder ver aquellas obras de las que siempre hablaba, hasta que un día llegó a sus oídos una exposición de Bernini y Miguel Ángel para personas ciegas a Vancouver. Yo ni siquiera sabía qué era eso, ¿nos explicarían cómo eran las obras? En absoluto. Eran réplicas exactas de las obras hechas de materiales más pobres, y así yo podría palparlo.

Al ser sólo para personas ciegas tampoco había mucha gente en el museo, o eso me decía Lauren, que me llevaba de la mano al interior.

—Wow. —Susurró ella. Tenía ganas de empezar, de saber por qué le fascinaba tanto a Lauren aquello. —Ven, ven aquí. —Me cogió de la cintura y caminó conmigo despacio unos metros, hasta que paró. —¿Preparada?

—Vamos, Lauren. —Dije riendo en voz baja, y puso sus manos sobre las mías, conduciéndolas a la figura.

—Es el David de Miguel Ángel.

Noté la figura fría, lisa y dura bajo mis manos, comenzando a pasar las manos lentamente por la superficie de la obra. Por lo que intuía, aquello era un brazo y lo confirmé por las vengas que comenzaban a surgir a medida que bajaba por este, que se concentraba en el dorso, rígidas, turgentes, parecía una mano de verdad. Estaba absolutamente asombrada, si no fuese porque el tacto era de piedra juraría que estaba palpando la mano de un chico.

—¿Esto es una escultura? —Pregunté alzando las cejas, subiendo las manos por sus brazos, musculados y largos, hasta llegar a los hombros.

—Sí, sí que lo es.

Aquella tarde fue maravillosa, Lauren me explicaba algunas cosas, algunas características de las esculturas e historietas y anécdotas sobre ellas.

—Estoy segura de que algún día expondrás tus fotos en galerías de arte de todo el país. —Mis manos apretaban su brazo mientras andábamos por la calle, y Lauren paró.

—Escalón. No lo creo, no soy tan buena como para eso. —Tanteé el suelo con el pie hasta ver dónde estaba el borde del escalón, y di un paso bajando de la acera.

—Sí, sí que lo eres. —Lauren soltó una risa irónica, y sin hacer falta palabras sabía a lo que se refería. —Sé que soy ciega, lo sé. Pero tu mente tiene una perspectiva diferente a todo el mundo, ¿entiendes? Eres especial, y no lo digo porque sea tu novia. Lo digo porque es la verdad. —Sentí cómo su mano se aferraba a la mía, casi como si fuese una metáfora de su vida. Yo era todo lo que tenía.

—Eres ciega pero ves las cosas mucho mejor que nosotros. Tú ves la realidad. —Sentí las manos de Lauren en mis mejillas, y se acercó lentamente para que notase su aliento y que aquél beso no me pillase por sorpresa. Tomé sus labios entre los míos, dedicándole algunos tiernos y suaves besos, hasta que Lauren se separó de mí.

Cuando levanté la cabeza vi a Marie venir hacia nosotras, calle abajo, con una sonrisa en el rostro. Llevaba la bufanda que le regalé por navidad y el pelo ondulado, suelo, cayendo por encima de la tela azul marino que conformaba la prenda.

—¿Qué pasa? —Preguntó Camila, y yo sonreí cogiendo sus manos entre las mías.

—Viene Marie. ¡Hey! —La latina se giró en la dirección donde grité, y levantó la mano para saludar.

—No quería interrumpiros. ¿De dónde venís a estas horas de la noche? —Pasé el brazo por encima de los hombros de Camila, y ella acarició mis dedos.

—Del museo. Estábamos... —No pude responder, porque sentí un fuerte golpe en el cuello que me empujó hacia adelante, desestabilizando a Camila también, aunque conseguimos mantenernos de pie.

—Vaya, vaya, vaya. —Otra vez él, incluso fuera del maldito instituto, pero esta vez iba con sólo dos amigos que se reían al verme.

—Qué coño quieres, Luis. —Lo empujé, haciendo que retrocediese unos pasos con una risa. Quería defenderme, quería partirle la cara de una vez.

—Que desaparezcas de aquí. —Y entonces, su puño chocó contra mi pómulo.

—¡Déjala en paz! —Gritó Camila, y Marie lo empujó, la cara de Luis era aún de más furia, pero cuando vino hacia mí, mi puño impactó con su nariz, haciéndolo sangrar.

—¿¡Qué coño haces!? —Vi a Kyle aparecer corriendo, y Luis, mientras se retiraba la sangre de la nariz que salía a borbotones, se reía.

—¿Y quién coño es el rarito este? ¿Eh? —Luis me empujó justo como hice yo con él.

—Déjalo en paz, él no tiene nada que ver en esto. —Respondí apretando la mandíbula, con el pómulo ardiendo y punzando a la vez de dolor.

—Sí, sí que tengo que ver. ¿Qué coño haces tratando así a una chica? ¿Y tú eres el que está defendiendo a su propia novia agrediendo a otra mujer? —Luis rio, satírico y burlón, mirando al suelo hasta quedarse a centímetros de Kyle.

—Tú no me vas a decir cómo tengo que tratar a una mujer. —Respondió con aquella sonrisa casi espeluznante y sin escrúpulos.

—¿Me lo dice un tío que va por la vida con dos escoltas porque se siente inseguro de sí mismo? ¿Me lo dice un tío que le pega a las chicas para sentirse superior? —Luis golpeó el pecho de Kyle con las palmas de las manos, pero sin moverlo, porque Kyle era mucho más alto que él, más alto que aquellos tres chicos.

—¡Basta! —Gritó Marie retirando a Luis de un puñado, pero Luis la empujó con tal fuerza que acabó tirada en el suelo, entonces Kyle se abalanzó contra él, dándole otro puñetazo en el ojo, y golpeando su cabeza contra uno de los árboles que recorrían la avenida. Los dos chicos se abalanzaron sobre él, pero Kyle sólo tuvo que dar un puñetazo en el oído a uno y una patada en la entrepierna al otro para quedarse a solas con Luis. Y no paró.

—¿¡Te gusta que te apaleen!? ¡¡EH!! —Kyle volvió a reventar la cabeza de Luis contra el árbol. —¿Te gusta que te hagan sentir una mierda? ¿¡Te gusta que alguien más fuerte que tú te de una paliza!? —Una patada en la entrepierna, otra en el estómago y pisó su cara contra el suelo.

Corrí hacia Luis, y una vez que estaba en el suelo, le di una patada en la boca con tal fuerza que uno de sus dientes salió disparado, y otros dos quedaron partidos por la mitad, pero no me parecía suficiente, así que comencé a darle patadas en el estómago lo más fuerte que pude. Y no sólo era por Luis, era por todo lo que estaba pasando en mi vida y la miseria que tenía que tragarme para seguir viviendo en casa. Cuando me quise dar cuenta, las manos de Camila estaban alrededor de mi cintura, y mi respiración estaba agitada.

—Tranquila.

*   *   *

Cuando Kyle se miró las manos estaban llenas de sangre de Luis. No debía sentirse culpable, de hecho, no lo hacía. Lauren había ido a dormir con Camila después de insistir un par de veces, y bajo la luz de las farolas y el gélido frío de Vancouver, Marie y él se quedaron a solas en la calle.

—¿Estás bien? —Preguntó él acercándose a Marie, que se miraba las manos también al haber caído en el suelo.

—Sí, estoy bien. Tú... —Señaló su pómulo y negó. Kyle se había hecho un pequeño corte en el pómulo sin darse cuenta, uno de los puñetazos que Luis soltó para intentar defenderse le dio de lleno pero su cuerpo estaba tan embriagado por la rabia que ni siquiera se dio cuenta.

—No es nada. —Respondió encogiéndose de hombros. —No puedo soportar estas cosas. —Apretó los nudillos bañados con el color ocre que dejaban los restos de sangre en sus manos. —No.

Marie se acercó a él, mientras seguían caminando calle abajo, lentamente, sin prisa, cavilando sobre aquello que acababa de pasar. Luis se había levantado y había salido corriendo después de aquella paliza, era un auténtico cobarde.

—Nunca he conocido a un chico que piense así. —Kyle giró la cabeza hacia ella con las manos metidas en los bolsillos. —Es decir, nunca he conocido a un chico, pero... Imagino que la mayoría no son así.

—No. —Respondió Kyle, bajando la mirada. —Mira, voy a contarte una cosa, Marie. Mi padre murió hace unos meses.

—Eso es horrible, lo siento. —Pero Kyle negó sonriendo, aunque esa sonrisa se tornó en un gesto amargo, mirando al suelo.

—¿Sabes qué es lo peor? —Marie negó, y Kyle hizo una pausa, tomando algo de aire. —Que yo no sentí pena por él. No sentí nada. —Él la miró, con la mandíbula algo apretada. —Mi padre maltrató años y años a mi madre. Tú... No te puedes hacer una idea de lo que es escuchar cómo le pega, o cómo la insulta, y cómo te echa a ti la culpa de todo diciéndote que no tenías que haber nacido. Y me alegré de que muriese. ¿Sabes qué sentí en ese momento? Felicidad. —Marie miró a Kyle con ojos casi compasivos, tristes, siguiendo la mirada del chico que se perdía al fondo de la calle.

—La gente siempre me dice que es mucho peor no tener nada, pero sí que lo es. Yo al menos tengo el cariño de mi familia. —Respondió la rubia, captando la atención de Kyle, que giró la cabeza hacia ella. —¿Quieres hablar?

—No lo sé.

Marie y Kyle se sentaron en un banco de un parque cercano, y él no levantaba la mirada del suelo, ella no apartaba la mirada de él. Aquello había marcado al chico toda su vida, y verlo otra vez, verlo de nuevo, había removido aquellos sentimientos enterrados durante tanto tiempo, y aún más que lo llamase rarito. No lo habían llamado así desde que... Desde que estaba en el instituto. En ese instituto.

—Eres un chico muy dulce. —Dijo Marie poniendo las manos entre sus propias piernas, jugando con ella. Kyle le dedicó una sonrisa, volviendo a mirar al suelo.

—No, no lo soy.

—¿Por qué piensas eso? —Kyle entreabrió los labios con un suspiro.

—Eres la primera chica que me dice algo así. —Se encogió de hombros apoyando las manos en el banco, dejándola cerca de la de Marie.

—¿Una chica nunca te ha dicho que eres dulce? —Preguntó la rubia, buscando de nuevo los ojos del chico, que no paraban de esquivarla.

—Las chicas no se me suelen acercar, ¿sabes? —Kyle rio un poco triste, encogiéndose de hombros. —Soy un chico que estudia ingeniería química, con el pelo de colores, que juega a la Play en su tiempo libre, es fan de Pokémon, escucha bandas de rock y punk y viste como si fuese en pijama todo el día. Soy el raro de mis amigos. —Se encogió de hombros frunciendo un poco el ceño, partiendo una

pequeña rama que se había encontrado en el banco al sentarse. —¿A qué chica le gustaría eso? A ninguna, por supuesto. Así que prefiero fumar un poco, seguir jugando a mis videojuegos y comiendo pizza. No merece la pena torturarse por eso. —Tiró la rama partida, y se subió las mangas de la sudadera hasta los codos, dejando ver los tatuajes de su brazo. —Te traje esto, por cierto. —De su bolsillo sacó un móvil, pequeño, negro, pero táctil.

—¿Un móvil? No... No puedo aceptar eso. —Replicó la rubia, tragando algo de saliva.

—Sí, es mi móvil antiguo. Sólo... Quiero hablar contigo. —Kyle sonrió de tal forma que Marie también lo hizo y cogió el móvil que el chico le estaba tendiendo. —Debería irme.

—¿Ya? —Espetó Marie, y Kyle asintió un poco. Su madre lo esperaba en casa después de trabajar todo el día y no esperaba estar más de una hora fuera de casa.

—¿Puedo darte un beso? En... La mejilla. —Kyle señaló la mejilla de la rubia, que sonrió arrugando un poco la nariz.

—¿Por qué me preguntas si puedes darme un beso en la mejilla? —Marie ladeó la cabeza al preguntar.

—Porque no quiero que me pase lo que me ocurrió con Lauren al besarla. —La rubia alzó las cejas entreabriendo los labios.

—¿Besaste a Lauren? —La verdad es que, de primeras, aquello a la chica le sintió un poco mal. Bastante. —O sea que... Soy tu segundo plato.

—No, no, no, ¡no! —Kyle puso las manos en los hombros de Marie, que estaba de pie frente a él. —No, no, en... En absoluto. Yo estaba medio borracho, colocado, y Lauren es guapa y ya... Pero, pero contigo es diferente. —Se explicó Kyle bajando las manos, dándose por vencido con Marie. —Tú también eres muy guapa, pero contigo es mucho más que eso. Me gusta cómo sonríes y cómo... No sé, cuidas de tus hermanos sin quejarte, y adoras cada pequeña cosa que la vida te da. Como por ejemplo una simple pizza. —El chico se encogió de hombros. —La diferencia es que me gustas.

Pasé esa noche en casa de Camila, y su madre curó mis heridas, pero lo que ninguna de las dos sabían es que las verdaderas heridas no podían curarse con alcohol y crema. Los verdaderos golpes no se los llevaba mi cara, los golpes se los llevaba mi corazón. Uno tras otro, sin descanso. Cuando creía que podía levantarme, otro mazazo de la vida me caía encima. Así continuamente, sin parar, sin cesar, y yo estaba empezando a cansarme. Y quizás llevaban razón y yo no debería haber nacido, por eso la vida me daba un golpe tras otro, intentando eliminarme, intentando que me diese cuenta de que yo no estaba hecha para vivir esa vida, que yo era un imprevisto del destino y un estorbo en la vida de los demás que el sino estaba intentando derribar de su camino.

Cuando abrí la puerta de casa, un olor profundo a bechamel y queso horneados llegaron hasta mi nariz, mis tripas rugieron. Caminé hasta la cocina y allí todos charlaban, la bandeja estaba vacía con restos de tomate y queso encima de la mesa y dos macarrones restantes sobre el metal. Todos se giraron a mirarme, pero mi mirada estaba perdida en aquella bandeja.

—No sabíamos si vendrías. —Se disculpó mi madre, e hice el amago de parpadear, pero mis párpados simplemente temblaron un poco.

—No importa. —Mi voz sonó apagada, triste si prestaban atención, pero en cuanto pronuncié las palabras se dieron la vuelta.

Había vuelto de entregar la inscripción para los exámenes del graduado de marzo, pero no me atrevía a contárselo a mis padres, así que lo guardaría en silencio, como todo lo que debía de haber guardado en aquella casa.

Al pasar por delante del espejo me quedé observándome durante un instante. Pasé los dedos por mis mejillas amoratadas, por mi cuello y debajo de toda aquella maraña de dolor físico, estaba yo. Aquella a la que llamaban gorda e inútil, aquella a la que su propio padre le negaba la comida porque estaba gorda, y no, no quería comer. Aunque mis tripas sonasen de aquella forma, aunque me doliese el estómago y un ardor incandescente subiese por mi garganta, no podía.

Llamaron a la puerta, tres toques secos.

—¿Lauren? —Me giré rápidamente al escucharlo, era Chris.

—Qué quieres. —Respondí sin más, guardando rápidamente mis dibujos en la mochila que de una patada envié debajo de la cama.

Cuando Chris abrió la puerta yo estaba sentada al borde de la cama, observando mi mano vendada aún convaleciente de aquella patada que Luis me endosó.

—Te traía algo de cenar. —En sus manos traía un plato con algo de pasta que había sobrado, tomate y queso hecho al microondas.

—No quiero cenar, Chris. —Bufé levantándome para alejarme de él dándome la vuelta para acabar al otro lado de la cama de espaldas.

—Lauren, yo...

—¿Tú qué? —Me encogí de hombros con los brazos cruzados, poniendo la cabeza de perfil para mirarlo al borde de las lágrimas. —¿Me vas a pedir perdón otra vez? ¿Después de reírte de mí, de hacerme mil putadas en la vida, de restregarme que tú tenías cosas que yo no, de ser amigo del tío que me ha estado dando palizas durante todo este mes, vienes a decirme 'perdón'? —Solté una risa negando, limpiándome las lágrimas con ambas manos para cada ojo, negando. —Odio a esta familia. Os odio, y eso es muy triste, porque no tengo un lugar en el mundo al que pertenecer.

—Qué está pasando aquí. —Mi padre abrió la puerta con tono autoritario y de golpe, y entonces me asusté.

—Nada. —Respondí yo negando, girándome de nuevo hacia la ventana. No quería hacer contacto visual.

—¿Cómo que nada? Eh, tú, que me mires cuando te hablo. —No quería mirarlo, no, porque de todas formas iba a acabar gritándome. Giré la cabeza lentamente, y él se acercó a mí con el ceño fruncido.

—Papá. —Replicó Chris, pero no le hizo caso. —Papá, no ha hecho nada. —Tragué saliva, porque mi padre no paró de acercarse.

—¿Qué no tienes un lugar en el mundo? ¿¡Eh!? ¿¡Y ENTONCES QUÉ COÑO HAGO PAGANDO ESTA CASA!? ¿¡QUÉ COÑO HAGO PAGÁNDOTE LA COMIDA!? ¿¡QUÉ COJONES HAGO PAGÁNDOTE LOS ESTUDIOS Y ESE PUTO PORTÁTIL QUE TE HA ABSORBIDO LA VIDA!? —Su voz era grave, a gritos, desgarrada, profunda y dolorosa. Me encogí contra la pared, pero él me agarró por la camiseta zarandeándome. Tiraba tan fuerte que los bordes de la tela se clavaron en mi cuello. —¿¡PARA QUÉ COÑO TE MANTENGO, PARA QUÉ COÑO SIGUES AQUÍ SI NOS ODIAS!? ¡NO DEBERÍAS HABER NACIDO! —Las lágrimas caían por mi rostro, ahogándome por la presión en mi pecho y mi garganta, con el borde de la camiseta haciéndome rozaduras en el cuello, pero él no paró hasta que rompió mi camiseta en dos, dejándome en sujetador delante de él y mi hermano.

—¡Papá! —Mi hermano llevaba gritándole un rato y tirando de su brazo, pero hasta que no rompió mi camiseta y me dejó tirada en el suelo como un trapo sucio no paró. —¡Basta! —Exclamó Chris poniéndose delante de él. —¡Le estás haciendo daño a Lauren! —Mi padre me miró como si fuese un despojo, y luego volvió a mirar a Chris.

—Quizás es lo que se merece. —Me hice un ovillo en una esquina arrastrándome con los pies, cubriendo mi pecho con las manos y sollozando más que nunca. Aunque ya no eran sollozos, era un llanto continuo, desesperados, con hipidos como si el corazón se me encogiese.

Quería levantarme, pero mis piernas fallaban, estaba temblando una vez más. Escuché la voz de mi hermano, discutía con mi padre pero no sabía lo que decían, la puerta estaba cerrada.

Odiaba a mi padre, le tenía verdadero odio, asco contenido. Era el ser más despreciable que podía haber encima de la tierra, era un maldito monstruo.

Me levanté del suelo sin importarme la camiseta completamente rasgada, rota, arrancada de cuajo, y cogí mi cuaderno de dibujo. No podía parar, quería quemar mi casa con todos dentro, quería que muriesen, sí, pero no podía hacerlo. Así que esa rabia impulsaba mis movimientos, mi mano era casi una locomotora en marcha a toda velocidad que con carboncillo comenzó a dibujar las cosas más oscuras que se me habían pasado por la cabeza. Mis dedos estaban teñidos por el tinte negro del lápiz, se deslizaban para difuminar las sombras, para crear aún más tenebrismo y rabia. Para descargar todo lo que sentía allí. Pero aunque estaba creando algo maravilloso con esa rabia, las lágrimas no cesaban de caer, mi mandíbula estaba tensa y apretada, pero aquél sentimiento seguía allí. Los seguía odiando a todos.

*

Cuando desperté, la luz de mi habitación seguía encendida, mis manos dolían y seguían manchadas de negro, y alrededor tenía unos quince dibujos. Cada uno totalmente diferentes. Bosques llenos de luces y sombras, árboles desgarrados y medio quemados, la figura de una chica llorando lágrimas negras y casi raquítica, o la mano de una joven siendo oprimida, retorciéndose por la de un hombre más fuerte.

Eran las cinco de la mañana, entonces salí de casa. Ni siquiera me cambié la camiseta, sólo me puse un chaquetón encima y me puse a andar, nada más.

En una de las esquinas del vecindario estaba uno de los amigos de Kyle, Anthony. Estaba tumbado en el césped y cuando me acerqué él soltó una suave risa.

—Heeeyy... —Me señaló con el dedo y una sonrisa. Era moreno de ojos negros, nariz algo chata y una simple camisa de cuadros. Debía estar muriéndose de frío. —Tú eres la pava que Kyle trajo a su fiesta...

—Sí. —Respondí simplemente, y él se reía. Recuerdo esa sensación, recuerdo no pensar en nada, recuerdo que... Simplemente era feliz, no me dolía el cuerpo, no me dolía el alma. Era Lauren. —¿Qué te has tomado? —Él se incorporó poniendo las manos en el césped y frunció el ceño metiendo la mano en uno de sus bolsillos.

—Uno de estos. —Me lo tendió apretando los ojos. —Toma, para ti, te noto tensa.

Lo primero que te decían en el instituto y en casa era 'nada de drogas', pero ellos no estaban en mi situación. Ellos no entendían una mierda. No lo dudé y cogí el mechero encendiendo el cigarro, dándole una calada.

Me senté en el césped al lado de aquél chico, y tras unos minutos, comenzó a hacer su efecto. Mi espalda cayó a plomo en el césped y una sonrisa se dibujó en mi rostro. En ese momento, sólo podía pensar en una de las cosas que más felices me hacía; Camila. La quería muchísimo, con todo mi corazón. Si no fuese por ella, yo no estaría aguantando como lo estaba haciendo. Si no fuese por ella muchas cosas no serían como son ahora. No tendría dónde ir cuando estaba hecha una mierda. Entonces, entre risas y caladas que me hacían reír, me hacían sentir feliz, libre y sin preocupaciones, entendí que yo no pertenecía a mi familia. Que yo no tenía que pertenecer a mi casa, porque mi casa estaba con Camila. Allá dónde fuera ella.

—Te quiero mucho, mucho, mucho. —Susurré contra los labios de Lauren dándole cortos besos, sujetándola de las mejillas hasta que terminé en un beso más lento y suave, sintiendo cómo el tacto de sus labios se deslizaba entre los míos. —Llevaba mucho tiempo sin verte, bueno... Sin estar contigo.

—Un día. —Replicó ella con un tono divertido, y apostaba mi fortuna —aunque no era mucha— a que se estaba riendo.

—Para mí un día es una eternidad, ¿sabes? —Bajé las manos por sus brazos hasta tomar sus manos, que ella apretó para pegarme contra su cuerpo.

—Para mí también, créeme. —Soltó una risa algo más áspera y corta que las demás, rodeando mi cintura con sus brazos, dándome y beso en la frente. —Tus padres deberían irse más a menudo a Nueva York, así tú y yo podríamos estar más tiempo a solas.

—Sobre todo porque es San Valentín, ¿verdad? —Pregunté con una sonrisa algo lasciva, pasando las manos por sus hombros para acariciar su nuca.

—Tendré detalles contigo todos los días, porque te quiero siempre, no sólo una vez al año. —Me besó de nuevo, y mientras su lengua rozaba con delicadeza la punta de la mía, algo en mi cabeza hizo 'click'. —Por cierto, estás preciosa. Aunque siempre lo estás, pero el pelo liso es mi debilidad. —No sabía cómo era su cara, y eso me apenaba, pero lo que sí sabía era que en ese momento estaba esbozando una sonrisa.

—Si para ti soy preciosa, entonces me vale. —Apoyé la cabeza en su pecho, notando el frío de la chaqueta de cuero y su perfume, el que yo le regalé.

—Te traje algo, ¿quieres que te lo enseñe? —Asentí, pero no quería seguir allí en mitad del salón.

Insistí en que era mi casa y sabía bien dónde pisaba, pero Lauren me cogió en brazos y yo rodeé su cuello, encontrando refugio en él. Aquellos detalles llenaban el alma, por decirlo de alguna manera. Aquellos detalles, esos que nadie ve, como una caricia en la mejilla, un beso, o que te diga lo preciosa que estás son esos que te hacen querer gritar a todo el mundo que la quieras.

—Espero que te guste, me costó mucho encontrarlo. Extiende las manos. —Puse las palmas boca arriba y en ese momento sentí un tacto duro tocar mis palmas. Pasé los pulgares por los lados y noté que era un libro, se notaban las hojas apelmazadas, era un buen ejemplar.

Lo coloqué en mi regazo y palpé la tapa con los dedos, pero no tenía nada escrito.

—Es *El Diario de Noa.* —Dijo poniendo sus manos sobre las mías, apretándolas un poco. —Intenté encontrarlo en braille, de verdad, pero no había por ninguna parte y estaba segura de que esta historia te gustaría. Busqué por internet, por todas partes pero... Lo compré normal, y si quieres puedo leértelo. Pero...

—Lauren. —La corté rápidamente, porque en aquél instante no fue sólo mi cabeza lo que hizo click, mi corazón dio un vuelco.

—Siento si no te gusta, per... —Puse las manos en sus hombros, y luego subí a su rostro para poder besarla y que así callase, pues no tenía nada de lo que excusarse.

—No te compré nada. —Susurré en voz baja, sentándome encima de su regazo con cada pierna a un lado de ella. —Pero voy a darte algo que nunca nadie podrá tener.

veintitrés

Los instantes antes de despertar siempre eran algo confusos, un total desconcierto. La primera pregunta que te hacías era, ¿estoy despierta? Sí, Lauren, estás despierta. La segunda era, ¿dónde estoy? ¿Es esta mi habitación? En mi mente se dibujó la imagen de mi cuarto, pero tenía una sensación extraña, porque entonces recordé que no estaba allí, estaba en casa de Camila. Comenzaron a llegar a mi memoria todos y cada uno de los momentos con Camila. La tercera era, si de verdad pasó eso, ¿dónde estaba ella?

—Laur... Arriba. —Escuché su voz y sentí su barbilla apoyarse en mi hombro, dando un tierno y suave beso allí.

—¿Cómo sabes que dormía? —Carraspeé volviendo a cerrar los ojos, aunque cambié la cabeza de postura para mirarla a ella.

—Tu respiración es más pesada y profunda cuando duermes. —Sentí el beso de Camila en mi hombro, y abrí los ojos. Creía que con el pelo liso Camila estaba perfecta, pero en ese momento creo que podía superar cualquier cosa, cualquier adjetivo con el que la describiese. Tenía el pelo ondulado, ya no era totalmente liso quizás por el sudor y el rozamiento contra la almohada, sus mejillas estaban ligeramente rosadas, y al tener los ojos cerrados sus pestañas se hacían más largas. Sus labios, mas húmedos, tiernos y gastados por los míos.

—Si pudieses verte ahora no creerías lo preciosa que estás. —Camila arrugó la nariz esbozando una tímida sonrisa, mordiendo mi hombro con ternura.

—Yo no puedo decirte eso. Puedo decirte que... —Se quedó en silencio pasando su mano lentamente por mi espalda. —Eres un cachito de pan.

—¿A qué te refieres? —Me di la vuelta para quedar de lado frente a ella, apartando el pelo que caía sobre su mejilla y lo metí tras su oreja.

—Mi abuela siempre decía 'eres un cachito de pan' a las personas que eran muy buenas, sobre todo nobles. Y tú lo eres. —Su mano escaló por mi mejilla hasta llegar a mi oreja, y allí se paró. Nunca había tocado aquella zona, y sus dedos, con delicadeza, palpaban mi lóbulo, subiendo hasta llegar a la parte superior de mi oreja, donde paró en seco. —Tienes piercings.

—Sí. —Respondí dejando que siguiese toqueteando las perlas plateadas con cuidado, y Camila se humedeció los labios.

—No lo sabía. ¿Tienes más? —Me dio miedo responder a esa pregunta. ¿Y si no le gustaban, y si se iba a enfadar por haber 'ocultado' eso.

—Sí, uno pequeño, muy pequeño en la nariz, como si fuese un granito de arena. —Camila esbozo una débil sonrisa, pegando su frente a la mía para darme un beso tierno en los labios.

—No te asustes. No me importa cómo seas. —Susurró con la voz más suave que pudo, recostando su cabeza muy cerca de la mía en la almohada. —¿Puedo preguntarte algo?

—Claro. —Dije sin más, sintiendo sus dedos pasearse por mi espalda, y mi piel estaba absolutamente erizada.

—¿Por qué me dijiste que eras virgen cuando claramente no lo eres? —Se había dado cuenta, y la verdad era que no esperaba que lo hiciese. ¿Pero cómo no lo iba a saber? Podía notar cualquier cosa, incluso mi estado de ánimo, y aquellas cosas me asustaban. —Es decir, no estoy enfadada ni nada de eso, sólo... No tenías por qué mentirme sólo para que me sintiese mejor.

—No lo hice por eso. Esta ha sido mi primera vez de verdad. —Besé su frente para tranquilizarla, pero ella no parecía relajarse con mis palabras, de hecho, se inquietó aún más.

—¿De verdad? ¿Qué quieres decir con eso? —Comencé a besar su hombro, pero ella me apartó poniendo las manos en mi pecho. —Lauren, no me ignores. O si no quieres contármelo no pasa nada, pero dime algo. —Suspiró y sí, estaba algo desesperada. No podía mentirle de esa forma, no... No debía.

—Cuando tenía catorce años mi padre trabajaba en una empresa de las más importantes de Canadá y siempre estaba de cenas de empresa en casa y... Se traía a su hijo. Él tenía 18 años, y yo sólo era una niña a la que podía manejar como quería. Si él me decía de salir a dar un paseo pero yo me negaba, mi padre me obligaba a ir con él porque era el hijo de su jefe. Así que él se aprovechaba de mí, ya sabes, de esa forma.

—¿Te violaba? —Preguntó Camila con la voz rota, y la miré, tenía los ojos apretados.

—Sí... Yo entonces no sabía qué era eso, me llevaba al bosque y... —Desencajé la mandíbula con la vista perdida en la pared, mientras acariciaba la espalda de Camila. —Cuando tuve quince, me informé, y supe que era un delito federal, así que lo conté, intenté denunciar pero... Nadie me creyó, a mi padre lo despidieron y... Por eso sí que he tenido sexo pero nunca me habían besado.

—¿Te das cuenta de la barbaridad que acabas de contarme? —Dijo Camila entreabriendo los ojos, con las lágrimas a punto de salir de sus ojos, pero para mí aquello era algo que había asimilado, que había interiorizado y casi ni recordaba aquello, porque lo quería borrar de mi mente.

—Camz, eh, ya pasó. Estoy bien, cielo, estoy bien... —Ya no dolía, ya no sentía nada, ya sólo sentía dolor por lo que me estaba pasando, y sólo sentía felicidad con Camila. —Shh... Eh, escucha mi voz. ¿La oyes? Entonces puedes saber si estoy bien o no. —Quité con el pulgar una lágrima que había conseguido escaparse entre sus pestañas. Su labio inferior temblaba, al igual que sus manos que habían rodeado mi cuello y estaba totalmente destrozada. —Tranquila, eh, estoy aquí...

—¿Seguro que estás bien? —Preguntó entre hipidos contra mi oreja, y asentí acariciando su espalda. No, no estaba nada bien, pero no era por eso. Eso era un capítulo de mi vida que para mí estaba tachado y no me permitía llorar por ello, o siquiera recordarlo. Ahora estaba mal por la situación que había en mi casa, esa situación en la que ni siquiera podía hablar porque mi padre me gritaba, porque mi madre me ignoraba y yo no significaba nada para esa familia.

—Estoy bien.

Y sin más, me quedé abrazándola toda la mañana, observando su rostro sin cansarme, acariciando su espalda con mis dedos y escuchando cómo le encantaba que hiciese aquello. Poco a poco, Camila se tranquilizó al ver que yo no sentía nada, que yo no estaba mal, que yo no me preocupaba, y sus dedos comenzaron a pasar por mi costado lentamente, de la misma forma que los míos dibujaban trazos suaves en su espalda.

—¿Qué es lo que más sueles dibujar? —La cabeza de Camila reposaba sobre mi pecho, eran casi las doce de la mañana, pero ninguna de las dos tenía intenciones de salir de aquella cama.

—A ti. —Enredé mis dedos en su pelo, atendiendo a su silencio. Estaba cavilando.

—Estoy segura de que me dibujas guapa. —Sonreí un poco, dejando un beso tierno en su pelo. No me separé durante unos segundos, aspirando su aroma, su olor.

—Te dibujo como eres, y guapa es un adjetivo muy superficial para definirte. —Camila no hablaba, simplemente apretaba sus manos un poco más fuerte alrededor de mi cuerpo, pero nada más.

—Me gustaría abrazarte muy fuerte y protegerte de todo lo malo del mundo, ¿sabes? —Susurró algo triste y con un suspiro, porque ella no había olvidado nada de lo que había dicho. Mis manos se pararon en su hombro, acariciándolo suavemente mientras mi vista se perdía en la pared de su habitación.

—Ya me proteges de todo cuando estoy contigo. —Besé su frente para reconfortarla de alguna manera, para que sintiese que a su lado estaba a salvo.

—Sólo cuando estás conmigo. —Respondió Camila con un suspiro, incorporándose de mi lado. —Voy a la ducha, ¿vale? —Su mano estaba apoyada en mi vientre, y acaricié esta con cuidado antes de que la quitase.

—¿Quieres que te lleve? —Camila se arrastró hasta el borde de la cama con el ceño fruncido y una pequeña risa.

—Estoy en mi casa. —Respondió levantándose de la cama con la cabeza gacha y la mano acariciando la pared para guiarse. Sin duda, Camila en ropa interior era una de las mejores cosas que había visto en mi vida.

Todo era un auténtico desastre, y lo peor de todo es que no pensaba en quejarme ni en decir nada a nadie, porque eso era lo que me merecía, o eso suponía. Porque había gente que tenía mayores problemas que yo. Marie apenas llegaba a final de mes, Camila era ciega y el padre de Kyle había muerto hacía unos meses. Mi vida era perfecta comparada con las suyas.

Me levanté de la cama y caminé por el pasillo, escuchando el sonido de la ducha donde estaba Camila, y decidí abrir la puerta, se estaba duchando. De espaldas a mí, desnuda, pasándose las manos por el pelo para poder juntarlo, mi miraba bajaba por su espalda hasta llegar a...

Cerré la puerta a mis espaldas, y entre en el baño en silencio, colándome en la ducha abriéndola con cuidado. En ese momento Camila paró de enjuagarse el pelo, y justo cuando iba a decir algo la abracé por la cintura, besando su hombro con delicadeza.

—Dios, Lauren, me has asustado. —Solté una suave risa sintiendo un golpe en mi mano, pegándola contra mi pecho de espaldas.

—Lo siento. —Camila se dio la vuelta para quedar frente a mí, y al contrario de lo que iba a hacer, cogí un bote de champú echando un chorro de este en mi mano. Luego, hundí las manos en su pelo, mis dedos enredándose entre sus mechones, frotando el jabón contra ellos. Ella cerró los ojos, esbozando una sonrisa algo ida. —¿Te gusta?

—Ahá... —Dijo relajada, humedeciéndose un poco los labios.

Me incliné sobre ella mientras enjabonaba su cabeza y tomé posesión de ellos, besándolos lentamente, introduciendo mi lengua hasta donde podía para fundirla con la suya, y mis manos no paraban de masajear su pelo.

*

Aquél fin de semana fue perfecto, mientras pudiese retener a Lauren conmigo un poco más, todo era perfecto. Pero se fue, después de cenar con ella, de besarnos durante largos minutos sin importar qué estuviésemos haciendo, de dormir abrazada a ella, Lauren se fue, y mis padres volvieron a casa. Estaba triste, algo apagada.

Sentada en la cama, escuché la voz de mi hermana Cady desde la puerta.

—¡Camz! —Levanté rápidamente la cabeza al escuchar su voz algo alterada.

—¿Qué ocurre?

—Llevo mucho tiempo llamándote. —Escuché sus pasos acercarse, y luego, se sentó a mi lado. —¿Te pasa algo?

—Estoy un poco triste. —Respondí jugando con mis manos, encogiéndome de hombros. Quería a mi hermana pero tenía detalles como esos, ella se daba cuenta de cuándo estaba mal, y cuándo necesitaba a alguien.

—¿Qué te pasa? —Apoyó su barbilla en mi brazo, y sonreí levemente.

—¿Sabes cuándo realmente quieres hacer algo por alguien pero no puedes? —Aquella pregunta era un poco idiota a una niña de nueve años que apenas ha vivido, pero la hice sin querer.

—Sí, como cuando quiero hacer que veas pero no puedo. —La voz de Cady se hizo pequeña, y giré la cabeza en su dirección con los ojos cerrados.

—Cariño, tú no tienes que preocuparte por mí. Estoy bien, estoy bien sabiendo que te importo tanto. —Pasé el brazo por los hombros de Cady, acariciando su mejilla para darle un beso en la cabeza. —Lauren nunca es feliz, y nunca lo será. Eso me pasa, Cady. No sé cómo hacerla feliz.

—Pero... Lauren me dijo que es muy feliz cuando está contigo. —Sentí sus hombros levantarse, como si estuviese encogiéndolos. —¿Y si pasas más tiempo con ella? Podría venir con nosotros a casa. Quizás quiera dormir conmigo. —Solté una suave risa, abrazándome a Cady que me devolvió el abrazo.

—Gracias, Cady.

veinticuatro

Nunca me había preocupado cómo me vestía pero aquello estaba llegando a un punto extremo. Miré el cajón de mi ropa y apenas tenía, no había nada. Algunas camisetas, una de ellas rota por mi padre, y las otras simplemente eran anchas, negras o blancas despojadas y ajadas de tanto usarla. Sólo tenía dos jeans, uno negro y otro claro rasgado por las rodillas, pero de tanto usarlo se había roto casi por completo. Siempre llevaba unas botas negras que tenían la suela despegada del zapato. Era horrible. ¿Qué iba a ponerme? Básicamente no podía salir a la calle.

Bajé las escaleras en dirección a la cocina, donde mi madre estaba preparando la cena para aquella noche. Olía a brócoli, como siempre que estaba yo. Cuando me iba, de repente, se les ocurría la excelente idea de hacer pasta, comprar pizza o cosas así.

—Mamá, necesito ropa nueva. —Dije quedándome detrás de ella, que echaba un puñado de sal a la olla en la que se cocía el brócoli.

—¿Ropa nueva? —Soltó una suave risa moliendo la pimienta sobre el agua hirviendo. —Tu hermano necesita un casco nuevo, y tu hermana se va de intercambio a Londres. ¿De verdad crees que podemos permitirnos ropa nueva? ¿Te crees que el dinero nos crece en los bolsillos? —Negó con un suspiro. —Pregúntale a Elise a ver si puede dejarte algo.

Y subí, cansada de aquellas respuestas que hacían mella en mí. Aquellas respuestas que sin contexto parecía una tontería, pero que muy poco a poco y año tras año me fueron hundiendo.

—Elise, ¿puedo pasar? —Mi hermana bufó dándose la vuelta en la silla y rodando los ojos.

—Qué quieres, Lauren. —Respondió de mala gana, sin mirarme a los ojos pues estaba demasiado ocupada con el móvil.

—Mamá dice que si me puedes prestar algo de ropa. —En ese momento despegó la mirada del móvil.

—Uf. —Refunfuñó levantándose y abrió el armario. Estaba repleto de camisetas, pantalones, abrigos, zapatos que la mayoría de las veces no se ponía. —Te puedo dejar esto, pero te quedará pequeño. —Me tiró una camiseta a los brazos dándose la vuelta. —Además, no sé si te pegará mucho porque como eres... —Se quedó en silencio mirándome un segundo. —Ya sabes, lesbiana.

—Ya me las apaño sola. —Solté la camiseta en la cama y cerré la puerta de su habitación, oprimiendo las ganas de darle un puñetazo a la madera.

*

—Mmh... Esto está buenísimo. —Miré el pollo con curry sobre la mesa, y cogí el tenedor mezclándolo con el arroz lentamente. A mi hermano parecía encantarle. —Pruébalo, Lauren.

—No tengo mucha hambre. —Respondí negando, soltando un suave suspiro hastiado. Mi padre se quedó mirándome, soltando el tenedor en el plato.

—Deberías hacer un poco de dieta y apuntarte a un gimnasio, ¿sabes? —Apreté la mandíbula agachando la cabeza al escucharle. —Deberías comer más sano. —Dando por hecho de que no comía, y que lo poco que comía lo preparaba mi madre, era una auténtica estupidez lo que estaba diciendo.

—No, gracias. —Decliné aquella 'oferta' volviendo a remover el curry.

—No es algo que puedas decidir. —Replicó él, siempre estaba igual. Siempre con lo mismo, estaba harta. ¿Qué cojones estaba diciendo? Tenía veinte años, era absolutamente responsable de mis decisiones y elecciones, y quizás si no fuese por él no estaría tan insegura de mi maldito cuerpo. Por él no me daría asco mirarme al espejo, ni tampoco tener miedo de acostarme con mi novia ciega. Ciega, que ni siquiera puede verme.

—Ahora tienes que decidir tú por mí. —Respondí retirando el plato de un pequeño golpe.

—¿Me vas a responder otra vez? Tú eres una niñata inmadura que no sabe lo que quiere ni lo que va a hacer en la vida. Así que sí, tengo que decidir yo por ti. —Me apuntó con el dedo con una mirada de desprecio asquerosa.

—Yo sé muy bien lo que quiero hacer en la vida. —Apreté los dedos en mi rodilla hasta que se volvieron blancos, rechinando los dientes de la rabia.

—¿La fotografía? ¿De verdad crees que eso te va a dar de comer? —Se rio en mi cara, dándole un trago a su cerveza. —A ver, qué has hecho hoy en el instituto.

—Ya no voy al instituto. —Su rostro cambió, y yo me asusté. Presioné los pies en el suelo para saltar si se me echaba encima aunque tenía a Chris al lado. Mi madre no se lo había contado.

—Cómo que no vas al instituto. —Tragué saliva, mi labio inferior temblaba, mis manos... Eran un flan.

—He... He decidido sacarme el título en marzo.

—Sin ir a clase. Como los matados, los perdedores en la vida que terminan limpiando baños, ¿eso quieres? —Solté una risa negando.

—A lo mejor los que limpian baños tienen más integridad moral que tú. —Mi padre enfureció, apretando la mandíbula de tal forma que hizo apartarme de Chris. —Los padres de mi amiga Marie trabajan limpiando, y ellos no le gritan a su hija, ni tampoco le dicen que está gorda, ni la tratan diferente a sus hermanos. A mi amiga la quieren.

—¿Qué no te damos cariño? ¿Eso dices? ¿¡Eh!? —Comenzó a gritar, levantándose de la mesa. —¡Pues quizás eso es lo que te mereces!

—Ni siquiera me creísteis cuando os conté lo de Liam. Ni siquiera me ayudasteis, me preguntasteis como estaba, nadie me creyó. —Comencé a sollozar levantándome de la mesa, y mi padre apartó a Chris de un manotazo avanzando hacia mí.

—Me despidieron porque querías llamar la atención. Me despidieron por tu culpa, porque estabas despechada, porque ese chico no te quería.

—¡¡Y A MÍ ME VIOLARON PAPÁ!! ME VIOLARON CUANDO SÓLO TENÍA CATORCE AÑOS. ME VIOLABAN NOCHE TRAS NOCHE, Y TÚ NO HICISTE NADA. —Apreté los labios intentando reprimir las lágrimas, negando. —¿Cómo voy a estar despechada por un chico si los odio? Odio a todos y cada uno de los hombres del mundo por tu culpa. —Dije entre llantos, pero a él eso no le convencía, porque me cogió de la camiseta de una forma tan violenta que rasgó los hilos haciendo que diera de sí, y que mi cabeza chocase con el mueble de la cocina.

—DEJA DE JODERME LA VIDA. DEJA DE QUERER LLAMAR LA ATENCIÓN. CÉNTRATE Y MADURA DE UNA PUTA VEZ. —Soltó el cuello de mi camisa y con la mano abierta me endosó un golpe en la cara, que quemó mi mejilla. Apreté los ojos, los dientes, y salí de la cocina.

*

Suponía que era mi día de suerte, porque aunque mi padre me hubiese humillado, vejado y gritado una vez más, al menos tenía algo con lo que evadirme.

Me senté en uno de los bancos del parque del vecindario, había sólo dos grados de temperatura, y la chaqueta que me regaló Camila impedía que me muriese de frío. Saqué uno de los cigarros mal hechos de Anthony, en cuanto cayó en el suelo dormido se los saqué de los bolsillos. Sólo tenía tres, pero para mí era suficiente. Quizás la marihuana no era la salida a los problemas, pero era un bálsamo que me evadía de ellos durante un tiempo, desde la primera calada.

Eché la cabeza hacia tras, soltando el humo entre mis labios, sintiendo mi cuerpo relajarse, soltar toda la tensión acumulada y simplemente respirar. Ya no me reía por todo, ahora sólo respiraba con tranquilidad, la presión que siempre tenía en el pecho desapareció, y sólo me quedaba tumbarme en el banco para mirar las estrellas. Se movían, o quizás eran aviones. No lo sabía. Lo único que tenía claro es que no quería moverme de allí, que no quería que aquella sensación acabase. ¿Cómo sería ir a un lugar donde nadie te conociese, nadie te juzgase y pudieses ser quién eras sin más? Yo quería eso, pero nunca lo tendría.

*

La camiseta y el pantalón del instituto aún me estaban bien, según mi padre, había engordado mucho en el último año, aunque aparte de él nadie más me veía la diferencia. Marie decía que la ropa me quedaba algo grande, pero cuando yo me miraba en el espejo no sabía ni definirme.

Era una idiota por hacer justo lo que mi padre me había dicho, pero allí estaba, dando vueltas por la pista de atletismo mientras las animadoras entrenaban en el césped, tan superficiales y estúpidas, pero no sabía si era más superficial ellas o yo, que estaba haciendo exactamente lo mismo.

El sudor era frío, cayendo por mi frente a pesar de que sólo había cinco grados de temperatura, con el cielo negro, totalmente encapotado, casi como mi estado de ánimo constante.

Mi respiración se agitaba a medida que mis zancadas eran más rápidas y largas y el tiempo pasaba.

Tras cuarenta y cinco minutos corriendo, tuve suficiente. Las animadoras habían desaparecido hacía un rato, así que ya debía estar el vestuario vacío.

Una ducha se había quedado abierta y el sonido inundaba la estancia, haciendo eco, lista para que yo me duchase.

Mientras me duchaba y el agua corría por todo mi cuerpo, mi pelo, bajaba por mi espalda con una hilera de jabón, mi cabeza libraba su propia batalla en el silencio de aquél vestuario. Yo sólo quería salir de mi casa, quizás ir al centro de Vancouver, trabajar en una empresa comercial, un periódico, algo de marketing, algo en lo que pudiese ser fotógrafa, pero segundos después de pensar eso, llegaban todos los problemas a mi cabeza. El primero era que no tenía el graduado aún, el segundo, que mis padres no iban a dejarme salir de mi casa, el tercero... Que no había mucho trabajo como fotógrafa.

Al salir de la ducha y secarme, comencé a ponerme la ropa interior, el sujetador, y luego aquellos jeans negros bastante ajustados, a la vez que escuchaba la puerta del vestuario abrirse. No hice caso, simplemente me dediqué a subir la cremallera del pantalón hasta que escuché una voz a mis espaldas.

—Pero mira quién está aquí. No te des la vuelta, a ver si te voy a gustar y... —La voz de Alisha me rompía por dentro. Lo único que sentía hacia ella, era odio.

—Tienes el ego muy alto para pensar que puedes gustarle a cualquier lesbiana. —Dije sin girarme, metiendo el botón del pantalón por la pequeña abertura.

—No tengo el ego alto, es que sé lo que piensas. —Me giré tan bruscamente que incluso ella se sorprendió. Tenía puesto el uniforme de animadora, y su bolsa de deporte en el banco.

—Tú no sabes una mierda. Piensas que me gustas, ¿pero sabes qué? No. No te entiendo. No entiendo por qué te empeñas en hundirme cuando yo no te he hecho nada. No entiendo por qué me odias cuando nunca te dije nada malo, ni siquiera cuando eras mi mejor amiga y te alejaste de mí. No dije nada. —Dije acercándome a ella con un semblante de odio y rencor, con la voz seria, grave, dura y los dientes apretados al final. Entonces, Alisha me besó de forma repentina. Tardé unos segundos en reaccionar hasta que me aparté empujándola, mirándola incrédula. —¿Qué coño haces? —No entendía nada. ¿Me odia, es homófoboba y me besa? ¿Qué coño?

—Te odio porque te quiero. —Dijo con rabia, apretando los puños hasta que sus nudillos se tornaron blancos. —Porque no puedo querer a una chica. No está bien y tú... —Me señaló apretando los labios a punto de llorar. —Tú lo cambiaste. Y te odio. Te odio porque desde que apareciste me di cuenta de que las chicas me parecían más atractivas que los chicos, te odio porque cada día me atraes más, te odio porque no quiero a Luis de la forma en que te quiero a ti. Y te odio porque está mal que me gusten las chicas, y me odio por ello. Me odio por haberme enamorado de ti. —Estaba llorando delante de mí, pero después de todo lo que había pasado yo tenía el corazón blindado ante aquellas lágrimas y ante aquellas palabras.

—Debiste haberme dicho que me querías cuando yo te lo dije, y entonces ahora quizás sería distinto. —Cogí mi camiseta y me la enfundé, cogiendo la chaqueta. —Ahora sólo siento odio hacia ti, y no es porque te quiera. Es porque te odio de verdad. —Metí los brazos por las mangas de la chaqueta y cerré la taquilla de un portazo. —Sé feliz chupando pollas que ni siquiera te gustan. —Concluí saliendo de aquél vestuario, dejándola sola, con el corazón roto, justo como ella me hizo a mí.

Justo como se merecía.

veinticinco

—¿Alguna vez has pensado en acabar con todo? —Sullivan estaba sentada frente a mí con las manos encima del escritorio. Mi corazón latió algo más fuerte al escuchar aquello. No respondí.

—Me quiero suicidar. —Dije finalmente levantando la mirada hacia ella, que no la apartó. Aquellas palabras sonaban duras en mi cabeza, aún más cuando las dije en alto, pero así era la realidad.

—No tienes por qué. —Replicó la doctora, jugueteando algo nerviosa con el bolígrafo.

—Quiero hacerlo. Pienso en ello todos los días, en lo bien que me sentiría, que dejaría de molestar y a nadie le importaría. Pero no puedo. —Terminé bajando la cabeza, presionando los dedos en el dorso de mi zapato derecho que se apoyaba en la rodilla izquierda.

—¿Tu novia? —Asentí apretando la mandíbula, con una lágrima deslizándose por mi mejilla sin que yo siquiera la sintiese.

—No puedo ser tan egoísta como para hacerla sufrir de esa forma. No puedo. Pero si ella no estuviese... —Solté una risa negando, limpiándome aquella lágrima que se fundía con mi piel. —No estaríamos teniendo esta conversación.

—¿Cómo te va en el instituto? —A Sullivan parecía no conmoverle aquello, o quizás era una parte de aquella terapia.

—Lo dejé. Intento sacarme el graduado en marzo. —Me encogí de hombros algo distraída, mirando el cuadro de la consulta. Era la foto que me pidió.

—Eso es genial.

—Según mi padre los que se sacan el graduado así acaban debajo de un puente, limpiando, de cajeros en McDonalds... —Suspiré pasándome las manos por la cara, negando.

—Mira, vamos a hacer una cosa. Vas a dejar a llamar a tu padre papá, y a referirte a él como tu padre. A partir de ahora hablaremos de George. George y Katy, ¿vale? —Asentí, porque era mucho mejor así. Era mejor tener que llamar padre a una persona que me torturaba día a día.

—¿Por qué?

—Porque sé que te duele llamarle así, y porque alguien que trata de esa forma a su hija no es un padre. —Dijo mientras anotaba algo en su cuaderno con el ceño fruncido. —¿Qué harás después de sacarte el graduado?

—No sé, buscar trabajo, quizás.

—Cualquier trabajo que pueda sacarte de tu casa, te irá bien.

*

Aunque estaba metida en la mierda hasta la garganta, ver a Camila siempre me hacía sonreír por poco que fuese y aunque estuviésemos en la biblioteca del instituto. Los insultos habían parado, y si Luis volvía a acercarse, le soltaría la bomba de Alisha. Pero mientras tanto, Camila estudiaba con los cascos puestos, y yo con los libros abiertos delante de mí.

En los descansos de filosofía, estudiaba biología. Y en los descansos de biología estudiaba historia. Así, todo a la vez, aunque no se me estaba dando nada mal, o eso pensaba. Había gastado ya tres bolígrafos desde que me puse a estudiar, y lo mejor de todo era lo orgullosa que Camila estaba de mí.

—¿Has terminado? —Pregunté observando cómo se quitaba los cascos, y asintió enrollándolos sobre su dedo.

—¿Tú? —Negué pasándome el lápiz tras la oreja, observando los apuntes de química al otro lado de la mesa. —¿Lauren?

—No, no. Perdón. —Aún se me olvidaba que ella no podía verme, y eso poco a poco me mataba.

—Voy a ir a la cafetería, ¿quieres algo? —Su brazo pasó por encima de mis hombros, acariciándome la nuca lentamente, como si quisiese tranquilizarme.

La verdad era que llevaba mucho sin comer, y me había mareado un par de veces. Nunca se lo diría a Camila, porque seguro que se enfadaría conmigo, pero en aquél momento necesitaba comer algo.

—Lo que tú quieras. —Respondí girando la mirada hacia ella, que acercó su cara un poco a la mía para que la besase. Sus labios tocaron los míos, y atrapé el inferior de la latina suavemente, dejándolo escapar con una débil sonrisa, con la mano de Camila sobre mi mejilla. —¿Quieres que te acompañe?

—No, ya puedo sola. —Entrecerré los ojos viendo cómo se levantaba y cogía el bastón, saliendo de la biblioteca.

Alisha estaba en el pasillo frente a mí, mirándome mientras colocaba uno de los libros en las estanterías, aunque cuando reparó en que la había pillado, rápidamente sacudió la cabeza y desapareció a otra parte.

No le iba a dar muchas vueltas a aquello, pero si Camila se enteraba por otra persona de eso creería que la había engañado porque no podía ver, y el simple hecho de pensar que pudiese perderla por una tontería mía, me mataba.

—Oyeee. —Camila estaba detrás de mí con una pequeña bolsa en la mano, dejando el bastón apoyado en la mesa. —Hazme caso, que no sé dónde estás. —Decía en voz baja.

—Lo siento, estaba distraída. Ven. —La cogí de las manos y la puse delante de la silla. —Ya puedes sentarte.

—Gracias, Lauren. —Abrí la bolsa con cuidado, y dentro había un pequeño sándwich con un zumo, estaba caliente. —El bocadillo es para mí. —Le di el bocadillo y yo me quedé mirando el sándwich.

—Camila, tengo que contarte algo. —Ella paró de desenvolver el bocadillo y frunció el ceño, girándose hacia mí. —Ayer estaba en el vestuario y... Alisha me besó. Me aparté rápido, la empujé, me dijo que me odiaba porque estaba enamorada de mí y ella no se podía enamorar de una chica. —Susurré esperando la respuesta de Camila, que se quedó pensativa durante unos segundos. —Di algo, por favor. —Murmuré acercándome un poco más a Camila.

—Al menos esa puta se ha comido mis babas. —Solté una suave risa al escuchar su sarcasmo, tranquilizándome un poco más. —¿Está aquí?

—Sí... Está justo en la mesa que tenemos en frente. —No quería mirar, porque entonces me delataría yo sola.

—Pues que se joda. —Susurró antes de cogerme de la nuca y comenzar a besarme, de una forma profunda y húmeda, tanto que comencé a excitarme por la forma en que su lengua jugaba con la mía, incluso la sacó de mi boca para poder succionarla un poco, hasta que se separó de mí.

—Madre mía. —Susurré agitada en voz baja, con Camila sin dejar de acariciar mi nuca, eso no ayudaba nada. Cuando miré la mesa de Alisha, estaba de brazos cruzados mirando a otro sitio, pero yo sabía que nos había visto.

*

Cuando Kyle llegó a la puerta del instituto, los alumnos estaban saliendo. Charlaban entre ellos, se sostenían el paraguas bajo aquella fuerte lluvia que caía sobre Vancouver, y allí estaba ella. Marie se había quedado en la entrada, mirando de un lado a otro por si dejaba de llover, pero por el negro del cielo no parecía que fuese a hacerlo.

Kyle se apresuró a llegar a la entrada, y cuando la rubia lo vio aparecer esbozó una gran sonrisa, era básicamente su salvación porque no tenía cómo salir de allí.

—¿Qué haces aquí? —Justo en el momento en que Kyle llegó a la puerta, comenzó a dejar de llover.

—Sólo... Venía a verte. —Se encogió de hombros, no quería parecer patético delante de Marie, que sonreía negando. —Mira, parece que está dejando de llover.

—¿Has salido ya de clases o es que tienes ahora? —Kyle y Marie bajaron las escaleras juntos, con cuidado de no resbalarse con el suelo tan escurridizo.

—He salido ya. Venía a invitarte a comer, si quieres, o si puedes. No sé. Quizás es una tontería. —Marie rio un poco con la mano en la boca, le hacía demasiada gracia aquella forma en la que Kyle se ponía nervioso al hablar.

—Claro, claro que puedo. ¿Dónde me llevas? —La predisposición de Marie a ir a comer con él sorprendió a Kyle, quizás porque se esperaba ese 'no' de siempre que todas las chicas le soltaban.

—A un restaurante japonés, ¿has probado esa comida alguna vez? —Los dos comenzaron a andar, hablando, charlando mientras el camino hasta el centro de Vancouver se hacía más ameno, menos largo, entretenido, y descubrían cosas el uno del otro.

El restaurante al que llevó a Marie estaba cerca de la bahía, justo al lado del puente, desde donde se veía cómo empezaba a llover sobre mojado. Habían pedido un par de bebidas, y ramen, que estaban esperando a que llegase.

—Así que... ¿Por qué no me contestaste al mensaje? —Preguntó Kyle con el vaso entre las manos. Eso lo había dejado muy confundido, ¿y si ella no quería nada con él? ¿Qué pasaba si se hacía ilusiones para nada?

—Porque no sé dónde contestarlo... —Respondió en voz baja, algo avergonzada. Marie nunca había usado un teléfono móvil, el único teléfono que ella había utilizado era el fijo de casa.

—¿No sabes usar un móvil? —La rubia negó, dejándolo en la mesa para que él lo cogiese. —¿Nunca has tenido móvil?

—No. —Marie se removió un poco en la silla, apretando los labios algo angustiada. Kyle suspiró, por eso no había leído siquiera su mensaje.

—Mira, ¿ves esto? —Señaló un icono verde en la esquina superior izquierda. —Pues le das aquí, y presionas mi nombre luego, y ya está.

—¿Ya? —El chico asintió con una sonrisa, y Marie tomó el móvil entre sus manos, entrecerrando los ojos. —Perdona si tardo mucho en contestar, es que...

—Mientras contestes no hay problema. —Kyle apartó las manos de la mesa porque el ramen había llegado, y Marie frunció un poco el ceño.

—¿Qué es? —Se acercó a Kyle un poco inconscientemente, y aunque él no se dio cuenta, estaban aún más cerca que antes.

—Ramen. Son fideos con... Cosas. —La rubia alzó las cejas y él simplemente cogió sus palillos. —¿Sabes usarlos? —Marie negó, y Kyle hizo que los cogiese, poniendo su mano sobre la de ella. —

Apoyas el palillo en la base del pulgar así... —El chico sujetó la mano de Marie algo más fuerte, y puso el otro palillo entre el dedo índice y el pulgar. —Y con el índice lo manejas. ¿Ves? —Movió los dedos de Marie cogiendo un poco de fideos.

—¿Puedo probarlos? —Ya que Kyle los había cogido, Marie iba a aprovechar la oportunidad para poder probarlos. Comenzó a succionar un poco, mientras él iba recogiendo los fideos hasta que acabó comiéndoselo todo. Tenías las mejillas llenas, y aunque Marie no quería que Kyle la mirase, a él le parecía una chica realmente adorable. —¿Te gustan?

—Están muy buenos.

A Marie le encantaba pasar tiempo con Kyle, porque le hacía vivir todos los años que había perdido cuidando de sus hermanos. No se sentía como una especie de madre adolescente, no sentía como si tuviese treinta años, volvía a tener diecisiete, volvía a sentirse una adolescente normal y corriente.

Para Kyle estar con Marie era una terapia perfecta para olvidar los problemas con su padre, pero sobre todo, para Kyle estar con Marie era sentirse querido, valorado, sentirse alguien normal que no todos desprecian por sus pintas.

—Te has cortado el pelo. —Marie acarició la parte trasera de su cabeza, sintiendo el tacto rasurado del pelo de Kyle rozar la palma de su mano, suave. —Me gusta más así.

—Entonces lo dejaré así. —Respondió él, abriendo la puerta para que ella saliese del restaurante primero.

Caminaron de vuelta al vecindario, en ocasiones Kyle miraba a Marie y la observaba durante unos segundos, sonriendo al recordar el día que habían pasado, al recordar cosas tan simples como que Marie le había acariciado el pelo, o que la había ayudado a comer aquellos noodles.

—Bueno supongo que... Nos vemos otro día. —Pararon a unos cincuenta metros de llegar a casa de Marie, y ella se puso delante de él.

—Háblame, ¿vale? Ya sé usar emojis. —Kyle soltó una risa asintiendo. Se miraron un par de segundos más, hasta que él suspiro.

—Hasta mañana. —Se inclinó para darle un beso en la mejilla pero Marie movió la cabeza en la dirección donde iba Kyle, que se quedó algo confundido. Al ver aquello, quiso besar la mejilla izquierda de Marie, pero la rubia movió la cabeza en la dirección donde estaba la de Kyle. Entonces, no se movió porque ya no sabía qué hacer, hasta que Marie lo besó uniendo sus labios, ladeando un poco la cabeza para que aquél beso durase más, y eso sí que le rompió los esquemas al chico, porque no se había esperado eso para nada.

Kyle colocó las manos en la cintura de Marie, y ella tenía las manos puestas sobre su pecho, apoyándose en él mientras el beso seguía, lento, suave, dulce, sin profundidad, pero muy tierno.

Marie se separó con una sonrisa y dios unos pasos hacia atrás.

—Hasta mañana, Kyle. —Y Kyle se quedó como un idiota viendo cómo la chica que le gustaba y que acababa de besar, entraba en su casa.

—Hasta mañana, Marie.

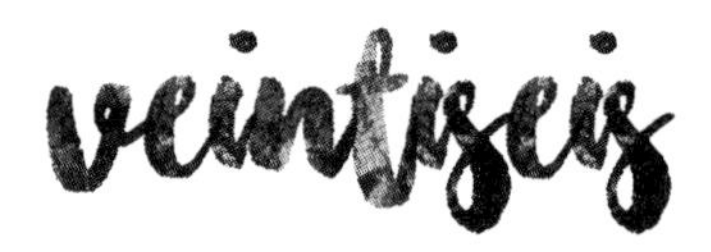

Aquella noche no pude dormir, mi espalda estaba hecha trizas y se resentía contra el colchón, mis ojos estaban abiertos de par en par como si fuese un búho. Camila dormía, y tampoco podría mandarle un mensaje porque en mi casa estaban todos durmiendo. Di vueltas por mi habitación, nada. No conseguía nada. Me tumbé en la cama a las seis de la mañana y poco a poco cogí el sueño, pero no duró más de media hora.

Los golpes en la puerta me alertaron, haciendo casi que saltase de la cama y apretase las sábanas.

—Levántate ya, anda. Levántate, que llegamos tarde y lo único que haces es dormir. Venga ya, que tenemos que irnos. —El desprecio que mi madre mostraba en su voz me dolía, se clavaba en mí día tras día, dejando una brecha casi irreparable.

En cierto modo estaba feliz, quería estarlo, debía estarlo. Íbamos a Ontario a pasar unos días con la familia, y ese momento del año era en el que de verdad me sentía querida, arropada, en familia, algo que yo no sentía muchas veces al año.

Mi maleta llevaba preparada desde anoche, aunque siendo sinceros, yo no tenía mucha ropa que llevar. Sólo un par de sudaderas, dos camisetas y dos pantalones. Sin embargo mis hermanos llevaban dos maletas cada uno, cuando yo llevaba una de mano pequeña.

De camino al aeropuerto yo decidí quedarme en completo silencio, escuchando aquél disco que le gustaba a mi padre, el de Johnny Casino. Me gustaba aquél tipo de música, pero no un disco entero. Por suerte, llegamos pronto al aeropuerto.

Iba a echar de menos a Camila, lo sabía. Puede que suene muy poético, pero Camila era el ancla que aún me mantenía atada a la vida, literalmente. Sin ella, quizás todo se habría ido a la mierda hace mucho.

Mientras esperábamos a embarcar, empecé a ponerme mis auriculares y me senté en uno de los bancos, observando a mi padre bromear con Elise, y a Chris hablar con mi madre. Aquello era una tortura china con todas las letras, yo sólo quería llegar con mi familia, en cuanto pudiese.

Una vez en el avión yo luchaba por no dormirme, luchaba por mantenerme despierta para que mis padres no me diesen un manotazo o un grito en mitad del avión, no quería ser la vergüenza entre toda aquella gente, así que miré por la ventanilla, observando las nubes a través de esta. Por suerte, ellos cuatro iban en asientos juntos y a mí me tocó con otros dos desconocidos a mi lado.

Saqué mi cámara de fotos y capturé el instante, cuando las nubes parecían un manto que cubría el amanecer, aquél tono anaranjado y rosa que lo caracterizaba, quedando así una estampa preciosa, pero no era perfecta. Cuando más la miraba, más defectos le sacaba, así que decidí apagar la cámara y guardarla en mi maleta, apretando los ojos para recostarme en mi asiento con un suspiro, y la música comenzó a sonar en mis auriculares.

Paradise — Coldplay

Aquél no era el tipo de música que yo solía escuchar, nunca nada tan movido y con sonidos alegres, pero la canción tenía algo que me definía.

When she was just a girl she expected the world, but it flew away from her reach, so she ran away in her sleep. And dreamed of Paradise, Paradise, Paradise everytime she closed her eyes.

Apreté el cable de los auriculares a la vez que sentía cómo la letra hablaba de mí, y me calaba dentro, a pesar de ser triste, esa compresión me hacía sentir bien.

Life goes on, gets so heavy, the wheel breaks the butterfly, every tear a waterfall. In the night, the stormy night, she'd close her eyes. In the night, the stormy night away she'd fly.

A veces mis padres me preguntaban qué hacía en la cama tan temprano, si me sentía mal, pero la realidad era que prefería intentar dormir, imaginar cómo sería mi vida perfecta si no viviese en ese infierno.

And dreams of paradise, paradise, paradise. And dreams of paradise, paradise, paradise.

Cuando la canción terminó, luchaba contra mí misma por no llorar, mirando por la ventana hasta que la voz de la azafata me sobresaltó mostrándome un dulce dentro de una bolsita.

—¿Le apetece un refrigerio? —Preguntó con una sonrisa.

—No, gracias.

Fue lo único que dije durante todo el viaje. No quería hablar, se estaba bien así, en tranquilidad, incluso pude dormir unos quince minutos. Los ojos me pesaban tanto que no podía mantenerme despierta, simplemente era imposible.

*

Al salir del avión, yo ni siquiera tuve que esperar mi maleta porque la mía al ser tan pequeña era de mano. Corrí hacia la puerta de salida, y allí estaba mi familia. Mi tía Elizabeth alzó la mano para saludarme, al lado de mi tío Stephen que abría los brazos para recibirme. Ella era bajita, rubia con los ojos verdes al igual que yo, y Stephen llevaba una gorra azul hacia atrás con un abrigo negro, él de ojos azules.

—¡Lauren! —Abracé a mi tía apretándola entre mis brazos, dándole un beso en la frente al ser mucho más bajita. —Oh dios, estás mucho más delgada, en los huesos. —Solté una risa abrazándome a mi tío, que me alzó al cogerme. Tenía los brazos duros como piedras, y en mi cabeza rondaba la teoría de que podría partir nueces con sólo doblar el brazo.

—Estábamos deseando verte. —Mi tío puso una mano en mi hombro y tomó mi maleta en su mano. —¿Y los demás?

—Cogiendo sus maletas. —Respondí sintiendo las manos de mi tía posarse en mis mejillas, y escudriñarme con la mirada. —Ya, ya está... —Reí separándome, porque escuché la voz de mi madre por detrás, y ahí se borró mi sonrisa.

De camino a casa de mis abuelos, mi tía hablaba con mi madre, Stephen se mantenía en silencio al igual que yo. Miré por la ventana el follaje nevado, blanco, precioso, cubriendo las aceras, los coches, parecido a Vancouver, pero estábamos en Ontario.

—¡Mírate! ¡Estás preciosa, en los huesos, pero preciosa! —Abracé a mi abuela de una forma en la que no podía abrazar a nadie más. Me sentía en casa, querida, en familia, algo que para mí era un concepto extraño.

—Te echaba mucho de menos, abuela. —Ella pasó sus manos ajadas, rudas y menudas por mi espalda, dándome algo de calor.

—Y yo a ti, deberíais venir más. Tus tíos están en el salón, vamos, ve a verlos. —Dio un suave apretón en mi barbilla, y me escabullí de mis padres para llegar a donde la mayoría de mis tíos estaban.

Aquél día fue redondo, fue increíble, fue lo más parecido a felicidad que había tenido en mucho tiempo y lo único que había necesitado fue un poco de cariño, nada más. Mis tíos me decían que estaba preciosa, pero muy delgada, todos me decían lo mismo.

—Con algún kilito de más estarías mejor, Lolo. —Comentó mi tía dándome con un dedo en el abdomen, haciéndome sonreír con aquél comentario, que distaba mucho de las frases que me dedicaba diariamente mi padre.

Nos sentamos en la mesa para cenar y básicamente mi abuela había hecho una gran cena de navidad a finales de enero, pero qué feliz me hacía. No había tenido cenas de Navidad, ni había visto a mi familia, ni nada de aquello. Ni siquiera tenía una cena en familia con mis padres y mis hermanos.

—¿Dónde pasasteis vosotros la navidad? —Preguntó Stephen a mis padres repartiendo el pavo, y yo levanté mi plato para que me echase, tenía algo de hambre.

—En casa de los padres de Kyle. —Respondió mi madre, mientras yo negué para mis adentros echándome una cucharada de patatas en salsa.

Siguieron la conversación, y yo engullí el primer trozo de pavo y patatas para evitar soltar que yo no estuve allí.

—¿Qué os regaló Santa? —Preguntó mi abuelo con el ceño fruncido a los más pequeños.

—A mí un tractor, una bicicleta, un juego de plastilina... —Y así durante un minuto completo nombrando todo lo que le habían regalado por Navidad.

—¿Y a ti Chris? —Mi hermano se limpió los labios con la servilleta, tragando el bocado que tenía en la boca.

—La Xbox, dos camisetas de fútbol, un pase de temporada para ir a ver a los Canucks de Vancouver, unas zapatillas Vans y un montón de ropa. —Un montón de ropa, justo lo que yo no tenía. Mi padre puso una mano en el hombro de Chris, moviéndolo con una sonrisa, como si se sintiese orgulloso de todo lo que le había regalado. Mi abuelo miró a Elise.

—A mí ropa, perfume, cinco pares de zapatos, unos tacones, un viaje a Nueva York y... —Se quedó pensando, agachando la cabeza. —¡Ah! Un bolso. —Mi abuelo me miró a mí, y yo escondí la cabeza, evitando hablar, llenándome la boca de comida.

—¿Y a ti qué te regalaron, Lauren?

—Bueno, creo que no os hemos contado que Chris es el capitán del equipo por fin. —Intentó cortar mi padre con un comentario sobre, cómo no, el fútbol y su hijo.

—Me regalaron un libro, una colonia, y una bufanda. —Todo el mundo se quedó en silencio, y sin más seguí comiendo, bajo la atenta mirada de todos mis tíos y de mis abuelos.

—¿Nada más? —Se atrevió a preguntar mi tía Carole, dejando los cubiertos a los lados del plato.

—Quita, quita, quita, toma. —Mi abuela se acercó con la cacerola de pavo, echándome un muslo más, además de patatas.

—Ángela, por dios, no le eches más, ya ha comido más que suficiente para todo el día. —Espetó mi padre con los puños apretados encima de la mesa.

—¿Cómo que no le eche más y que ha comido suficiente para todo el día? ¿Pero tú la has visto? Mira. —Cogió mi cara con su mano y estiró la parte inferior de mi ojo. —Mira las ojeras que tiene, está pálida, se le notan todos los huesos, mira, mira. —Observé a mi abuela a los ojos, que descubrió parte de mi camiseta, oh no. —¿Qué es esto? —Tenía un moratón como mi mano, y mi abuela no dudó en acercarse a él para examinarlo. —¿Quién te ha hecho esto? Está fatal, ¿no te lo has cuidado?

—Unos chicos del instituto. —Respondí en voz baja, encogiendo un poco el hombro para que soltase la camiseta y volviese a taparse el moratón.

—Pero bueno, ¿no habéis hablado con el director del instituto? —Preguntó mi tía Kelsey mirando a mis padres.

—Sí. —Mintió mi madre.

—No. —Repliqué yo, negando lentamente. Estaba harta de que se hiciesen los buenos delante de mi familia. —No hablasteis con nadie.

—Bueno, ya está, ahora te curaremos eso. —Se apresuró a decir mi tía Elizabeth con una sonrisa que me contagió, levantándose de la mesa. Hizo un gesto con la cabeza para que la siguiese por las escaleras, y eso hice.

El salón se quedó en silencio, tan sólo se escuchaba el sonido de los cubiertos chocar con los platos, nada más. Mi tía abrió la puerta de su habitación, y dejó que yo entrase primero. Sus maletas vacías, las suyas y la de mis primos pequeños estaban allí ya vacías.

—Quítate la camiseta, anda, la abuela tiene siempre una pomada para los golpes estupenda. —Sonrió antes de desaparecer al baño.

Me quité la camiseta con cuidado, porque aunque no lo dijese, tenía el cuerpo hecho añicos, ni siquiera sabía si tenía una lesión en la espalda por los golpes de Luis y mi padre, lo que tenía por seguro es que cada vez que me movía sentía pinchazos que se extendían casi hasta mis costados.

—Lauren, ¿qué te ha pasado? —Cuando mi tía vio mi cuerpo sin la camiseta se quedó estupefacta unos segundos con el tubo de crema en la mano. Levanté la mirada y miré mi reflejo en el espejo, pero a mí ya no me espantaba tanto. Sólo eran moratones, ¿no?

—Sí... ¿Esa es la crema? —Intenté acercarme pero ella me apuntó con el dedo con los ojos entrecerrados.

—¿Cómo te has hecho todo... Eso? —Se acercó a mí poniendo los dedos en mis hombros, haciéndome girar sobre mí misma para poder observarme.

—Uhm... —Me quedé pensativa sobre qué decirle, porque algunos golpes eran de mi padre. —Algunos son de un chico del instituto.

—Algunos. —Acentuó ella, dándome la vuelta para comenzar a echarme la crema. —¿Quién te hizo los demás? —Ni siquiera me moví al sentir la crema recorrer aquél moratón enorme que tenía en mitad de la espalda. —Lauren.

—Qué...

—Que me digas quién te hizo los demás. —Negué con la cabeza, y ella me dio la vuelta, pasando sus dedos por mi clavícula para extender el ungüento. —Vale... Si no quieres hablar de ello, al menos cuéntame qué es de tu vida.

—Estoy... Intentando sacarme el graduado en marzo. —Mi tía retiró los dedos, soltando un pequeño suspiro.

—Eso es genial. —Dijo secándose las manos con un trapo, cogiéndome de la barbilla con el ceño fruncido. —Estás muy delgada, te lo digo en serio.

—Pero mi padre dice que...

—Tu padre es idiota. —Frunció el ceño con una sonrisa, que le respondí levemente. Hacía mucho que no sonreía con alguien que no fuese Camila. —Y cuéntame, ¿tienes novia?

—Sí... —Cogí la camiseta de encima de la cama y mi tía abrió los ojos y la boca totalmente perpleja.

—¿¡En serio!? ¡Y cómo no me lo contaste antes! —Dijo riendo, y me encogí de hombros algo tímida. —¿Cómo se llama? ¿Puedo ver una foto?

—Sí, claro. —Cogí el móvil acercándome a mi tía. —Se llama Camila. —Le enseñé una foto en la pantalla, en ella, Camila tenía los ojos cerrados mientras escuchaba música.

—Vaya, es muy, muy guapa. —Asentí metiéndome el móvil en el bolsillo. —¿Por qué tienes la pantalla rota?

—Se cayó al suelo, nada más. Camila es... Es ciega, pero increíble. Deberías conocerla algún día. —Sonreí cruzándome de brazos, y mi tía entreabrió los labios al escucharme.

—Oh, pobrecita. —Hizo una pequeña mueca y reí negando, agachando la cabeza.

—No, no. Lo lleva mucho mejor que yo, créeme. —Me encogí de hombros.

—Y dime... ¿Ya habéis...? —Me dio con el dedo en el hombro y alcé las cejas soltando una carcajada, mirándola con algo de recelo.

—No esperarás que te cuente eso. —Negué completamente sonrojada, y ella asintió cogiéndome de los brazos.

—Sí, sí, sí, ¡vamos! Soy tu tía Elizabeth, no el muermo de Kelsey. Soy tu tía guay. —Solté una carcajada al escucharla pasándome las manos por la cara completamente sonrojada. —Venga, Lauren, por favooooor. —No iba a parar hasta que lo hiciese, así que suspiré agachando la cabeza.

—Síi... —Alargué el sí y mi tía empezó a saltar alzando los brazos, mientras yo negaba con una sonrisa apretando los labios. —Ya está, ya está.

—No, no está, porque si dejaste que Camila se acostase contigo después de todo lo que pasó con Liam es que te debe tratar bien y ser importante. —Asentí de nuevo, sin querer decir nada más sobre aquél tema, así que mi tía simplemente me abrazó y yo la abracé a ella porque de verdad lo necesitaba.

*

—¿Sí? —Sonreí al escuchar la voz de Camila, la echaba tanto de menos.

—Camz. —Dije simplemente sentándome al borde del embarcadero que tenía la casa de mis abuelos.

—¡Lauuuur! —Escuché su voz emocionada que me hizo reír. —¿Cómo estás, está yendo bien?

—Sí, estoy fenomenal. Echaba de menos a mi familia. —Saqué del bolsillo del chaquetón color caqui un cigarrillo liado, quedándome mirándolo un momento. —Todo aquí es distinto.

—¿Distinto? —Me puse el cigarrillo en la boca, encendiéndolo con el mechero.

—Mmh. —Dejé el mechero en la madera y sujeté el cigarrillo. —Aquí mi familia me quiere, eso es distinto.

—¿Quieres decir que tus padres actúan como si te quisieran? —Solté una risa cruzando las piernas una encima de otra en la madera, dándole una calada al cigarro.

—No, siguen siendo unos capullos. Hablo de mis tíos, mis abuelos. Ya sabes. —Comencé a pasar la uña del pulgar por mis zapatillas, roídas y desgastadas.

—Oh dios, eso es genial. Me gustaría que te sintieses así siempre. —Sonreí ante sus palabras, llevándome el cigarro a los labios.

—Te tengo a ti, ¿sabes? —Escuché su risa a través del teléfono, melódica y suave, era perfecta. —Te quiero, y cuando llegue a Vancouver de nuevo te llevaré donde quieras.

—¿Me llevarás a la playa? —No respondí, medité la respuesta durante unos segundos porque en la playa haría frío y tendríamos suerte si haría sol, pero lo intentaría.

—Te llevaré a la playa, Camz. —Empecé a notar que el cigarro me hacía efecto, así que decidí cortar allí. —Te quiero, no lo olvides, ¿vale?

—Nunca lo olvido, y yo te quiero más. —Reí negando, fijando mi mirada en el agua del lago que tenía delante de mí.

—Volveré pronto, no te preocupes. Hasta mañana.

—Te quiero, Lauren. —Y Camila colgó.

Me tumbé en el suelo del embarcadero dándole una calada al cigarro mirando las estrellas que se acumulaban en el cielo de Ontario, haciendo aquella fría noche perfecta.

—Dicen que todo mejorará. —Susurré en voz baja, soltando una risa irónica mientras negaba. —Pero no saben una mierda.

Aquella mañana nadie me despertó y me pareció bastante extraño. Fuera seguía nevando, llevaba así toda la noche, pero me encantaba el frío. Podía oler el chocolate de mi abuela y aunque a mí no me gustase me recordaba a cómo era estar en casa, en familia.

En cuanto me levanté de la cama y puse los pies en el suelo supe que debía abrigarme para bajar por mucho que la chimenea estuviese puesta, haría frío. Tenía la lección bien aprendida porque en Canadá el frío calaba hasta los huesos.

Me puse lo poco que tenía, unos jeans negros y un jersey azul, bajando luego las escaleras y escuchando el murmullo en el salón. Al final de la mesa estaba mi padre, mi madre y mis dos hermanos desayunando, luego, todos mis tíos, mis abuelos y el sitio que quedaba libre era para mí. Agradecía mucho estar alejada de ellos durante un tiempo.

—Pero mira quién se ha despertado. —Mi tía Elizabeth hundió un poco su dedo en mi abdomen, haciendo que me encogiese con una leve sonrisa.

—¿Veis lo que pasa si no la despiertas? Se queda durmiendo hasta las tantas. —Dijo mi padre negando mientras cortaba una tortita. Yo me senté en la silla bajando la cabeza.

—Anda, que no pasa nada porque duerma. Además, sólo son las diez de la mañana. —Me excusó mi abuela, poniéndome delante una taza de café y un montón de tostadas con mantequilla. —¿Has dormido bien?

—Genial. —Respondí con una sonrisa, cogiendo un trozo de pan entre mis dedos.

Recordaba mi niñez, cuando venía a casa de mi abuela y hacía pan con mantequilla y café. Mi madre no quería que yo bebiese, pero mi abuela le replicaba con un 'esta niña es cubana, tiene que tomar café', y me daba un poco de café a escondidas susurrándome que no se lo contase a mi madre, y nunca se lo conté.

Engullí la primera tostada como si nada, a sorbos de café y bocados de pan con mantequilla, era el cielo. La verdad es que no sé si era por la marca de la mantequilla, por el pan, o por la cantidad abundante de azúcar que mi abuela le ponía a mi café. Se acostumbró a hacerlo desde que era pequeña para que no notase el amargor de aquél café que preparaba, y para mí se convirtió en una de mis cosas preferidas en la vida.

—Por cierto, ¡que ya tienes veinte años! —Mi tío Stephen revolvió mi pelo, haciéndome sonreír mientras yo comía. —¿Qué te regalaron por tu cumple? —Mientras, mi abuela me limpiaba los labios del aceite que desprendían las tostadas.

—Mmh... —Tragué volviendo a coger la taza de café, encogiéndome de hombros. —Nada. Bueno, mi novia me regaló un mp3, una chaqueta y una colonia. —Vi cómo mi madre se volvía hacia mi padre casi dándole un golpe en el brazo, abriendo los ojos.

Para dar por terminado el desayuno, di un sorbo al café y me levanté de la mesa, llevando mi plato y mi vaso hasta la cocina, donde mi abuelo fregaba con su usual cara de enfado.

—*Michelle, no desesperes. Siempre llegan tiempos mejores.* —Esbocé media sonrisa; sabía de lo que hablaba.

Mi abuelo había llegado de Cuba a Estados Unidos exiliado por la guerra, sabía lo que decía. Siempre me hablaba en español, y eso me hacía sentir aún más en casa. Él no quería que yo me llamase Lauren, quería que me llamase Michelle y por eso me lo pusieron de segundo nombre, por eso él me llama así desde que tengo uso de razón.

—Tú, arriba. —Me señaló mi padre y luego miró las escaleras. Solté un suspiro y caminé hasta mi habitación, donde mi padre y mi madre se encerraron conmigo. Estaban bastante enfadados pero yo ni siquiera había hecho nada.

—Como se te ocurra seguir diciendo esas cosas te vas a enterar. —Me apuntó mi madre con el dedo apretando la mandíbula.

—Yo no he dicho nada. —Me excusé, mirando a mi padre con el ceño fruncido.

—¿Qué no has dicho nada? Acabas de decir que no nos acordamos de tu cumpleaños, y ayer dijiste que casi no te regalamos nada por Navidad. —Me atacó él alzando la voz, pero no me amedrenté.

—Sí, y dije la verdad. No os acordasteis de mi cumpleaños. Mentir es mucho peor que decir la verdad.

—Ellos no tienen por qué saber eso. —Achacó mi madre, yo negué con un rostro de decepción.

—Quiero que sepan por el infierno que estoy pasando. —Apreté los labios al decir aquello, y en cuanto vi la imagen de mi padre alterado, me aparté pegándome al armario.

—¡TÚ NO ESTÁS PASANDO POR NINGÚN INFIERNO! —Gruñó entre gritos, que me hicieron temblar, fundirme de miedo contra la puerta del ropero. —¡UN INFIERNO ES NO TENER PARA COMER! ¡UN INFIERNO ES NO TENER CON QUÉ VESTIRSE O NO TENER CASA! ¡ESO ES UN INFIERNO! —Comencé a llorar con los ojos y los labios apretados, y abrí la puerta para salir corriendo de allí. No quería ver a nadie ni tampoco que nadie me viese a mí.

Me escabullí corriendo por el salón, mientras mi abuela gritaba mi nombre para que le dijese qué había pasado, pero yo no tenía fuerzas para quedarme allí y explicarlo todo. Corrí y corrí hasta que mis piernas y mis pulmones dijeron basta. Estaba en una ciudad que apenas conocía a dos grados, con una sudadera fina puesta por la que el frío se calaba hasta mis huesos y aquella camiseta que mi padre desgarró debajo.

Me encontré en un callejón entre dos edificios de ladrillo oscuro, carcomido por la humedad, negro y casi putrefacto. Era la parte de atrás de un restaurante, olía a comida haciéndose, el típico olor de platos que se cocinaban a la vez, como el de un hospital; era nauseabundo. La rabia me hacía perder la cabeza, la impotencia tomaba posesión de mi cuerpo de tal forma que le endosé un buen puñetazo a la pared gritando, desgañitándome, pasándome las manos por el pelo para terminar llorando sentada en el suelo, con los nudillos ensangrentados y mi cuerpo temblando. Quería terminar con aquello, quería acabar con todo.

Quería llamar a Camila, quería distraerme, quería hablar aunque sólo fuese un momento con ella, pero no así. Las palabras casi no podían salir de mi boca porque tenía la garganta engarrotada, y lo único que me permitía hacer era hipar. Metí las manos en el bolsillo de mi sudadera para poder calentarme, y entonces encontré uno de aquellos cigarrillos de marihuana que tanto me estaban ayudando. Sin dudarlo y con el mechero en la mano, lo encendí.

Todo pasó, la presión de mi pecho ya no existía, mis manos ya no estaban tensas, y yo no sonreía, pero no estaba triste. Estaba neutra, como si nada hubiese pasado.

*

Unas horas después me decidí a volver a casa, estaba muerta de frío y por suerte o por desgracia el efecto de la marihuana se me había pasado; ahora tenía un hambre horrorosa.

Puse la mano en el pomo de la puerta trasera y vi mis nudillos rodeados por sangre reseca, casi negra, y el dorso cubierto de sangre de un tono más claro. No tuve ni siquiera que llamar cuando mi tía Carole abrió de golpe, y justo cuando iba a decir algo negué poniéndome el dedo en los labios.

—No, por favor. —Susurré en voz baja.

—Llamaré a la tía Elizabeth. Entra. —Abrió la puerta y me dejó pasar en la cocina, donde estaba ella haciendo la comida. Olía demasiado bien, y yo podría comerme dos ollas de aquél guiso sin importarme nada.

Me senté en una de las sillas apoyando la mano en la mesa con cuidado, porque entonces sí empecé a sentir los pinchazos en el puño. Dolía demasiado.

—¡Lauren por dios! —Susurró de forma agresiva mi tía Elizabeth mientras Carole cerraba la puerta a nuestras espaldas. —¿Estás bien? —Desencajé la mandíbula negando, pero no podía volver a llorar otra vez.

—He escuchado lo que le ha dicho George, lo he escuchado todo. —Susurró mi tía Carole sentándose en la silla de enfrente, mientras Elizabeth salió por la puerta de la cocina. —¿Cómo estás?

—Tengo mucha hambre. —Hice una mueca soltando un suspiro, y en ese instante mi tía volvió a entrar con el botiquín en la mano.

—Esto tiene que parar. —Cogió mi puño y comenzó a dar pequeños toques con agua oxigenada en mis nudillos con cuidado. —Nuestra hermana está loca, de verdad. ¿Tú ves normal no acordarse del cumpleaños de su hija?

—De hecho ese día me mandó a limpiar la caseta del perro en casa de mi abuela. —Hice una mueca cuando comenzó a echar betadine en mis heridas.

—¿Tú ves normal eso, Carole? —Suspiró negando, poniéndome una pequeña venda en la mano, rodeando esta con delicadeza para que no me apretase mucho.

Aquella comida fue tensa porque nadie quería hablar del tema, yo sólo comía, comí dos platos de aquél guiso con arroz, y luego me fui a dormir. No sé durante cuánto tiempo lo hice, lo único que sé es que dormí unas 22 horas seguidas.

Desperté y estaba desubicada, eran las dos de la tarde y cuando vi la hora, me alarmé. Me iban a matar, me iban a matar. Rápidamente me puse uno de los dos pantalones que tenía, una camiseta negra, gastada por los bordes y que había perdido su color y para disimular un poco que tampoco tenía mucha ropa me coloqué la chaqueta de cuero que Camila me regaló.

Esperaba que no hubiese nadie en el salón porque me daba vergüenza que todos me vieran como la chica depresiva de la familia que se iba a dormir para no saber nada de nadie.

—¡SORPRESA! —Di un pequeño salto al verlos a todos en el salón, dando unos cuantos pasos hacia atrás.

En la mesa había una tarta de cumpleaños y en el sofá había unos cuantos regalos envueltos. Comencé a llorar en cuanto reaccioné y mis abuelos vinieron a abrazarme; en ese momento era inmensamente feliz.

No me hacía falta abrir los regalos para estar satisfecha, porque al fin y al cabo eran pequeños detalles, pero mis tías nunca me defraudaban. Eran un cuaderno nuevo, una caja de carboncillos de colores y una caja de óleos más grande de lo que podía imaginar, tenía una gama de colores increíble.

*

Sostenía el plato de pastel en la mano y mientras mis primos correteaban por el salón, y me acerqué a mi tía Elizabeth que estaba en la mesa echándose su trozo de tarta abundante. Estaba delicioso, era de fresa, mi favorito.

—Tía. —Ella alzó la mirada y sonrió con el ceño algo fruncido. —No tienes que darme las gracias otra vez.

—No, no, no era eso... Es que... —Carraspeé un poco dejando el tenedor en el plato. —Quería preguntarte si podría pasar con vosotros unos días. —Elizabeth me acarició la barbilla asintiendo con una gran sonrisa.

—Claro, claro que te puedes venir. —Sonrió dándome una caricia en la mejilla.

—Gracias. —Respondí yo, sabiendo que aquellos días serían el único respiro en lo que estaba por venir.

veintiocho

Mis padres odiaban la idea de que yo me fuese unos días con mi tía Elizabeth, no porque me echasen de menos, sino por el hecho de que los hacía ver malos padres y yo necesitaba estar un tiempo alejada de ellos, pero así era. Necesitaba unos días para desconectar, para darme cuenta de que mis padres eran una excepción entre millones de personas, de que nadie trata así a sus hijos y estaba claro que si algún día yo tenía una familia no iba a tratar así a los míos. La casa de mis tíos era bastante grande, mi tío Stephen era jugador de béisbol profesional en Ontario, así que retrasé mi vuelo unos cinco días y me quedé con ellos.

Una mano me tocó el brazo con suavidad y casi instintivamente salté en la cama, abriendo los ojos y sentándome sobre el colchón con las manos a mis lados. Tragué saliva; mi tía estaba delante de mí con el rostro horrorizado. Tomé aire intentando tranquilizarme, no era mi madre, aquella era Elizabeth.

—Lauren, tranquila. —Miré a mis lados y me situé, era la habitación de invitados. La luz entraba por la ventana a través de las cortinas marrón oscuro, dejando la habitación un poco en penumbra.

—Lo siento, debe ser muy tarde. —Musité tragando saliva, buscando mi móvil para mirar la hora.

—Tranquila, son las nueve de la mañana. Me dijiste que te despertase temprano para estudiar. —Asentí agachando la cabeza al recordarlo todo. Elizabeth me acarició la mejilla y luego besó mi frente con una gran sonrisa. —Te espero abajo, el desayuno está en la mesa.

Al verla salir de la habitación me vestí rápidamente, poniéndome los jeans rotos y mis botas; me di cuenta de que la suela estaba despegada así que simplemente me puse los calcetines. La camiseta de Pink Floyd y un jersey gris. Así bajé a la cocina, donde había un plato de tortitas, sirope, zumo de naranja y beicon en tiras. El olor que desprendía era maravilloso.

—¿Tienes unas zapatillas de andar por casa? Mis botas se han roto. —Puso las cejas gachas al escucharme y terminó de echarse en su plato el revuelto de huevos.

—Mira en la cajonera de la entrada, ahí están los zapatos, tengo unas mías del año pasado.

Tal y como me dijo abrí la cajonera donde había docenas de zapatos y era normal. Mi tío cobraba millones por temporada, además de que tenían dos hijos. Cogí las zapatillas y las puse en el suelo, encajando los pies en ellas.

—¿Te quedan bien? —Preguntó ya sentada en la mesa.

—Sí, gracias. —Sonreí y tomé asiento a su lado.

—¿Qué vas a hacer hoy? —Corté un poco de tortitas llevándomelas a la boca. Dios, se derretían en la boca.

—Estudiar. Tengo que sacarme el graduado, tengo que... Buscar trabajo, no sé. —Me encogí de hombros dándole un sorbo al zumo.

—Está bien. Tus primos están en el colegio, yo tengo que hacer algunas compras... —Paró un momento para beber café. —Tu tío no viene hasta la hora de comer, así que el ratito que no estoy tienes la casa para ti sola.

—No haré nada. —Negué con una pequeña sonrisa, y ella pellizcó mi mejilla con dos dedos.

—Eres un cachito de pan. —Ese tipo de cosas también me las decía Camila. Suponía que porque ambas familias eran cubanas.

—Eso me lo dice Camila.

Acabamos de desayunar y la ayudé a recoger la cocina, ella me contaba cómo eran las cosas por Ontario, cómo la abuela siempre venía a casa a comer algunas veces con el abuelo, y que mis primos eran un poco trastos; todo lo destrozaban.

Después ella se fue a comprar, y yo subí a mi habitación para comenzar a estudiar. No se escuchaba nada; ni a mi hermano gritar; ni a mi hermana quejarse porque tiene poca ropa y por primera vez no temía los pasos de mi padre por el pasillo para que luego abriese la puerta y comenzase a gritarme que era una inútil y que debía ir al instituto.

Los bolígrafos estaban por todo el escritorio, las cuentas me salían sin problemas y es que ir a clase con Camila había hecho que mejorase muchísimo mis notas. Quizás mi padre tenía razón y debía haberlo hecho mucho antes. Subrayé de distintos colores las cosas más importantes; cubrí de tachones algunas palabras y mi letra se volvía más desordenada a medida que escribía.

Mi cabeza iba a explotar, aquello lo tenía por seguro. Terminé de desayunar a las 9:30 y a las 9:45 estaba ya estudiando. Era la una y media de la tarde, pero yo seguía metida en aquella habitación con los apuntes de biología delante. Era bastante fácil entenderlos, sólo un poco pesado de memorizar. El profesor Watson de biología era un insecto mutante que quería las palabras directamente sacadas del libro.

Escuché dos toques en la puerta.

—¿Puedo pasar? —Era la voz de mi tía, y de fondo escuché las voces de mis primos jugando con el salón.

—Claro. —Era su casa, cómo no iba a poder pasar.

—Wow, sí que te ha cundido la mañana. —Miré la mesa y tenía un montón de folios escritos por todos lados y dos libros abiertos sobre la mesa. —Venía a preguntarte qué quieres de comer.

—Uh... Lo que tú hagas, no voy a pedirte nada. Tengo suficiente con estar aquí.

Mi tía hizo macarrones con queso, creo que sólo los comía en navidad; justo cuando los hacía para toda la familia y a mí me quedaba el último trozo porque mi madre repartía para mis hermanos y lo que quedaba era para mí.

Mi tío Stephen me regaló unas zapatillas nuevas que Nike le había regalado a él, pero que por una confusión era un número mucho más pequeño, justo el mío.

Mis primos me preguntaban si me quedaría para siempre, pero no.

*

—¿Está encendido? —Camila aparecía en la pantalla y Kyle al lado de ella con el ceño fruncido. Al otro lado, Marie.

—Que sí, ahora mismo Lauren te está viendo. —Ella frunció el ceño ladeando un poco la cabeza con una sonrisa.

—Camz, soy yo. —Dije riendo al verla con el móvil en las manos, y Kyle le hizo un gesto a Marie para que se fuesen. Estaban en un parque o algo así, podía ver los árboles tras ella.

—¡Lauren! Ow... Te echo de menos. —Sonreí al escucharla, y es que me faltaba toda mi mitad estando tan lejos de ella. Habían pasado ocho días desde la última vez que la vi.

—Y yo a ti, créeme, pero mañana ya estaré allí. —Camila agachó la cabeza con una débil sonrisa.

—Quiero que vuelvas pero a la vez no. Te noto más feliz, ¿sabes? Y...

—Quiero volver, tengo que volver. —Las manos de Camila bajaron así que ya no veía su cara. —Camila.

—¿Qué? —La imagen sólo mostraba su cuello.

—No te veo, sube las manos un poco. —Subió, pero entonces sólo le veía la barbilla.

—¿Así?

—Un poquito más. —Volvió a enfocar su cara que sonreía. —Perfecta.

* * *

En el aeropuerto no había nadie esperándome, y aquello no me sorprendió. Cogí el tren de vuelta a Vancouver, aunque la maleta casi se me cae por las escaleras al bajar al andén. La gente escuchaba música, leía el periódico, un señor pedía un cigarro casi mendigándolo, y mientras yo intentaba que nadie me quitase la maleta.

Desde la estación central de Vancouver tomé el autobús que dejaba justo en mi vecindario, y desde allí caminé con la maleta a rastras hasta llegar a mi casa. No sé si fue sorpresa o no, pero no había nadie.

Era triste dejar a tu hija durante cinco días completos en casa de tu hermana, no ir a recogerla al aeropuerto e irte de casa para cuando volviese; pero ya nada me sorprendía a aquellas alturas.

Solté la maleta en la habitación; estaba ordenada, no sabía cuánto tardaría mi madre en gritarme que lo tenía todo hecho una mierda.

'Estoy en casa.' Fue el mensaje que le envié a Camila y ella me respondió con otro.

'Ven a verme por favor'

Cuando llegué y vi a Camila en la puerta de su casa tenía el ceño fruncido, y vi movía el pie contra el suelo, gastando la punta en el asfalto. Llegué hasta su lado, y me quedé mirándola durante unos segundos. Ella no dijo nada, simplemente puso las cejas gachas.

—¿Lauren? —Dijo segundos después con el gesto al confuso, y la abracé, escuchando su risa y sintiendo sus brazos alrededor de mi cintura. —Dios, te echaba tanto de menos.

Cogí su cara entre mis manos y la besé, de una forma continua, lenta, suave, delicada. Acaricié su labio superior con mi lengua y ella sonrió apartándose.

—¿Cómo estás? ¿Alguna novedad por aquí? —Camila sonreía y negaba con las manos en mis brazos y su mirada puesta en mi cuello.

—No, ninguna, la única novedad es que has vuelto.

Entonces fuimos a cenar a uno de los bares cercanos. Camila me contaba que en el instituto Marie decía que no había visto a Luis, y que por lo que parecía tampoco había pistas de Alisha. También me contó que habían abierto una tienda de discos nueva en el centro y que Kyle y Marie la habían llevado.

El camarero se acercó a la mesa mirando a Camila, que simplemente miraba al frente con la mano en mi pierna. El chico alzó las cejas al ver que no le hacía caso, soltando un bufido.

—Perdone, no tengo todo el día, hay más clientes que atender. —Fruncí el ceño algo cabreada por aquello.

—Es ciega. —Espeté ante aquella salida de tono y su rostro se convirtió en una cara pálida con los ojos como platos. Camila hizo una mueca y agachó un poco la cabeza.

—Oh, madre mía, lo siento. —El muchacho parecía descompuesto además de terriblemente arrepentido por cómo había hablado a Camila. —Pide lo que quieras, paga la casa.

Ella pidió una hamburguesa con queso y patatas, casi lo mismo que yo. La verdad es que echaría de menos aquellas comidas caseras de mi tía y mi abuela, ¿pero qué iba yo a hacerle? Volvía a estar con mi novia, volvía a Vancouver y aunque mi casa fuese un infierno tenía ganas de estar con ella.

—Camila. —Sus ojos estaban perdidos en el infinito, y las manos de Camila palpaban la mesa en busca de su móvil hasta que lo atrapó entre sus manos.

—Dime. —Frunció el ceño cogiendo su bolso para coger la cartera.

—No tienes que pagar. —Soltó una risa alzando las cejas, levantando la cabeza hacia mí. —¿Qué? Ya he pagado yo.

—Eso es aprovecharte de un pobre ciego y lo sabes. —Volvió a meter la cartera en su bolso mordiéndose el labio. Negó con la cabeza como si no quisiera, pero en realidad sabía que aquellos detalles le gustaban.

Me contó que compró un montón de discos, que sus favoritos eran unos de Ed Sheeran con canciones que no estaban en sus CDs. Entonces antes de salir volvió a abrir su bolso buscando algo, palpándolo con cuidado, y puse un brazo alrededor de sus hombros.

—¿Quieres que te ayude?

—Noooo. —Solté una risa viendo cómo sus manos atrapaban un pequeño paquete envuelto. —Toma, creo que esto es para ti.

—¿Crees? —Mis labios esbozaron una sonrisa de medio lado cogí el paquete, desenvolviéndolo. Era una película, The Rocky Horror Picture Show.

—Hombre, soy ciega. —Negué pasando los dedos por la portada de la película, desviando la mirada hacia Camila.

—¿Cómo sabías que me gustaba? —Ella se encogió de hombros y salimos de aquél bar, ella agarrada de mi brazo.

—Muchas veces saltan esas canciones en tu mp3, así que... Supuse que te gustaría. —Caminábamos despacio, y el DVD entre mis manos relucía bajo la luz de las farolas.

—No sé cómo lo haces pero lo haces todo bien conmigo. —Paré en la puerta de su casa mirando sus ojos, que se mantenían clavados en mis hombros.

—Soy la parte buena de tu vida y por eso crees que todo lo hago bien. —Su sonrisa era un poco triste porque era consciente de mi situación. —Te quiero, y deberías descansar.

—Te quiero, y gracias.

veintinueve

Las tardes de estudio se me hacían interminables, miraba por la ventana y fuera a veces nevaba. A veces llovía. A veces entre las nubes relucía el sol. Pero la mayoría del tiempo lo pasaba con la cabeza metida en los libros bajo la luz artificial del flexo que iluminaba las páginas de mis apuntes.

—Así que un protón es una partícula subatómica con una carga eléctrica elemental positiva... —Hablaba para mí misma con el subrayador rosa justo encima de la página, y el bolígrafo azul dando vueltas alrededor de mi dedo pulgar. Era un truco que había aprendido después de tantas horas de clase y tantos apuntes tomados.

En cierto modo echaba de menos el instituto, echaba de menos ir a clase con Camila, llevarla del brazo y despedirme en la puerta, desayunar con ella y quizás si me dejaba darle un beso antes de irme a clase.

Pero ahora me sentía a salvo.

Ahora ya no tenía que está mirando a mis espaldas, ahora ya no tenía que preocuparme por Luis y sus amigos. Ahora ya nadie me pegaba palizas ni me hacía daño físico..., excepto si a mi padre se le iba la cabeza de nuevo. No solía pasar a menudo, sólo cuando se enfadaba tanto y sin razón. Tenía un problema mental, eso lo sabía a ciencia cierta.

Me estiré en la silla echando la cabeza hacia atrás, intentando despejarme un poco, intentando al menos salir de aquella gran monotonía en la que estaba sumida desde hacía algunas semanas. Miré la estantería encima de mi cama, allí estaba el estuche de pinturas que mi familia me regaló hace unas semanas, además de los cuadernos y la caja de carboncillos. Podía ver los colores sucediéndose como un arcoíris por el hueco que tenía la caja para que pudiesen ser vistos. Dios, mi imaginación volaba sólo con verlos allí, pero no, no podía, no ahora. Si quería salir de aquella casa tenía que centrarme en lo que tenía delante, que eran libros, ecuaciones, protones y mil fechas de historia, mil títulos de literatura. Todo tenía que entrar en mi cabeza de aquí a unas semanas.

Una notificación llegó a mi móvil, sacándome de aquellos pensamientos sobre tirar los libros a la trituradora de la cocina. Cuando la abrí, era que una de mis publicaciones había llegado a las 50.000 notas en Tumblr. ¿Cómo era eso posible? Me levanté de la silla mirándola, analizándola bien. ¿Yo? ¿Una foto hecha por mí? Era increíble.

Era el bosque de noche, cubierto por la niebla, pero con las ramas de los árboles intentando escapar de la bruma blanca que los cernía, con un riachuelo que bajaba con fuerza desde las montañas. Las piedras se veían bajo el agua clara, limpia, cristalina.

Bajé las escaleras sin dejar de mirar el móvil y con una sonrisa en el rostro, estaba demasiado orgullosa de aquello que había conseguido. Quizás para mis padres era una gilipollez porque no tenían conciencia del alcance que podía tener una red social como Tumblr.

—Una foto mía tiene 50.000 notas en Tumblr. —Mi hermano Chris se dio la vuelta, y mi madre alzó la cabeza de la revista que estaba leyendo. —Mira. —Le acerqué el móvil a él para que la viera.

—Es muy bonita. —Dijo sonriendo, y mi madre se acercó al móvil, asintiendo sin decir nada más.

—Mira papá. —Puse el móvil delante de su rostro y él lo miro con el ceño un poco fruncido, asintiendo para volver a mirar la tele.

—Sí, sí Lauren. —No le importaba una mierda.

*

—Venga, Lauren, juega conmigo. —Apreté su brazo que estaba a mi lado encima de la cama, moviéndolo un poco con una risa.

—No me gusta ese juego, Camz. No. —Hice una mueca al escucharla, recostándome en el cabecero de mi cama con cuidado.

—Por fa, tú me das algo, lo toco e intento adivinar qué es. —Me dio por respuesta el silencio, aunque luego escuché un suspiro y un movimiento a mi lado.

—Está bien. —Tanteé la cama en busca de su mano, choqué con su abdomen pero ella la tomó entre las suyas. Eran suaves, tersas, casi aterciopeladas. Se me ponían los pelos de punta al acariciarla después de aquella noche en mi casa. Era como si hubiese abierto una nueva puerta de sensaciones, de sensibilidad en mi cuerpo. Me había elevado. —A ver... Toma. —Puso su cabeza sobre mi regazo, y solté una risa. Era idiota.

—Hmmm... —Pasé mis manos por su mejilla, palpando su piel, subiendo por su pelo que acaricié lentamente. Enredé mis dedos en los mechones de pelo, acariciándola suavemente. —No sé, no sé qué es... Pero si supiese como es probablemente sería mucho más feliz.

—Eso me... Me enfada, me pone triste. Me... —Se levantó de mi regazo, dejándome completamente aturdida. —Dios, es que... —Apreté las manos en la cama con las cejas fruncidas, intentando averiguar qué es lo que estaba sintiendo.

—¿Qué ocurre? ¿Qué he dicho? —Tragué saliva, sin saber muy bien dónde mirar, así que simplemente me quedé hecha un ovillo en la cama mirando abajo.

—Que... Joder, yo sé que tú no tienes ningún problema con... Ser ciega. —Dijo por fin. Era la primera vez que la escuchaba decírmelo directamente, y no sabía cómo sentirme. No sabía cómo asumir el hecho de que a ella le hiciese daño eso, que me dijera directamente que... Era un problema. —Pero a mí me duele, a mí me duele que no quieras mirarme a los ojos, me duele que no puedas ver el maldito mundo, me duele que te pierdas todas las cosas maravillosas que hay. Me duele que no sepas como soy. Por eso no me gusta ese maldito juego. —Suspiró.

—Imagina cómo me siento yo, Lauren. —Bajé las piernas de la cama, apoyando los pies en el suelo, y me alcé. —¿Cómo crees que me siento cuando intento pensar en ti pero no puedo ponerte cara? ¿O cuando me dices que haces fotos y que al parecer a todos les gustan, pero yo que soy tu novia no puedo verlas? Quiero ir hacia ti ahora, pero no sé dónde estás. Aunque parezca que no, me afecta. No puedo imaginarme nada, vivo en una pesadilla eterna. Y entonces empiezo a preguntarme, ¿por qué a mí? ¿Por qué yo? —Comencé a llorar y quería seguir, pero entonces los brazos de Lauren me rodearon, y sus labios rozaron mi oreja. Yo sólo hipaba y me cubría entre lágrimas con su cuello, apretando mis manos en su espalda.

—Perdóname, Camila, perdóname... —Me susurraba al oído, pero yo no tenía nada que perdonar porque ella también sufría y además en silencio. Dejé que sus manos acariciasen mi pelo, que me rodearan sus brazos y me refugiase en ella.

Pero aunque Lauren creyese que ella lo había empeorado todo, al contrario, me dio un nuevo nivel de vida. Ella me enseñó experiencias nuevas que nunca creí poder hacer, como montar en moto o ir a una exposición de arte. Me enseñó las letras del alfabeto con una caja de arena, me describía todo lo que veía con las palabras exactas y perfectas para que mi mente volase con su voz. Yo no podía verla, pero podía tocar partes de su alma que eran mucho más perfectas que cualquier persona.

—Gracias. —Mis manos acariciaron su espalda, colándome por debajo de su camiseta. No, no lo hacía porque quisiese acostarme con ella y Lauren lo entendía. Lo hacía porque quería sentirme cerca de ella, porque esa era la única forma que tenía de sentirla.

Mis dedos recorrían su columna, amoldándome a su curvatura, sintiendo su piel cálida, suave hundirse bajo mis manos. Necesitaba leer su cuerpo en braille, necesitaba saber cómo era, pero no podía. Ella me dejaba tocarla, me dejaba estar cerca, y eso era todo lo que podía pedirle.

—Lo siento mucho. —Me susurró al oído, dejando un beso en mi mejilla. Giré la cara para quedar frente a la suya; podía sentir su aliento sobre mis labios.

Me acerqué un poco hasta que mis labios chocaron con los suyos, dándole un beso cálido y tierno, mientras mis manos se escondían en cada recoveco de su espalda, en cada curva, en cada centímetro de piel que era acariciado por mis manos.

—Te quiero. Te quiero muchísimo. —Y después de decir aquello la abracé fuerte. No la besé, la abracé de esa forma tan reconfortante, tan fuerte, tan cercana y arropadora. Ella ya tenía suficiente en su vida como para soportar lo mío también, y no iba a dejar que eso pasase. Yo iba a ayudarla, costase lo que costase.

* * *

—¿Cómo le va a Lauren estudiando? —Apreté el brazo de Marie que me conducía a través de los pasillos del instituto. Echaba de menos a Lauren, eso era cierto, pero Marie era la mejor compañía que podría tener.

—Muy bien, es muy aplicada, ¿sabes? —Tropecé con una papelera dándome en el hueso de la cadera.

—Uy, lo siento, ni siquiera yo la había visto. —Marie apartó la basura, lo supe por el ruido del metal arrastrándose por el suelo.

—Qué irónico. —Reí un poco y ella también, llevándome hasta mi taquilla. Posé las manos en el metal, subiéndola hasta dar con el candado.

—¿Necesitas que te lleve a algún sitio? —Giré la ruedecilla un par de veces, sintiendo los clicks sobre las yemas de mis dedos.

—No, gracias. Mi padre viene a recogerme en media hora, tengo que ir al médico. —Sentí un beso repentino en la mejilla que me hizo sonreír, y luego apretó mi hombro.

—Nos vemos entonces el lunes.

Cuando se fue, abrí la taquilla, palpando el dorso de los libros. Cogí el de historia y lo metí en la mochila, pero no me dio tiempo a mucho más cuando escuché la voz a mis espaldas.

—Eh, ciega. —Apreté las cejas al escuchar la voz de Luis a mis espaldas. Lo odiaba, mostraba tanto odio, tanto desprecio que me daba lástima. ¿Cómo alguien podía albergar tanto odio una persona?

—¿Qué quieres? —Cerré la taquilla con cuidado, dejando la rueda del candado a medio cerrar.

—Mi ex novia está colada por tu novia. Vaya, qué golpe tan bajo para mí. —Soltó una risa socarrona, y apreté los dedos en el asa de la mochila, tensando la mandíbula. En ese momento desearía tener mi bastón a mano. —Pero oye, mándale este mensajito a tu novia.

—¿Qu.. —Me quise dar la vuelta pero me puso la mano en la cabeza, reventando mi cara contra el metal de la taquilla varias veces, sintiendo la manecilla con la que abría punzarme en el ojo izquierdo, y de nuevo otro golpe, resonaba el metal contra mi cara. Chillé, el candado que había dejado medio abierto ahora me golpeaba la nariz, el dolor me recorría la cara, di patadas, pero caí al suelo por un tirón de pelo de Luis.

Caí inconsciente.

El primer puñetazo cargado de furia le rompió la nariz. Él ni siquiera sabía dónde estaba. Lo pillé desprevenido den los baños, cuando no había nadie. Retrocedió como una rata a la que pillan en una alcantarilla, escondiéndose en su cueva de mugre.

—Levántate.—Él hizo oídos sordos a mi petición. Lo cogí de la camiseta y lo alcé golpeándolo contra la pared con un juguete roto. Clavé mis uñas en su cuello, él me empujó pero mi patada en su entrepierna fue más rápida. —¿¡Qué se siente cuando te revientan!? ¿¡EH!?—Di una patada en su costado que lo volvió a tumbar casi sin respiración. La rabia corría por mis venas.

Me puse encima de él y comencé a golpearle la cara a puñetazos limpios, directos en la boca que comenzaba a sangrar a borbotones.

—¿¡Te gusta que te peguen palizas!?—Mi puño chocó fuerte contra su oído, contra su ojo, una y otra vez.

Me levanté comenzando a patear sus piernas, salté sobre su rodilla, la punta de mi zapato azotaba su abdomen, y finalmente le di una patada en la cara, aun así intentaba levantarse; pero no lo dejé. Lo levanté yo de un puñado, dándole un cabezazo en su cara ya desfragmentada repleta de sangre.

—Ya sabes lo que puedo hacer. Si te atreves a tocar a alguien más, te juro que.

—¿Qué?—Escupió con la voz seca, ronca, casi inaudible.

—Que volveré a hacerte esto, y aún peor. ¿Te jode que tu novia se muera por follar conmigo, verdad?—Solté una risa socarrona. Él se revolvió y yo volví a estamparlo contra la pared. —¿Sabes qué? Tu novia me besó, me besó estando desnuda, Luis.—Me acerqué a su cara, escupiendo aquellas palabras con el mayor placer que había sentido nunca al decir algo.—Y me dijo que estaba enamorada de mí desde hace mucho. ¿Cómo te sienta saber que mientras follaba contigo pensaba en mí? ¿Cómo te sienta que cuando te la chupaba le daban arcadas? ¿O que cuando se la metías ella no sentía nada?—Me reí entredientes negando.

—CÁLLATE.—Me gritó intentando separarse, pero mi puñetazo en el estómago fue suficiente para que cayese al suelo.

—De momento, voy a hacer que te expulsen del instituto.

Le di una patada para apartarlo de mi lado y metí la mano bajo el grifo que Luis había dejado abierto, limpiándome las manos y la cara de sangre mientras él se removía entre quejidos en el suelo.

Con total tranquilidad salí de allí.

*

—¿Cómo está?—Según me habían dicho, Camila tenía la cara mal. Los ojos hinchados, morados, su aspecto físico estaba fatal. Justo como yo había estado cuando Luis me atacaba de esa forma. Hijo de puta. Mis manos se habían cobrado aquella venganza que de verdad deseaba.

—Bien, está bien. Está sedada porque le duele mucho, pero tampoco nos han dicho nada más. Sólo que... Le darán calmantes para el dolor.—Me senté en una de las sillas del pasillo, cubriéndome la cara con las manos. Aún me temblaban de los nervios al partirle la cara a ese cabrón, pero no me arrepentía de nada en absoluto.

—Y si está bien... ¿Por qué no nos podemos ir ya a casa?—Alcé la cabeza hacia Andrés, que torció el gesto y se encogió de hombros.

—No lo sé.

Torcí el gesto.

—¿Puedo entrar a verla?—Andrés asintió, y dejé la chaqueta en la silla caminando hacia la puerta. Abrí sin hacer ruido, aunque ella tampoco me escucharía.

Camila tenía los dos ojos hinchados y costras de sangre seca alrededor de estos. Además un vendaje en la nariz que tenía partida y algunos moratones en los brazos. No me permití sentir pena por ella, lo que más sentía era rabia. Eran ganas de darme la vuelta y volver para matar a ese cabrón.

—Hey... —Me senté a su lado en la cama tomando su mano entre las mías, dándole un beso en el dorso lentamente.—Te pondrás bien.—Es lo único que pude decir.

Acerqué mi rostro al suyo, dándole un beso leve en los labios que ella ni siquiera notó.

Estaba destrozada. ¿Podía ir mi vida a peor? ¿Podía todo dejar de hundirse y empezar a ir bien? ¿Alguna vez sería feliz? ¿Alguna vez la vida dejaría de darme golpes, de tirarme, de arrastrarme y tratarme como si fuese un perro? La respuesta era no. Me torturaba por dentro saber que mis desgracias, mi vida estaba afectando a Camila. Me dolía. Me estaba matando lentamente.

La puerta se abrió, era la enfermera, tenía que salir de allí porque el horario de visitas había terminado. Me sentía una mierda, aliviada porque Luis había tomado de su propia medicina, pero las cosas seguirían pasando si yo seguía a su lado. Pero era demasiado egoísta como para dejarla ir, porque si me iba también le haría daño. Estaba en una encrucijada. Si estaba conmigo, al menos sería feliz. Al menos podría ayudarla a mejorar.

—¿No comes?—Susurró mi hermano sentándose conmigo en la cocina. Había llegado tarde, y mi madre me había dejado apartado un plato con filete, puré y guisantes.

—No tengo mucha hambre.—Respondí a media voz, removiendo los guisantes con el tenedor y una mueca.

—¿Qué ha pasado? He escuchado algo en el instituto pero, no me enteré de mucho.—Él como siempre. De una frase no se enteraba de media.

—Luis y sus amigos golpearon a Camila contra las taquillas. Tiene la cara... Fatal.—Antes de decir nada, Chris tomó mi mano, observando mis manos. Tenía sangre incrustada en los nudillos y bajo las uñas.—Le partí la cara.—Escondí la mano sabiendo que hice más que eso. Lo reventé en todos los sentidos.

—Se lo merecía.—Asentí al escuchar sus palabras. Era reconfortante saber que él me entendía.

—Deberías comer. Apuesto que no lo has hecho en todo el día.—Apretó mi hombro un poco, pero yo no dije nada más. Yo me quedé en total silencio. Colé un poco de puré entre mis labios, resecos, cansados y agrietados.

A veces la actitud de mi hermano me aturdía un poco. Unas veces pasaba de mí, incluso se reía. Otras, como ahora, intentaba ser cercano. Intentaba consolarme en aquellos momentos en los que yo estaba totalmente hundida. Al fin y al cabo, Chris era mi hermano y debía dolerle verme así; aunque por esa regla de tres a mis padres les debía dar vergüenza tratarme así.

—Me gustaron mucho tus fotos.—Puse las cejas gachas mientras comía, desencajando la mandíbula.

—¿Fotos?—Sólo le enseñé una.

—Vi... El nombre de tu Tumblr y entré. Espero que no te importe.— Negué apretando los labios, de hecho esbocé una débil sonrisa. La única que mostré en todo el día.

Al terminar de cenar me di una ducha, larga para lo que yo acostumbraba. De hecho mis padres se quejaron aporreando la puerta un par de veces, pero a mí no me importó.

Cuando mi espalda tocó el colchón, dormí. No sé durante cuánto tiempo, porque no miré la hora en la que me acosté, lo que sí sabía era que a las siete de la mañana, cuando ya todos se habían ido, yo me desperté.

Cogí mi maleta y metí los libros, una camiseta rota por los bordes blanca, vaqueros, Vans negras y la chaqueta de cuero. Salí de casa. El frío era insoportable, tanto que los ojos comenzaban a llorarme. Las calles estaban húmedas, y es que en Vancouver era costumbre que lloviese sobre mojado.

Cogí el bus, línea 21. Llevaba directamente hasta el hospital donde estaba ingresada Camila. Sólo tres personas en él, era demasiado temprano para coger aquél autobús. En los cascos, The A Team sonaba de nuevo en reproducción aleatoria. Mis pies se movían al compás de la música, mirando el cielo encapotado, oscuro, con el cristal lleno de gotas de agua.

Salté del autobús y entré en el hospital. Sólo el ambiente me daba ganas de vomitar, me ponía enferma estar allí. Qué irónico.

Cuando llegué al pasillo la puerta estaba cerrada, al fondo, Andrés se tomaba un café frente a la máquina. Estaba despeinado, tenía una mano en el bolsillo y hacía una mueca mirando al frente. No podía evitar culparme a mí misma por aquello que a su hija le había pasado, porque sí, era mi culpa.

—Señor Hernández.—Me acomodé la mochila al hombro apretando los dedos en la tela. —¿Cómo está?

—Bien, ha dormido toda la noche y...

—No, me... Me refería a usted.—Mordisqueé mi labio un poco, y él abrió los ojos algo sorprendido.

—Oh, oh... Yo estoy bien, gracias. Ayer le hicieron un escáner y hoy vendrá el médico a valorarla, quizás podamos irnos a casa, no lo sé.—Tomó un sorbo de su café y asentí al escucharlo, mirando hacia atrás; la habitación de Camila.—Puedes entrar a verla, está despierta.

Mientras Andrés se tomaba su café, entré en la habitación de Camila.

—¿Papá?—Entreabrí los labios para contestar pero no me dio tiempo. Cerré la puerta. —¿Quién es?

—Soy... Soy Lauren.—Tragué saliva acercándome a la cama, observando aquella sonrisa en sus labios al escuchar mi nombre.—Perdón por asustarte.—Dejé la mochila en el suelo y me senté justo en el mismo sitio que el día anterior, tomando su mano. Su cara estaba aún peor. Su ojo derecho estaba morado, casi negro, rodeado por costras de sangre, postillas, y su nariz seguía vendada.

—No me asustas.

—¿Cómo estás?—Acerqué su mano a mis labios para darle un beso, y ella me acarició la mejilla con los dedos, suavemente.

—Ayer me dolía mucho más que hoy... —En ese momento la puerta se abrió y cuando miré, Andrés entró, pero no iba solo. El médico venía detrás. Golpeaba con el bolígrafo la carpeta que llevaba en la mano, estaba nervioso.

—Buenos días, Camila. Soy el doctor Swan.—Tenía el pelo rubio peinado hacia un lado, pero no demasiado, lo suficiente para darle cierto aire formal. Carraspeó. Miré a Andrés, él me miró a mí.

—¿Puedo irme ya a casa?—Preguntó Camila apretando los dedos al borde de la sábana.

—Camila... Hemos encontrado algo extraño en el escáner que te hicimos ayer…

treina y uno

Realmente no sabían si lo que habían encontrado era bueno o malo. Como cabe de esperar, me asusté. Me quedé en la cama todo el día, y Lauren se quedó conmigo. Estaba a mi lado, suponiendo que estudiando, no sé. Lauren sabía guardar muy bien sus sentimientos, o eso es lo que me había demostrado durante todo el tiempo que llevaba a su lado. Sabía sacar una sonrisa cuando las cosas estaban peor, y en este momento no era una excepción. Yo me estaba consumiendo porque no sabía qué me pasaba.

—¿Qué haces? —Estaba algo aturdida. Los medicamentos que me daban para el dolor eran demasiado fuertes. Quizás así también me ayudaban a no pensar tanto en los resultados de los estudios que me estaban haciendo.

—Repasar. —Murmuró en voz baja. Supuse que era de noche, Lauren se había ofrecido para quedarse conmigo aquella noche y dejar que mis padres descansasen. —¿Necesitas algo?

—A ti, aquí... —Apreté un poco los ojos escuchando cómo cerraba los libros y recogía hojas de apuntes. Entonces, me eché a un lado en la cama. Lauren se hundió a mi lado, pasando con cuidado su brazo tras mi cabeza. Nos quedamos en silencio. Podía sentir su respiración acompasada contra mi espalda, y sus manos apretaron las mías, enlazando nuestros dedos. —¿Qué pasa si me estoy muriendo?

—No te estás muriendo. —Susurró ella con voz dura, seria, apretando mis manos con fuerza. —No va a ser malo.

—Nada de lo que aparece en tu cuerpo y no saben lo que es termina bien. —Me escondí entre sus brazos, metiendo la cabeza en su pecho. Apreté los labios evitando soltar el aire que había cogido, pero acabé soltándolo lentamente. Lauren no dijo nada, pero mi cabeza estaba en su pecho. Su corazón bombeaba rápido, fuerte, golpeando contra mi oreja haciendo que revotase con el mío. Haciendo que me encogiese entre sus brazos. —Lauren... —Seguía sin decir nada. Busqué su cara con mis manos hasta encontrarla. Mis palmas sujetaron sus mejillas, y las noté mojadas; estaba llorando en silencio.

Me dolía, me dolía verla así y esta vez por mí. Aparté las lágrimas que caían por sus mejillas con el pulgar, abrazándome aún más a ella al escuchar cómo sorbía por la nariz.

—No vuelvas a decir eso. —Su voz estaba rota, débil, temblorosa. Hundió sus manos en mi pelo para acariciarme, besando mi frente con sus labios. —Todo estará bien.

* * *

Un pitido se clavaba en mis oídos, y la placa en la que estaba tumbada se movía. Según me habían dicho iban a hacerme una resonancia.

Tenía miedo. Mis dedos estaban apretados al borde de la camilla, y apretaba los ojos e intentaba respirar por la nariz.

—Está bien, Camila, no te muevas mucho, ¿vale? Durará un par de minutos, nada más.

Pero a mí no me preocupaban los minutos que estuviese allí, me preocupaba lo que saliese en esa pantalla.

Los minutos se hacían eternos, y en el silencio de aquella sala comencé a pensar en Lauren. No quería que sufriese, no quería que si era algo malo aquello se sumase a la vida de mierda que tenía Lauren. No quería que ella se hundiese conmigo, no podía. Yo era su ancla, ¿y si su ancla se desintegraba? ¿Y si su ancla se rompía y la dejaba a la deriva? ¿Y si yo ya no era suficiente para sacarla de aquél pozo en el que estaba?

—Ya estamos. —La voz el doctor hizo que diera un respingo en la camilla, y él puso una mano en mi hombro. —Hey, no llores. —Me quitó una lágrima; ni siquiera me había dado cuenta de que estaba llorando de nuevo. —Ahora te llevarán de vuelta a tu habitación y ya no te molestaremos más.

Quería responderle que lo que quería es estar bien y no estar muriéndome, que era lo único que se me pasaba por la cabeza en aquellos días.

*   *   *

—¿Quieres hablar? —La voz de mi hermano casi me molestaba.

—No. —Respondí sin más, pero él no se fue de la puerta de mi habitación mientras yo retorcía mis carboncillos negros sobre las hojas de mi libreta.

Había hecho tantos dibujos en aquellos días que me darían para hacer una galería, casi literal. En la mayoría era Camila con los ojos negros y lágrimas de alquitrán deslizándose por sus mejillas.

Chris entró en la habitación y dejó un plato en la mesita de noche; pavo y verduras. Retiré la mirada a mi libreta, y él se sentó a mi lado en la cama. No dijo nada, sólo se quedó mirándome en silencio, como si no quisiera molestarme, sólo hacerme compañía, hacerme sentir mejor; pero no. Nada me haría sentir mejor que saber que Camila estaba bien.

Comencé a llorar sin hablar, sin darme cuenta, dejando la libreta a un lado y queriendo meterme en la cama, hacerme una bola, hacerme pequeña hasta desaparecer. Parecía que si me hacía más pequeña los problemas me afectarían menos, pero qué va.

Chris me abrazó, y yo me dejé, acomodándome en su pecho, con las lágrimas saliendo a borbotones de mis ojos sin cesar, compensando la angustia y la presión que tenía en mi pecho. Todo estaba estallando, todo estaba llegando a su fin y aquello era una señal.

Casi había olvidado la última vez que mi hermano me abrazó, pero se sentía tan cercano y tierno que me dejé, me dejé abrazar hasta que el llanto paró, pero para entonces yo ya estaba dormida.

* * *

El sofá de Kyle era muy cómodo. Muy muy cómodo. Já. Justo como lo era la cama de Camila. Mmh. Tenía hambre. Me gustaba el color del pelo de Kyle, era muy bonito, además como se había cortado el pelo me daban ganas de tocarlo.

—Tu pelo es guay. —Dije sonriendo, dándole una calada al cigarrillo. Aún tenía maría pegada en los dedos.

—Lo sé. El piercing de tu nariz también. —Sonreí con los ojos cerrados y me toqué el pequeño arito que me puse no hace mucho. Nos quedamos en silencio, Kyle soltó el humo entre sus labios.

—Mmh... Me gusta Marie. Me gusta mucho. —Giré la cabeza que estaba apoyada sobre el sofá de forma algo brusca, sonriendo. —Es muy guapa, muy muy guapa... Quiero tener bebés con el pelo azul con ella. —Comencé a reírme algo embotada, dándole otra calada al cigarro. —¡No te rías...! Hablo en serio... Quiero... —Se aclaró la voz con el ceño fruncido, señalándome. —Quiero protegerla de todo lo malo del mundo... Y darle besos. Muchos.

—No puedes proteger a nadie de todo lo malo del mundo... —Casi se me venía a la cabeza Camila, pero negué con los ojos apretados, soltando una risa. —Protégela como puedas.

—Dándole besos. —Tomé una nueva calada, pero seguía pensando en Camila. La marihuana cada vez tenía menos efecto en mí, y lo odiaba. Quería que volviese a ser como al principio, quería que se me olvidase que seguía viva.

—Esa es la mejor manera de cuidar a una chica. —Cogí la cerveza que había en la mesa, dándole un trago lo más largo que pude. —Quiero que Camila esté bien... Pero no sé cómo hacerlo...

Kyle se quedó en silencio. No es que fuese un chicho superficial, pero en esos temas prefería no hablar para no meter la pata o eso me había dicho. Así que simplemente sacó otro papel, puso maría en él y lo encendió, tendiéndomelo.

Volví a caer a plomo en el sofá, con la vista fija en la televisión. MTV Rocks, especial sobre Green Day.

Me quedé dormida.

* * *

—¿Quieres levantarte? —Camila asintió, y yo giré sus piernas en la cama para que saliesen fuera. La sujeté de la cintura y la empujé para que pusiese los pies en el suelo. Ella se agarró de mis brazos con fuerza, levantando la mirada hacia mí.

—Gracias. —Mis ojos oscilaban de uno a otro en los suyos, pero los de ella parecían inertes. A veces los movía hacia un lado, sin controlarlo. Lo odiaba. Cerró los ojos. —¿Me puedes dar un beso? —No sabía qué tipo de beso quería, así que le di uno suave, dulce, atrapando su labios inferior entre los míos dejando escapar un suspiro.

—Voy a quedarme aquí hasta que salgas del hospital, ¿vale? —Camila bajó la mirada pegando su frente en mi pecho, y apoyé mi barbilla en su cabeza con un suspiro. —No sabemos nada. —Me separé de ella cogiéndola de las manos para poder mirarla bien. —Camila. —La llamé y ella alzó la cabeza algo aturdida, girando la cabeza con el ceño fruncido para escuchar mejor lo que le decía, supongo. —Eres preciosa. —Sonrió agachando la cabeza con los ojos cerrados, poniéndose las dos manos en la boca. —No sabes cuánto. ¿Me has escuchado? Y... Siento que, y que no puedes verte, deberías saberlo. —Acaricié la zona morada, casi negra de su ojo, apretando los labios. —Incluso cuando más débil estás.

—No soy débil. —Replicó tanteando el borde de la cama, dando pequeños pasitos para caminar.

—Yo soy débil. —Ella paró de andar, alzando la cabeza como si intentase buscarme, y giró la cara hacia mí.

—No eres débil. Nadie es débil.

—Si no te hubiese conocido quizás me habría suicidado hace mucho.
—Parecía como si le hubiese dado una patada en el estómago.

Justo iba a responder Camila, pero el doctor Swan abrió la puerta. Palidecí al verle, no tenía ninguna expresión en el rostro. Me iba a desmayar en el momento en que abriese la boca. Swan miraba a Andrés y Gloria, tomé a Camila del brazo y la senté en la cama, dejando que se apoyase en mi pecho.

—Estaré aquí. —Fue lo último que le dije antes de escuchar aquello.

treinta y dos

—Como ya te dijimos, el otro día encontramos algo anormal en el escáner. —El médico alzó lo que yo creía que era una radiografía, pero era el resultado del escáner. —Esta es tu cabeza antes del golpe, no hay nada. —Alzó el siguiente escáner, y el médico miró a Andrés. —Esta es la resonancia que le hicimos el otro día. ¿Veis esta mancha blanca? —Tragué saliva tan pesadamente que temí atragantarme. —Es un tumor que presiona el nervio óptico. Tenemos que hacer una biopsia pero, creemos que es benigno. —Eso último hizo que mi corazón parase, me estabilizase por completo. Me acerqué para ver la resonancia con el ceño fruncido. —Podríamos operarte si... —Mis piernas temblaron, mis manos temblaron, noté la bilis en la parte posterior de la garganta.

—¿Qué ocurrirá cuando lo extirpen? —Me crucé de brazos, atando cabos en mi cabeza. Si era de verdad lo que creía, mis piernas estaban comenzando a fallar.

—Su nervio óptico podría... Volver a ser normal.

—¿Quiere decir que podría volver a ver? —Preguntó Camila con el ceño fruncido mirando al suelo. Mis uñas casi se estaban clavando en mis brazos, esperando a que el médico respondiese.

—Podrías. No es seguro. No quiero que te hagas ilusiones, porque muy pocas veces hemos hecho esto. Tu caso es un caso excepcional. —Parecía nervioso, ni siquiera me había fijado en que Camila estaba llorando.

—¿Pero? —Dije yo, intentando sacarle la pega que tenía aquello.

—Esta operación es muy arriesgada. No garantizamos que vaya a volver a ver y...

* * *

Los padres de Camila nos dejaron a solas. Camila estaba sentada al borde de la cama con sus manos entre las mías, que acariciaba lentamente. Estaba con una mezcla de emociones que no sabía por dónde empezar a describirlas. La primera es que no sabía si estar feliz o no, porque 'creían' que era benigno. La segunda, es que tampoco sabía si iba a salir viva de la operación. Y la tercera... Si salía viva, no era seguro que volvería a ver.

Camila lloraba en silencio, con una lágrima bordeando la costra de sangre de su ojo que cada día mejoraba un poco, pero todo empeoraba cada vez más.

—No puedes operarte. —Murmuré en voz baja, y Camila apretó mis manos y los dientes a la vez.

—Cállate. —Me respondió, tensando la mandíbula. Se levantó de la cama, y la sujeté, aunque ella declinó mi mano, apoyándose en la pared.

—Es la única oportunidad que tengo. La única. —Dijo con la voz temblorosa.

Mis labios titilaban, temblaban, con las lágrimas aferrándose a la piel reseca de estos, cortados y blanquecinos. No estaba siendo yo misma, no estaba en mi cuerpo. Si pudiese hacer un intercambio con Dios, preferiría que Camila siguiese viva y yo sufriendo en mi casa, pero no, a ella no podía perderla.

Camila se golpeó la mano contra los pies de la cama, y eso la sacó de sus casillas. Comenzó a golpear el colchón, el metal del borde daba contra sus manos.

—¡NO QUIERO SEGUIR! —Gritaba golpeando la puerta a puñetazos, clavándose las bisagras en las manos. —¡NO PUEDO SEGUIR! —Su voz estaba desgarrada, desesperada, entre llantos y aporreos a la puerta con rabia y furia.

La abracé por la espalda sujetando sus manos que sangraban por los nudillos, estaban rojas por los golpes. Escondí mi cara en su pelo, sollozando, intentando que se controlase por su bien y por el mío. Camila simplemente lloraba, lloraba sin importarle nada.

—No puedo, Lauren... —Susurraba mientras las lágrimas caían sin cesar por su rostro, y sus manos se aferraron a las mías, abrazándose a sí misma. —No puedo seguir...

—Camila, por favor... —Ella negaba apretando los ojos, echando la cabeza hacia atrás con los ojos hinchados por el llanto. —Podrías morir...

—Si me muero sólo habrá oscuridad, —soltó una risa apartándose de mí con una mueca— ¿qué diferencia habrá entre eso y seguir viviendo?

—Que ya no me tendrás a tu lado.

* * *

Ella eligió ser egoísta, y en parte la entendía, así que ni siquiera me esforcé en quejarme, porque sabía lo que era sufrir y querer una vía de escape, aunque yo nunca había elegido el egoísmo. Pero la entendía perfectamente. Me tragué las lágrimas, me tragué la tristeza, me tragué el miedo que tenía de perderla, que era bastante alto. Me tragué las palabras, la ira, la rabia y la impotencia y simplemente me senté a su lado en la habitación.

Sus padres estaban igual que yo, porque la única que tenía decisión sobre si se operaba o no era Camila, y Camila estaba dispuesta a renunciar a su propia vida con tal de ver. Estaba dispuesta a renunciar a mí, a hacer que la perdiese, a darme el mazazo más grande de mi vida por ver. E iba a dejar que lo hiciese.

Había un 70% de probabilidades de que... De que Camila muriese. La había perdido ya, la estaba perdiendo. Camila iba a irse intentando conseguir lo que más quería en la vida, que era verla.

—¿Estás despierta? —Me preguntó, la veía jugar con sus manos. Mis lágrimas estaban resecas sobre mis mejillas.

—Sí. —Intenté sonar todo lo firme y entera que pude.

—¿Estás enfadada? —Apreté la mandíbula y la palma de la mano contra mi frente, con los dedos en tensión casi desgarrando mis tendones. Quería estarlo, pero no podía. Estaba destrozada.

—No. —Mi corazón estaba en mi garganta, sin permitirme hablar correctamente.

—Lo siento. —Murmuró apretando los ojos, dejando caer sus lágrimas a los lados de sus ojos.

—Tú no puedes seguir, ni yo tampoco. —Murmuré casi para mí misma, tanto, que ella ni siquiera me escuchó.

Camila se quedó dormida, y parecía descansar durante ese instante. Me quedé sentada a su lado, acariciándole el pelo mientras la observaba; era preciosa. Sus ojos, la forma de sus labios, su pelo cayendo a los lados de su cara… Era maravillosa. Pero iba a irse pronto, más pronto de lo esperado. No podía pararla, pero quería retenerla. Quería que se quedase conmigo todo el tiempo.

Tragué saliva y agaché la cabeza mientras una lágrima se desprendía de mi ojo, casi tan pesada como mi corazón. A mi mente se vino una de las canciones que le había escrito a ella no hace mucho y sonreí un poco al pensarla.

—*Its a kind of a funny story how everything turned in terms of love. You were there like a ray of sunshine when I… I needed you the most. 'Cause the darkness lives in my soul, and you only saw me through the eyes of love.* —Apreté la mandíbula y agaché la cabeza, sin dejar de cantar bajo y con la voz temblorosa. —*Not every story told is a fairytale, the photograph still on my wall. Save me from me. You can't see how much you mean to me, the beauty of your eyes. The way your hand touch mine, and everything feels just right, 'cause…* —Paré un momento de cantar porque la garganta se me estaba engarrotando, pero a través de las lágrimas que se deslizaban por mis mejillas, saqué la fuerza para pronunciar el último verso de la canción:

—***Love is blind, and I am cold.***

*   *   *

Froté con fuerza mis brazos con la esponja hasta que la piel enrojecía, escocía y dolía. El agua y el jabón se colaban por los poros abiertos de mi piel, limpiándome, pero en mi mente quería que me desintoxicase de mis pensamientos. De aquella vida que estaba llevando, de aquella mala vida.

Cuando Camila muriese —que era lo más seguro— yo también lo haría. Ya no tenía nada por lo que permanecer aquí, ya no... Ya no era parte de nada. Ella era mi casa, y mi casa iba a morir en poco más de una semana.

Pero yo no iba a impedírselo, porque era lo que ella quería. Aunque sabía que por las noches me escuchaba llorar, porque ella también lo hacía, no iba a dar su brazo a torcer, no por mí. Empecé a plantearme si Camila de verdad me quería tanto como yo a ella. Porque yo no me había suicidado por Camila, aunque las situaciones eran totalmente distintas. A mí no se me había privado de ningún sentido.

Odiaba mi vida, lo odiaba todo, y la mejor manera de acabar después de la operación era conmigo misma.

* * *

Ya me había despedido de mis padres. Les había dicho un 'hasta luego' después de fundirnos en un abrazo que duró varios minutos, y mis padres lloraron. Lloraron en mi cuello, lloraron hasta que no pudieron más y se separaron de mí.

Lauren entró después, y acarició mi mano, pero yo cogí la suya con fuerza, atrayéndola hasta mí. Ella me abrazó igual que mis padres, escondiendo su rostro en mi cuello, con su aliento cálido y su llanto chocando contra mi piel. Yo también lloraba, eran sollozos ahogados en mi garganta, oliendo su pelo, evitando llorar a lágrima viva y hacer aquél trago peor para Lauren.

—Te quiero. —Apreté los ojos hipando, sintiendo sus manos en mi rostro, y su frente se pegó contra la mía. Su voz era temblorosa, casi inaudible. Era un hilo de voz.

—Te amo. —Murmuré más bajo, era algo que nunca le había dicho, pero que de verdad sentía. Me destruía por dentro dejarla sola, dejarla aquí. Dejarla sin saber lo que de verdad sentía. —Espero que algún día me perdones...

—Espero que te gusten mis ojos cuando los veas. —Sonreí, pero aquellas palabras me hicieron llorar más aún, resquebrajándome el alma en dos, porque sabía que había muy pocas posibilidades de que pudiese ver sus ojos.

Uní mis labios a los suyos, en un beso lento, largo, profundo, húmedo, con su lengua acariciaba la mía lentamente, aunque paramos porque el llanto podía con nosotras.

Escuché la puerta de la habitación, y me agarré a las sábanas instintivamente. No, no quería irme, no quería dejar a mis padres, a mi hermana, a Lauren. Pero tampoco quería seguir viviendo en aquella pesadilla.

Lauren dio un último beso en mis labios, una última caricia en mi mejilla.

—Que nos volvamos a ver. —Susurré.

Mis ganas de vomitar eran infinitas. Tenía el estómago en la garganta, probaba la bilis cada vez que pensaba en que probablemente Camila no saldría viva de aquella operación.

Pasaban las horas.

La primera hora. Me senté en la silla del pasillo de la sala de espera. Andrés y Gloria ni siquiera querían estar allí, preferían estar en el coche o en la cafetería donde no hubiese nadie para llorar tranquilamente. Yo, sin embargo me quedé en el pasillo aferrada a la idea de que igual, Camila aparecería correteando a mis brazos. Já. Qué ilusa era. Mi hermano me mandaba mensajes constantemente sobre cómo iba todo, pero yo no le contestaba, no tenía fuerzas ni siquiera para levantarme del suelo.

Pero lo hice.

Entré en la habitación en la segunda hora de operación. Entre sus cosas, en su bolso vi su móvil. En él Camila había pegado un papel con 'Lauren' escrito. Suponía que se lo había pedido a su madre. Me partía el alma.

Abrí su móvil y en él había un archivo, una carpeta en la que ponía 'Lauren'. Era un audio.

"Siento que esto no sea una carta escrita por mí ni nada de eso... Te has ido a por un sándwich y este es el único momento que tengo para decir todas las cosas que quiero decirte. Perdóname, estoy siendo egoísta. Estoy privándote de mí, y dándote un mazazo más en la vida. Soy consciente de que te estoy hundiendo y que probablemente te quede rencor en tu interior. Pero espero que me entiendas. Espero que entiendas que... Tengo una oportunidad de salir de esta pesadilla, de ver luz, de conocer el mundo. De poder soñar por las noches, de poder pensar en ti como una persona y no como una voz. —Camila comenzó a sollozar, con la garganta agarrotada. —Y... Te quiero, Lauren. Gracias por todo lo que has hecho por mí, gracias por hacerme sentir, gracias por despertar ese lado de mi vida que tenía dormido. Sabes... Eras esa pequeña luz dentro de la oscuridad que me hizo sentir las cosas que siente una persona normal. Y no te mereces todo esto, no te mereces sufrir por alguien como yo. No te mereces estar anclada a mí, no te mereces estar mal porque yo no pueda ver. Esto, por pequeña que sea la probabilidad, también es una oportunidad para ti. De que por fin seas feliz. Si no salgo del quirófano, sólo te pido que no te estanques. Quiero que seas esa gran fotógrafa que todos dicen que eres, quiero que cumplas tu sueño. Y si salgo y por fin puedo ver... Quiero ver tus fotos para poder decirte que eres una gran fotógrafa. Te quiero y... —Se escuchó la puerta. —Voy al baño. —Era mi voz. Mi maldita voz. —Tengo que dejarte porque has llegado, no pareces querer hablarme pero... Te quiero. —Comenzó a llorar de nuevo, arrancándome el corazón."

El golpe de mi puño contra la pared quebró los huesos de mis nudillos, una y otra y otra vez, pero a mí me daba igual. La voz de Camila se repetía en mi cabeza, y probablemente aquél 'Te quiero' sería lo último que había escuchado de ella.

Me guardé su móvil en mi bolsillo, ahora era mío.

Caminé hasta el final del pasillo, estaba oscuro, allí había una pequeña capilla. Mi abuela siempre decía que aunque no fuese creyente, Dios siempre era un clavo ardiendo al que agarrarse para todos.

Tenía unos tres bancos, y todo estaba rodeado de velas. Al fondo, encima de un pequeño altar, una imagen de Cristo crucificado presidía la estancia, rodeado por flores.

Me senté en los bancos y miré mis manos temblorosas, cansadas, sufridas por aquella situación. No sabía qué decir, estaba tan desesperada que podría rezar un rosario completo sin saber siquiera por dónde empezar.

—No creo que haya nadie ahí arriba, sabes. —Apreté los ojos con las pestañas húmedas, los ojos hinchados de tanto llorar. —Pero si lo hay, no sé. No deberías dejar que estas cosas pasasen no... —Apreté los labios reprimiendo mis lágrimas, negando de forma asidua. —Sólo tiene 18 años, sólo es una niña... —Entrelacé mis manos apretándolas a la altura de mi cara, presionando mis párpados con fuerza. —Si tienes que matar a alguien, mátame a mí. —Solté una risa irónica negando, poniéndome las manos cruzadas en la boca. —Ella puede salvar vidas simplemente existiendo, yo no soy nada. —Se me quebró la voz al decirlo. La imagen de aquél Cristo se hizo borrosa por las lágrimas que se amontonaban en mis ojos. —Yo soy un estorbo sin ella... —Me mecí suavemente sobre el banco apretando las manos, los ojos, los labios, como si haciendo más fuerza, pidiéndolo más fuerte Camila se fuese a salvar.

Pero no.

La cuarta hora de operación. Me tiré al suelo con su móvil en mis manos, no tenía ni una foto nuestra. Solté una risa triste. Quería que viviese, quería que me viese.

Me removí en el suelo, tirada, con la espalda en la pared y las piernas esparcidas por el suelo.

La quinta hora. Salí a la escalera de incendios, y me fumé uno de aquellos porros que Kyle había liado para mí la semana anterior. Al menos así aguantaría las dos horas de operación que quedaban. Solté una risa. Probablemente Camila ya estaba muerta. Hacía tanto frío en aquella escalera, pero nada me afectaba.

Me quedé dormida en la silla de la sala de espera, el doctor Swan me despertó moviéndome el hombro un poco. Tenía la cara desencajada, pálida, con un atisbo de tristeza en sus ojos.

—Lo siento, Lauren, Camila ha muerto... —Comencé a llorar, mi corazón parecía que había sido apretado por sus propias manos. Grité, tiré de su bata tan fuerte como pude.

Era un sueño. Me desperté.

Cuando entré, se me había pasado el efecto, ¿qué hora era? No lo sabía, pero el médico ya estaba hablando con Andrés y Gloria. La bilis se me subía por la garganta, mis piernas temblaban y el corazón me bombeaba tan fuerte que creía que me iba a dar un ataque al corazón allí mismo.

Al acercarme, el doctor Swan se giró hacia mí.

—Hey... —Los segundos que tardó en esbozar una sonrisa se me hicieron eternos. —Tu novia ha tenido mucha, mucha suerte. La operación ha sido un éxito.

Me desmayé.

* * *

Cuando desperté, estaba en una habitación sola, con un suero puesto en el brazo, conectada a un gotero. Era la habitación de Camila, pero Camila no estaba allí. Comencé a mirar por toda la habitación y vi a mi hermano salir del baño. ¿Era de verdad un puto sueño? Porque si me despertaba y veía que Camila había muerto, entonces tendría por seguro que me suicidaría sí o sí.

—Hey, por fin te despiertas. —Dijo él acercándose a mí con un sándwich en la mano.

—¿Qué haces aquí? —Lo cogí con la mano, mirándolo. Era empaquetado de la máquina del final del pasillo.

—Vine en cuanto supe que te desmayaste, y además no me dijiste que todo era tan complicado. —Al ver que yo no lo abría, Chris tomó el sándwich y lo abrió, poniéndome un trozo en la mano. —Toma, come.

—¿Dónde está ella? —Mi hermano se sentó en el borde de la cama, con las manos entre las piernas.

—Pues en la UCI. Después de una operación así, los pacientes son llevados a la UCI para tenerlos estables hasta que se recuperen. —Mordí la punta del triángulo del sándwich, mirando a Chris de reojo. —Estás muy delgada.

—¿Cómo está? —Chris sonrió, asintiendo.

—Está bien, te lo prometo.

Me comí el sándwich y palpé el bolsillo derecho de mi pantalón, tenía aún su móvil guardado. Sonreí, porque podría devolvérselo en mano, y no sería un recuerdo amargo de su adiós.

Me quité la vía del brazo de un tirón y me levanté del sillón, abrazando a Chris con fuerza al darme cuenta de que Camila estaba viva. Él se quedó parado, sin reaccionar, hasta que sus brazos me rodearon por completo, fundiéndonos en un abrazo.

—Hueles fatal. —Me dijo al oído, y yo solté una risa al escucharlo.

—Lo sé.

—Y en dos semanas son tus exámenes. ¿Te has olvidado de ellos? —Negué, separándome de él. —No puedes ver a Camila hasta mañana... ¿Quieres que te lleve a casa, te das una ducha, cenas y duermes un poco? —Asentí sin resistirme. Lo necesitaba, llevaba dos semanas consumiéndome con mis pensamientos.

Chris me llevó a casa, y mi madre hizo lasaña para cenar. Cené en silencio, el ambiente estaba tenso, pero no por su actitud hacia mí, sino porque el tema de Camila era bastante delicado y nadie quería hacerme daño. Lo agradecía.

—¿Cómo está Camila? —Preguntó mi madre echándome un trozo de lasaña en el plato.

—Bien. —Agradecí la pregunta. Nadie excepto Chris sabía lo mal que lo había pasado. Echó otro trozo más en mi plato, sonriéndome al hacerlo algo cómplice.

Me tragué los dos trozos de una forma pasmosa, tenía tanta hambre que no me había dado ni cuenta en aquellos días. Estaba tan derrotada, que cuando me metí en la ducha tardé una hora en salir, pero nadie llamó a mi puerta para gritarme que dejase el baño libre.

Limpia, relajada y con el estómago lleno, me metí en la cama. Apagué la luz.

Fue el único momento en el que dormí toda la noche, unas diez horas de sueño. Normalmente dormía seis, incluso cinco. Aquellas nueve horas me pusieron las pilas para un año entero.

* * *

Habían bajado a Camila a planta, lo agradecía, por fin podría verla. La verdad es que ver a sus padres en aquél momento no era buena idea, seguro que me derrumbaría delante de ellos y no era un buen plan, así que simplemente les sonreí cuando llamé a la puerta. No quise decir nada más.

—Cariño, es Lauren. —Advirtió Andrés, dejándome paso a mí.

Tenía una venda bien afianzada en los ojos, y una especie de pinza en el dedo índice, no sabía cómo se llamaba aquello. También una goma que se colaba por los orificios de su nariz, dándole algo de oxígeno para que pudiese respirar mejor.

—Camz. —Dije a media voz, tenue y suave. Una sonrisa débil, pequeña, frágil se esbozó en su rostro. —Me asustaste mucho. —Me senté a su lado, cogiendo su mano que caía en peso muerto y me la llevé a mis labios para besarla.

—Lo sé... —Dijo con voz apagada, lentamente, pesada. —Te quiero... —Dijo en el mismo tono, haciéndome sonreír un poco.

Di varios besos en el dorso de su mano, acariciándolo con el pulgar, observando sus ojos vendados.

—¿Cuánto me quieres? —Camila abrió los dedos de su mano para formar un cinco. Estaba demasiado agotada, dolorida y adormilada como para responder a esa pregunta, pero sabía que para ella eso era muchísimo. —Yo te quiero así... —Puse la palma de mi mano sobre la suya, conectando las yemas de mis dedos con las de Camila. —Más... —Separé mi mano volviéndola a un unir, haciéndola sonreír un poco, algo distraída, débil.

—No podía dejarte aquí sola... —Su voz, tan apagada y frágil hizo que se cayeran dos lágrimas de mis ojos. —Tengo que ver tus fotos para decirte lo bonitas que son...

treinta y cuatro

Me gustaba pasar el tiempo con mis padres, pero no se comparaba a estar con Lauren. Casi no podía hablar porque los relajantes y calmantes para el dolor eran demasiado fuertes, y moverme era misión imposible porque mi cuerpo pesaba demasiado, lo único que lograba mover un poco eran los dedos de las manos.

—Tus padres dicen que es bueno que esté contigo, espero que no te importe... —Solté un suspiro con una sonrisa débil, como si fuese una risa. —Espero que eso sea un 'no me importa'.

No respondí, porque Lauren sabía de sobra que no me importaba.

En realidad, le debía toda mi vida. Se la debía de verdad. Había sido altruista condenándose a perderme, a hundirse más aún. Ella dejó que me fuese para que yo acabase con mi sufrimiento, aunque significase incrementar el suyo propio. Dejó que lo intentase incluso si me perdía, y por eso mis sentimientos se intensificaron aún más.

—Cuando consiga el graduado, buscaré trabajo en tiendas de fotografía. —Su voz era baja y tenue, para no molestarme. Tenía ganas de levantarme y abrazarla, pero yo no podía.

—Tú... ¿Escuchaste mi móvil? —No sé de dónde saqué las fuerzas para hablar, porque mi voz pesaba tanto, mis labios parecían tener una carga de toneladas. Se quedó en silencio.

—Sí. —Me humedecí los labios lentamente, apretando las yemas de los dedos en la cama con un suave suspiro tembloroso ante su reacción. —Siento haberme portado así contigo en algunos momentos pero... —Recordé que en el audio Lauren parecía triste y molesta conmigo. —Pero aunque te dejé ir, me dolía muchísimo y... Estaba resentida. Perdóname. —Solté un suspiro con una risa ante su disculpa, pellizcando las sábanas a los lados de mi cuerpo. Qué tontería, me estaba pidiendo perdón a mí, cuando la que tendría que pedirle perdón toda la vida era yo.

Escuché cómo pasaba las hojas de lo que creía un libro o un cuaderno, espero que estuviese estudiando y no dibujando.

* * *

—¿Cómo estás? —La doctora Sullivan se sentó en su escritorio, cruzando las manos sobre sus piernas. —¿Todo bien? —Apreté los labios dejando la mochila a un lado del sofá y me senté alzando la vista hacia ella.

—No, sí, no. No sé. —Jugué con la costura de mi pantalón al cruzar las piernas, clavando las uñas sobre el hilo dorado de los vaqueros.

—¿Qué te ocurre? La última vez que nos vimos habías vuelto de Ontario y estabas muy bien. —Apreté los labios con un suspiro.

—Mi novia ha estado a punto de morir, así que... —Me encogí de hombros levantando la mirada hacia la doctora, que entreabrió los labios al escucharme.

—Oh, lo siento mucho Lauren... —Me encogí de hombros sin decir nada más.

No podía dejar de mirar la foto que tenía en la pared. Mi foto. Aquella foto que unos meses antes ella me había pedido, y yo se la di. Me gustaba verla, era como... Algo que había hecho yo estaba ahí, donde todo el mundo que entraba podía verla.

Hablamos durante esa hora, yo no quise sacar más el tema de Camila. Ella no insistió mucho más en aquello, y lo agradecí. Me preguntó sobre los exámenes, y cómo llevaba los estudios. Además, quería saber qué pasó con Luis, si al final hice algo al respecto; le dije que sí, pero no dije qué hice.

* * *

—Desde ahora hasta las cuatro de la tarde tendréis un examen cada dos horas. El primero el que yo repartiré, biología. —La profesora apoyó los dedos sobre la mesa, tensándome al escucharla. —Al terminar, tendréis una hora de descanso. Para repasar, para tomar algo, refrescar la mente; como queráis.

Miré a mi alrededor, casi todos eran personas de 25 años en adelante, la única que estaba en edad de 'seguir estudiando' era yo. Mi padre debía de estar muerto de rabia de que yo hubiese tomado aquella decisión correcta.

—Móviles fuera, mochilas fuera, estuches fuera. Sólo vuestro bolígrafo y... —Puso el folio del examen en mi mesa. —Vuestra mente. —Dijo mirándome esbozando una sonrisa. La señora Smith me daba verdadero miedo algunas veces.

Me lo sabía, me sabía todos y cada uno de los apartados del examen. ¡Sí! Aunque paraba algunas veces para pensar en Camila, rápidamente sacudía la cabeza sin permitirme pensar en ella en aquellos momentos porque mi futuro dependía de aquellos exámenes.

El siguiente era el de lengua y literatura, oh mierda. Tenía que clavar ese examen como fuese, ¡como fuese! No había manera de que pudiese fallar aquello, era lo mío.

* * *

—¿Cómo estás hoy, Camila? ¿Preparada? —La voz del doctor Swan era agradable, profunda, pero agradable. Me lo imaginaba joven.

—Bien. —Mi corazón empezó a latir demasiado fuerte al escucharlo hablar, mi aliento salía tembloroso entre mis manos y mis dedos comenzaron a pellizcar las sábanas.

—¿Tienes ganas de levantarte ya? —Escuché ruidos a mi alrededor, sólo eran personas moviéndose. Mis padres.

—Sí, llevo dos semanas tumbada. —El doctor Swan puso su mano sobre la mía, apretándola un poco.

—Vale... Vamos a quitarte la venda de los ojos. ¿Quieres? —Asentí como pude, mis dedos estaban agarrotados de los nervios, sentía una presión enorme en el pecho que me impedía hablar. Mi estómago dio un vuelco, estaba a punto de vomitar.

Noté las manos del doctor Swan levantar mi venda y cortarla hasta que cayó a los lados de mi cabeza. Después de tanto tiempo, ya no sentía mi cabeza presionada por aquél vendaje tan apretado. Iba a vomitar, no quería abrir los ojos, no quería que mis esperanzas se desvanecieran tan pronto.

—Camila, abre los ojos.

Lentamente, comencé a abrirlos. Mi corazón dio un vuelco y los cerré rápidamente empezando a llorar al darme cuenta. Mis lágrimas caían por los lados de mi cara, y es que acababa de ver el rostro de mi padre por primera vez después de catorce años.

—Papá... —Dije abriendo los ojos de nuevo ahogada en lágrimas. A su lado, estaba mi madre. —Mamá. —Me incorporé rápido de la cama abrazando a mi padre y a mi madre, que casi no se podían sostener en pie. Mi padre tenía canas, pero era igual que hace todos esos años. Y mi madre... Tenía su imagen en mi cabeza de una mujer alta, de una mujer fuerte, pero es que yo sólo era una niña. Ahora yo era más alta que ella, y tenía el pelo castaño en vez de oscuro. Mis manos temblaban, mis piernas eran un flan. Nadie hablaba. Yo sólo quería abrazarlos, yo sólo quería dejar de llorar, pero no podía.

Me separé, miré a mi alrededor. Mis manos no temblaban, eran espasmos. La habitación estaba algo a oscuras, e incluso así me molestaba un poco la luz. Miré al doctor, era joven, tenía el pelo negro y una sonrisa en el rostro.

—¿Cómo lo ves, Camila? —Apreté los labios al llorar y me acerqué a él para abrazarlo. Él lo había hecho posible, ahora veía su bata, veía la placa en la solapa que ponía 'Dr. Nicholas Swan'.

La habitación estaba pintada de blanco, mi cama tenía las sábanas deshechas, las vendas algo amarillentas yacían sobre la almohada, y mis padres seguían llorando con una sonrisa frente a mí.

Miré mis manos, tenía los dedos finos y largos, y las uñas rectas en forma rectangular. Miré las palmas de mis manos con la boca abierta, y me eché encima de mi padre para abrazarlo primero.

—Papá, estás muy guapo. —Me reí entre las lágrimas al igual que él, que me apretó entre sus brazos. Cogí la cara de mi madre entre mis manos, abrazándome a ella sin decir nada más, con el corazón encogido.

Podía ver, estaba viendo, y esto sí que no era un sueño. Esto era la maravillosa realidad.

—Y... —Me limpié las lágrimas, no podía dejar de mirar mis manos. Las lágrimas pegadas a las yemas de mis dedos, era maravilloso. —¿Dónde está Cady?

—Está ahí fuera, flaca. Espera. —Mi padre se dirigió a la puerta, llevaba puesta una camisa de cuadros roja. —Cady, ven. —Estiró la mano, y la pequeña corrió hacia la puerta.

Oh dios mío, comencé a llorar de nuevo. Tenía los ojos negros, el pelo azabache recogido en un moño, la tez tostada y un jersey de rayas horizontales negras y blancas.

Me acerqué a ella llorando, y Cady me puso las manos en las mejillas con una sonrisa, dándome un beso en la nariz.

—Camz, soy Cady. —Comencé a llorar incluso más al escucharla, porque ella creía que seguía siendo ciega.

—Eres preciosa. —Cogí sus mejillas, dándole un fuerte abrazo, besando la parte trasera de su oreja.

—¿Cómo sabes que soy guapa? ¿Es que puedes verme? —Me separé de ella asintiendo, limpiándome las lágrimas con los dedos. Cady abrió los ojos y la boca a la vez, dando pequeñas palmas con una gran sonrisa. —¿Y ya no me vas a dar más golpes con la puerta? ¿Ni me atropellarás por el pasillo? —Solté una risa llorando aún más fuerte, rodeándola con mis brazos.

—No, ya no. Lo siento mucho cariño.

Llegué a la planta donde estaba Camila ingresada y Cady estaba allí, sentada fuera con Gloria. Fruncí el ceño, ¿qué hacía Cady aquí? Me acerqué con las manos en los bolsillos algo tranquila, agachándome delante de Cady.

—Hey, pequeña, ¿qué haces tú aquí? —Cady me miró ladeando la cabeza, poniendo las manos en mis mejillas y tirando de ellas.

—Porque Camila ya puede ver, Laureeen. —Dijo riendo.

El tono que debió tomar mi cara debía ser peor que el de un muerto. Miré a Gloria, tenía los ojos hinchados y una sonrisa mientras asentía. Cady se fue a jugar con su muñeca al final del pasillo con Andrés que se tomaba un café.

—Vamos, entra a verla. —Gloria señaló la puerta.

—¡Mira cómo estoy vestida! —Me miré de arriba abajo. Llevaba unas Vans negras, aquella camiseta blanca ajustada y la chaqueta de cuero que ella me regaló.

—Entra, Lauren. Se muere por conocerte.

Conocerte. Camila iba a conocerme. Me daba miedo, me daba muchísimo miedo. ¿Y si no le gustaba? ¿Y si ella se daba cuenta de que había gente mucho mejor que yo en el mundo?

Caminé hacia la puerta y abrí lentamente. La noche había caído en Vancouver, y Camila miraba por la ventana con los brazos cruzados, pero al escuchar que cerraba la puerta se dio la vuelta hacia mí. Se tensó al verme, dando unos pasos hacia atrás. Su mirada inspiraba miedo, estaba asustada.

Alcé las manos a media altura con las palmas abiertas, para intentar calmarla.

—Camz... Soy yo, soy Lauren. —Entonces, el rostro de Camila cambió por completo. Hizo un puchero llevándose las manos a la boca y corrió hacia mí echándose a mis brazos. La rodeé sujetándola por los muslos, pero ella simplemente me abrazaba, enredaba las manos en mi pelo y lloraba con una sonrisa en el rostro.

Me besó, me besó largo y profundo, dulce, húmedo. Me besó con ganas y sin miedo, me besó con las manos en mi cuello, hasta que las lágrimas, el llanto y el beso hicieron que se separase para mirarme. Yo lloraba en silencio soltando toda la tensión que tenía en mi interior.

—Esta eres tú. —Tomó mi rostro entre sus manos mientras la tenía en brazos, y me miró a los ojos. Me miró a los ojos de cerca, por primera vez. —Dios mío, Lauren tus ojos, ¡tus ojos son preciosos! ¿Has visto tus ojos Lauren? —Soltó una risa entre las lágrimas, bajando la mirada a mis labios, luego subió a mi nariz. —Te has cambiado el pendiente y no me dijiste nada... —Reí al escucharla mientras ella tocaba el arito de mi nariz, dejándola en el suelo porque mis brazos no podían más. —No me puedo creer que seas tan guapa. —Soltó una risa limpiándose las lágrimas, cogiendo mis manos, que miró detenidamente.

—¿Creías que sería fea? —Acarició mis dedos sin dejar de mirarlos, levantando la mirada a mí.

—No sé, pero estabas tan insegura de ti misma que... ¡Dios eres preciosa! —Se puso las manos en la boca, mientras yo me quitaba las lágrimas con la manga de la chaqueta. —Vamos, quítate la chaqueta.

—Esta es la que me regalaste tú. —Dije quitándomela, y ella puso las manos en mis costados, dando la vuelta a mi alrededor para poder verme. —¿Has visto cómo eres ya? —Camila levantó la mirada hacia mí y negó.

—Me había olvidado de mí. —Cogí su mano y abrí la puerta del baño, mostrando el reflejo de Camila en el espejo. Entramos dentro, y ella se tocó las mejillas, mirándome a través de él. —¿Qué te parezco?

—Llevo viéndote desde que te conozco, y siempre te he dicho que eres perfecta. —Besé su mejilla y Camila apretó los ojos, sollozando un poco. Se giró hacia mí mirándome a los ojos, era extraño, me estaba mirando directamente a mí. Su mirada ya no estaba vacía, su mirada me miraba a mí.

—Mira, Lauren. Querías que te mirase, te estoy mirando. —Apreté los labios sintiendo una lágrima caer por mi mejilla. Su dedo pulgar limpió mi lágrima. —Incluso cuando lloras tus ojos son preciosos. —Solté una risa tomando su rostro entre mis manos, dándole un beso tierno.

—Incluso cuando no veías tus ojos eran preciosos. —Ella sonrió amargamente.

—Incluso cuando no veía sabía que eras preciosa.

treinta y cinco

Miré a ambos lado del pasillo. Mirar. Qué verbo tan bonito y fascinante. Los fluorescentes que colgaban del techo iluminaban los suelos, paredes, incluso los bancos. Todo. Lo examinaba todo con cautela, hasta llegar a mi madre que permanecía de pie delante de mí. Aún me parecía increíble volver a verla, tenía unas pequeñas gafas de pasta negras rectangulares, pero por lo demás no había cambiado para nada.

—Papá y yo nos vamos a casa. —Asentí lentamente ante sus palabras. —Mañana vendremos a recogerte. —Sabía exactamente por qué lo hacía, quería que estuviese con Lauren al menos aquella primera noche.

—Está bien. ¿Seguro que prefieres que se quede Lauren? —Asintió con una sonrisa, y luego nos fundimos en un abrazo que duró unos treinta segundos. Mis manos apretaban su camiseta, arrugando la tela entre mis dedos, hasta que nos separamos. —Hasta mañana, mamá. —Solté su mano viéndola irse por el pasillo.

—Hasta mañana.

Cerré la puerta de la habitación y, al borde de la cama Lauren estaba sentada mirando al frente con el ceño fruncido. Al escuchar que yo entraba en la habitación, giró la cabeza hacia mí. Sonrió. Aquella sonrisa era preciosa, contagiosa, alegre, como lo era Lauren.

—¿Todo bien? —Lauren asintió estirando la mano hacia mí, suponía que para que fuese con ella. Alcancé los dedos de su mano con la punta de los míos y caminé afianzando nuestro agarre, y me puse entre sus piernas. Cogí su cara entre mis manos, pasando los pulgares por sus mejillas, tersas y suaves, mirándola a los ojos. —Dios... Es que son increíbles. —Murmuré refiriéndome a sus ojos, que se clavaban en mí con una pequeña sonrisa.

Lauren era perfecta, era preciosa. Iba acorde con su personalidad. Dios, su camiseta ajustada rota por los bordes, sus pantalones negros rotos por las rodillas, aquél tatuaje de su brazo... Ella era perfecta para mí.

—Es raro. —Musité soltando una risa, pegando mi frente a la suya. Cerré los ojos.

—Lo sé. —Respondió con voz tenue, pasando los pulgares por la palma de mis manos, sonriendo.

—Es como si hubiésemos tenido una relación de esas por internet y... Acabo de conocerte. —Lauren esbozó una sonrisa arqueando la comisura del labio, mientras mi mano acariciaba su mejilla suavemente, observando cada detalle de su rostro.

—¿Y te gusta Lauren? —Mis manos dejaron sus mejillas y se colaron entre sus dedos, enlazándolos de una forma tierna, dulce.

—Me encanta Lauren. Es muy atractiva.

Nos quedamos en silencio, simplemente mirándonos a los ojos. El verde más oscuro por los bordes se fundía con los tonos más claros del centro, hasta llegar a la pupila totalmente dilatada. Tenía el pelo ondulado, cayendo sobre sus hombros. Sus brazos, desnudos, sujetaban mis manos con fuerza.

—Lo siento. Tú... No me paraste. —Lauren agachó la cabeza, ladeándola un poco. Aquél tema le dolía, podía sentirlo. —Dejaste que tomase esa pequeña oportunidad, era vivir o morir. —Solté una pequeña risa con el ceño fruncido, pegándome un poco más a ella. —Sabía que eras muy buena persona, Lauren. —Cuando levantó la cabeza para mirarme tenía una sonrisa, pero una lágrima bajaba desde su ojo por su mejilla. —Pero no sabía hasta qué punto podías llegar a serlo. No tienes ni una pizca de egoísmo en todo tu cuerpo. —Negué quedándome entre sus piernas, abrazándola con mi pecho pegado al suyo, mi cabeza reposando en su hombro, aspirando el aire de su cuello mientras la abracé por la cintura. —Te quiero. —Aspiré su perfume cerrando los ojos por un segundo, y la apreté más fuerte. Sus brazos me rodearon, pegándome contra ella, que se puso de pie.

Aún me costaba acostumbrarme a su rostro, me costaba aceptar que podía verla, que podía distinguir su nariz, su boca, me costaba aceptar que tuviese aquellos ojos, que fuera tan preciosa.

Quizás, bueno, no es un quizás, es más bien un seguro. Seguro que aquello que hizo Lauren me unió incluso más a ella. Mis padres lo podía entender, eran mis padres y ellos harían lo que me hiciera feliz porque vivían conmigo todos y cada uno de los días. Me escuchaban llorar aunque yo me escondía, y sabían que no era feliz. Pero Lauren... Lauren no. Lauren tenía la opción de ser egoísta y retenerme con ella, porque nunca me había visto quejarme, llorar o hacerme la víctima por mi ceguera. Fingía que todo estaba bien, pero no. Y Lauren supo leerlo, Lauren sabía que no estaba bien y que de verdad era una pesadilla, así que me dejó ir para que dejase de sufrir. Antepuso mi felicidad a la suya, prefirió sufrir a convencerme de que no lo hiciese.

—Voy a cuidarte a partir de ahora, ¿vale? —Lauren se balanceaba en mitad de la habitación conmigo entre sus brazos, y solté una pequeña risa.

—Ya me has ayudado lo suficiente, ahora... Tengo que ayudarte yo a ti. —Lauren sonrió arrugando los ojos, y con el dedo índice di un pequeño golpe en su nariz.

Lauren volvió a sentarse al borde de la cama, rodeando mi cintura con sus brazos y hablamos durante algunos minutos. Sonreía, mis manos comenzaron a jugar por encima de sus hombros apretando la tela de su camiseta, acariciándola. Acerqué mi cuerpo al de ella, comenzando a besarnos. Sus manos apretaban mi cintura, pero no bajaban más. Su lengua recorría cada recoveco de mi boca, las fundíamos en el punto de encuentro entre nuestros labios, ese era el único momento en el que me permitía volver a cerrar los ojos, cuando nos besábamos.

Me separé con las manos puestas en su cuello, y Lauren se quedó algo confusa al verme. Solté un pequeño suspiro entre una sonrisa, pasándome la lengua por el labio inferior.

—¿Qué ocurre? ¿Mmh? —Subió sus manos a mis mejillas, buscando mis ojos con mi mirada.

—Es bastante más excitante al saber cómo eres... Sabes... —Lauren comenzó a reírse arrugando la nariz y los ojos, cogiendo mis manos para dar un beso en el dorso de cada una. —¿Por qué te ríes? —Le di un pequeño empujón en sus hombros que la hizo reír.

—Porque sé lo excitante que es. —Me quedé mirándola, y aunque no había visto sus ojos antes, no parecía muy feliz. Parecían cansados, tristes, agotados. Aunque Lauren sonreía con los labios, no lo hacía con los ojos.

—¿Estás cansada? —Pregunté achicando un poco los ojos, sentándome a su lado en la cama.

—Mucho. —Sonrió asintiendo, y tiré de su brazo para que cayese conmigo en la cama.

—Pues duerme, tonta. —Ella soltó una risa con su cabeza apoyada en mi pecho y los ojos cerrados.

—Has recuperado la vista, ¿me voy a poner a dormir? —Preguntó alzando la mirada hacia mí.

—La que tiene que verte soy yo, y yo no me voy a dormir.

* * *

Abrí los ojos un momento y Camila estaba de pie frente a la ventana, observando las luces de la ciudad fundirse en el cielo oscuro, en una espesa bruma. Me levanté de la cama y ella rápidamente se dio la vuelta con una sonrisa.

—No quería despertarte. —Observé su pijama azul con rayas, le quedaba algo grande.

—Suelo despertarme por las noches. —Froté mi ojo derecho con el puño cerrado, y caminé hasta ella pasando mis manos por su cintura. —¿Te gusta lo que ves?

—Sí. Pero no me puedo imaginar cómo será Vancouver de verdad. —Besé su mejilla mientras mirábamos la ciudad que se cernía bajo nosotras, y escondí la cara en su cuello.

—Te la enseñaré, te lo prometo.

*

Cuando llegué a casa el olor a queso gratinado y bechamel me embriagaban, sólo podía cerrar los ojos y dejarme llevar hasta la cocina. Allí, mi padre, mi madre y Elise estaban sentados. Chris, según me había dicho, estaba con sus amigos en el centro de Vancouver. Los tres me miraron, Elise simplemente pasó de mí metiendo la cabeza en su plato. Mi madre echó una plasta de macarrones con queso en el plato, aunque mi padre frunció el ceño al verlo.

—No le eches tanto, hombre. —Enterró su tenedor en mi plato quitándome la mitad del poco que me había echado y lo volvió a meter en la bandeja.

—Todo el mundo dice que estoy muy delgada. —Repliqué con voz débil, removiendo los macarrones con el tenedor.

—Todo el mundo te lo dice para quedar bien contigo. —Se echó un poco de salsa picante sobre los macarrones, negando con un suspiro. —Cuándo aprenderás. A ver si te vas a creer todas esas patrañas que te cuenta tu tía. —Cogí un macarrón con el tenedor metiéndomelo en la boca, en silencio, soportando las palabras de mi padre que salían de su boca sin control.

—¿Cuántos días has estado fuera? ¿Tres? —Mi madre seguía comiendo con el ceño fruncido, cogiendo el vaso de agua entre sus dedos.

—Tú procura haber aprobado esa mierda del graduado, porque como lo suspendas te vas a ir a trabajar de camarera a Vancouver. —Solté una risa al escucharlo, dejando el tenedor en el plato. —¿Qué no? Ya lo verás. Como tú me traigas una asignatura suspensa te juro que te echo a la calle y te buscas la vida. —La verdad es que me iría mejor, mucho mejor si me echasen de casa. Tendría que haber hecho mal.

—No tengo hambre. —Suspiré levantándome cansada de la mesa, escuchando su voz a mis espaldas que decía —:

—Mejor, no te hace falta comer.

Subí a mi habitación con las piernas cansadas y agarrotadas, hasta que llegué a mi habitación. No la había visto bien en semanas, en aquellas semanas que me pasé en pasillos de hospital, sillas de salas de espera y el sillón incómodo de la habitación de Camila.

Me senté al borde de la cama, miré mis zapatillas de deporte que mi tío Stephen me dio. Eran azules, la punta curva, detalles blancos y grises y los cordones blancos. No combinaban con nada de lo que llevaba puesto, ¿pero qué le iba a hacer? Era lo único que tenía. Lo único con lo que podía salir a la calle.

No sé cómo, pero comencé a llorar de una forma tan desconsolada que ni siquiera yo lo entendía. Todo se estaba cumulando en mi pecho, en mi cabeza, todo lo que había vivido aquellas semanas más la mierda que arrastraba me estaban hundiendo poco a poco.

treinta y seis

—Vale, Camila, si quieres ver mis fotos tengo que usar tu ordenador, así que calma. —Me senté en la mesa de su escritorio. Sus padres le habían comprado un portátil nuevo, uno normal para ser más exactos. Dios, era tan distinto todo ahora.

—Pero yo quiero salir a la calle. —Me hacía sonreír escucharla a mis espaldas mientras yo sacaba la tarjeta de memoria del bolsillo de mi mochila.

—Ya, ya sé que quieres salir a la calle, cariño. Pero... Las fotos no se ven bien en la calle. —Metí la tarjeta en la ranura que había a uno de los lados del ordenador. Aún tenía las pegatinas para protegerlo incluso.

—¿Pero no se pueden ver en la calle? —Solté una risa al escucharla, tecleando en el ordenador.

—No, la luz da en la pantalla de la cámara y no se ve nada. —Sus brazos pasaron por encima de mis hombros, acariciando mi pecho hasta abrazarme por la espalda.

—Entonces mejor aquí. ¿Sabes manejar esto? Tiene muchas... Cosas. —En la carpeta comenzaron a aparecer todas las fotos, y cliqué sobre la primera.

Justo cuando me fui a levantar, Camila se sentó sobre mi regazo de lado para poder mirarme a mí y a la pantalla a la vez. Había una foto en la que estaba ella escuchando música con los ojos cerrados, algo reclinada entre los cojines de la cama.

—Soy yo. —Hice una mueca con los labios presionados entre sí, mirándola con algo de miedo. Estaba claro que era algo raro hacerle fotos sin que ella lo supiese.

—Te dije que... Te dije que te hice algunas fotos, ya sabes... —Ella arrugó la nariz con las mejillas algo sonrojadas, girando la mirada hacia mí.

—¿Así estábamos en casa de tu abuela? —Lo recordaba. Recordaba que el único sitio donde podíamos estar tranquilas era en casa de mi abuela, recordaba que escuchaba música mientras yo dibujaba. —Me sacas mucho más guapa.

—La fotografía captura momentos, no hace a la gente más guapa.

Seguimos viendo las fotos, Camila no hablaba, simplemente estaba pegada a la pantalla con los ojos estudiando todos y cada uno de los detalles de la foto. Cuando quería cambiar de foto, ella me sujetaba la mano para que no lo hiciese. Así al menos durante tres minutos mirando cada foto. Por lo que había visto, las fotos del bosque y Vancouver le habían encantado.

En cuanto acabamos, simplemente me besó durante unos minutos quedándose sentada en mi regazo, con una mano en mi cuello, acariciándome la mejilla lentamente. Luego me pidió que la llevase fuera.

—¿Quieres que te lleve a ver Vancouver? —Le preguntaba mientras andábamos por la calle. Camila aún miraba a su alrededor, miraba las hojas de los árboles que se unían en una bóveda de ramas, hojas, tonos verdes y marrones que se fundían para formar un cuadro encima de nosotras.

—Claro, ¡claro! —Caminaba casi dando pequeños saltitos, tirando de mi brazo y mirándome con una de esas sonrisas que llenaban el alma. Camila era tan feliz, Camila estaba tan llena de vida que me daba pena estar casi podrida por dentro.

Camila paró de caminar en uno de los pasos de peatones y se plantó delante de mí mirándome a los ojos.

—Tus fotos son demasiado bonitas. —Se quedó en silencio cogiéndome de las manos, arrugando la nariz. —¿Puedo pedirte algo?

—¿Qué quieres? —Ladeé la cabeza hacia el lado en el que la tenía ella, viéndola sacar la lengua entre los dientes algo divertida.

—Quiero... ¿Podría poner la foto del atardecer en la bahía en mi habitación? Sería genial. Por fi. —Solté una risa al escucharla, poniendo las manos en sus mejillas asintiendo.

—Claro que sí, no tienes por qué preguntar eso, Camila. —Me incliné sobre ella dándole un tierno beso, atrapando su labio inferior entre los míos y notando cómo sus manos se apretaban a los lados de mi camiseta. Le di otro beso, y otro de nuevo, hasta que terminó abrazándose a mí.

*

Algunos días eran mejores, otros días, sinceramente, no sabía qué cojones hacía en el mundo. Me planteaba de una forma seria y constructiva eso de dejarlo todo, ahora Camila ya veía y no necesitaba mi ayuda. Ella sería feliz, encontraría a un chico o chica más guapo o guapa que yo, que la tratase genial como verdaderamente merece y no como alguien que se demacra por las esquinas llorando y arrastrando el demonio que lleva a sus espaldas.

Entré en casa dejando caer los pies en la madera de parqué que crujía bajo mis pies, en el sofá del salón mis padres y mis hermanos. Todos miraban la tele sin hacerme ningún caso.

—Ya hemos cenado, queda algo en la nevera. —Dijo mi madre sin apartar la vista de la pantalla. —Tienes correo en la mesa.

¿Correo? El único correo que yo tenía era el de la propaganda del banco para que siguiese con mi cuenta joven con ellos. El sobre estaba abierto, las puntas del papel parecían resquebrajadas por los bordes; no podía tener ni un poco de intimidad en aquella casa.

Cogí el sobre entre mis manos, '*Ministerio de Educación canadiense*'. Por un momento, mientras abría el sobre no sabía de qué se trataba. Me humedecí los labios sacando el folio y mis ojos se escurrieron por las letras hasta llegar al final de la página. Mayúsculas, color verde.

APROBADO.

El corazón me iba tan rápido que casi creía que iba a explotar, sonreí. Los miré a ellos que observaban la tele menos mi hermano que se dio la vuelta para mirarme con una sonrisa.

—Qué, ya está, ¿no? —Estiró una mano desde el sofá para que chocase con él, y lo hice sin dejar de mirar el papel.

—He aprobado. —Solté una suave risa, levantando la mirada hacia mis padres. Mi madre me miró, cruzándose de brazos en el sofá con el ceño fruncido.

—Sí, y como ya has terminado tus estudios es hora de que trabajes. —Entreabrí los labios para replicar, pero ella era más rápida. —Te he conseguido trabajo en el club de un amigo nuestro. Empiezas mañana.

—Pero yo no quiero trabajar en eso. —Murmuré en voz baja. —Yo quiero seguir estudiando.

—¿Seguir estudiando? —Mi padre soltó una risa, girando la cabeza para mirarme. —Si ni siquiera has sido capaz de sacarte el graduado de una forma normal, como todo el mundo. Qué vas a seguir estudiando. —Abrió una lata de cerveza que derramó la espuma por encima y le dio un trago. —¿Y tú te crees que a mí me gusta trabajar en esto? —Mi madre negaba alzando una ceja.

—Yo iré, yo iré a hacer ese trabajo. —La voz de mi hermano se alzó entre las nuestras, con los brazos cruzados mirando al frente. —Acaba de terminar de estudiar durante dos meses, no es justo que la pongáis a trabajar ahora.

—¿Estudiar es trabajar? ¿Estudiar te cansa? Igual te cansará a ti que estudias, ¿pero ella que ha aprobado con un siete? —Mi padre apretó la mano alrededor de la taza de cerveza al igual que lo hacía con la mandíbula. —No. Va a ir ella, y va a traer dinero a esta casa.

A esta casa. No me podía volver a ir.

*

Turno de noche en un club casi clandestino del centro de Vancouver. De doce de la noche a seis de la mañana, todos los días, excepto lunes de descanso. Las luces de neón rosas y rojas se iluminaban delante de mis ojos, vidriosos y cansados. Mi padre había estado taladrando en la habitación de al lado y no me había dejado dormir.

—¿Eres Lauren? —El gerente del local me recibió a eso de las once de la noche, antes de abrir. Estaba con las manos puestas en el mostrador con el ceño fruncido y los dedos cruzados entre ellos.

—Sí. —Asentí colocándome la mochila al hombro. Él me escudriñó con la mirada, con una leve mueca.

—Yo soy Simon, el gerente de esto. —Asentí observándolo salir detrás de aquél mostrador de madera barnizada, oscura. Él tenía el pelo rubio, corto aunque un flequillo peinado con laca. Sus ojos eran cortantes, serios, duros, de un color azul intenso. Sus labios, algo gruesos que lucían en medio de aquella barba rubia y dorada, perfectamente recortada. —Ven conmigo, te enseñaré qué tienes que hacer.

Recorrimos el hall principal, una sala oscura donde había una puerta negra. Al abrirla, estaba la sala de fiestas; vacía y con las mesas aún por poner. A nuestra izquierda, una barra iluminada con luces de neón moradas y de fondo música de ambiente, no house ni electrónica, sólo para pasar el rato.

—Limpiarás los baños al empezar la noche, y si hay algún imprevisto, y sabes —se giró para mirarme con los labios apretados— pues también. Luego saldrás a la sala y limpiarás para que todo esté en orden. —No tenía mucho más que decir, así que simplemente asentí y Simon me miró con el ceño fruncido. —¿Es este tu primer trabajo?

—Sí, señor. —Abrió un poco los ojos, soltó un suspiro y apretó mi hombro dándome dos palmaditas en la espalda, como si no supiese lo que me esperaba.

—Pues suerte.

Los baños, por suerte y por ser el primer día ya estaban limpios, así que me ahorré tener que zambullirme en aquél estercolero. Simon me dio una bolsa con mi uniforme, pantalón de pinza negro, camisa de manga corta negra y nada más. Ah sí, un carro de limpieza.

Aquella noche fue un auténtico caos. El alcohol caía al suelo cada dos por tres, vómitos, llegué a encontrarme condones usados en el suelo del baño. Me llamaron para estar en la barra cuando no daban abasto, y yo, sin ninguna experiencia me veía ante una avalancha de gente que me reclamaba sus bebidas pero yo no sabía qué hacer e iba más lenta de lo normal. Así durante seis horas, seis eternas horas en las que me dolía la espalda, me quemaban los pies y las piernas de ir corriendo de un lado a otro y que al final todo sería para darle ese dinero a mis padres.

treinta y siete

—Shh... George no. —Escuché la voz de mi madre al otro lado de la puerta. Creían que estaba dormida. ¿Qué era eso?

—¿Qué pasa?

—Está dormida. —Me quedé de pie frente a la puerta.

—¿Y qué? Tengo que echar abajo media pared. —A mi padre no le importaba que yo estuviese durmiendo, haría ese estruendo igual. Ellos creían que yo dormía porque no me quejaba, pero la realidad era que me quedaba en la cama con los ojos abiertos como un búho. Lo raro era... ¿Mi madre se preocupaba porque durmiese?

—No, George. Ahora que duerme, podemos esconder el dinero del primer mes. —Ya decía yo. ¿Estaban intentando esconder mi propio dinero por si lo cogía? Eso ya era el colmo.

—Es verdad... —Escuché los pasos de mi padre en la puerta. —¿Dónde podemos esconderlo?

—Había pensado detrás del mueble de nuestra habitación. Pegado en un sobre. Si se le ocurre mirar, que no lo creo, no mirará ahí. —Mis pies permanecían estáticos al igual que mis manos, sin hacer ningún ruido. Mi corazón latía a mil por hora, rezando por que no abriesen la puerta.

—Sí, es verdad.

Cuando los pasos desaparecieron, me apresuré a la cama metiéndome en ella aún con el pantalón del uniforme puesto. Aquellos cabrones se iban a enterar.

*

Se fueron a comprar algunos materiales que mi padre necesitaba para seguir haciendo la obra, quince minutos después asegurándome de que se habían ido, metí toda mi ropa en la mochila, mi móvil, mi mp3, los cuadernos y carboncillos y en la mano llevaba el estuche de óleos. Fui a la habitación de mis padres y separé el mueble frente a su cama, detrás, en el chapón había pegado un sobre color mostaza. Lo abrí, tenía todo MI dinero.

Bajé corriendo las escaleras mientras contaba los billetes, algo que podría haberme costado la vida, hasta que me choqué con algo. Era mi padre. Levanté la mirada y, en ese momento sentí unas ganas de vomitar enormes. Sentí que algo me apretaba la boca del estómago, y que mis piernas eran simples palos sosteniendo mi peso muerto.

—¿Qué haces, Lauren? —Su mirada era tan fría, tan dura, tan cruel, que aunque me estuviese muriendo de miedo tenía que responderle.

—Es mi dinero. —Respondí con rabia, pero él me agarró la muñeca, apretándola tan fuerte que sentí mi mano hincharse tras unos segundos al cortarme la circulación.

—Esto —sacó el sobre de mi mano de un tirón— es mío. —Se lo guardó en el bolsillo de la chaqueta, pero no dejó de apretar mi mano.

—¡Yo trabajé para ganarlo, y es mío! —Grité forcejeando, pero él no se movió, siguió apretando mi mano que estaba totalmente roja.

—Yo he trabajado toda mi vida para alimentarte, darte ropa y un techo en el que vivir. Ahora esto es mío.

—Eres un hijo de puta. —Le escupí en la cara, y en ese instante me arrepentí con todas mis fuerzas de lo que había hecho.

Su mano, la gran mano de mi padre me cogió por el cuello y me levantó medio metro del suelo golpeándome contra la pared. Su brazo estaba en total tensión, y sus ojos estaban repletos de ira.

—ADELAGAZA, HAZ LAS COSAS BIEN Y QUIZÁS, SÓLO QUIZÁS SERÁS FELIZ. —Me gritó en la cara, su aliento era nauseabundo y yo me estaba ahogando. Moví las piernas para darle una patada, pero aquello no funcionaba así, cuanto más me resistía él más me zarandeaba. Sus palabras se clavaron en mi cabeza al igual que sus dedos en mi garganta, dejándome sin aire. Me dio un cabezazo en el pómulo, y entonces opté por la opción más fácil; dejar de moverme y hacerme la inconsciente.

Mi cabeza cayó hacia adelante, mi cuerpo era un peso muerto que mi padre dejó de golpear contra la pared. Me estaba clavando, de nuevo, algo en la espalda. No sabía lo que era pero punzaba hasta el punto de hacerme llorar. Mi padre me soltó, dejándome en el suelo.

—A ver si ahora eres capaz de replicar tanto y dejas de hacerte la inconsciente. —Cerró la puerta de casa, echando la llave y yo abrí los ojos, comenzando a tomar bocanadas de aire rápidas y profundas, viéndolo todo borroso, confuso, ahogándome con un dolor punzante en el pómulo.

*

No volví a intentar robar el dinero, o más bien coger lo que era mío. Estaba absolutamente aterrada. Tampoco podía salir, porque me quitaron mis propias llaves.

Al estar reformando la habitación de mi hermano, yo apenas podía dormir por las tardes. Al intentar dormir durante el día, yo apenas veía a Camila. Quizás dormía cuatro horas, desde que terminaban los ruidos del taladro, de cinco a nueve. Después cenaba, y luego cogía el autobús que me llevaba hasta el centro de Vancouver; mi padre no dejaba que me llevase el coche ni la moto de mi hermano.

—Ten cuidado. —Me dijo mi hermano mientras yo me ponía la camisa negra del uniforme. Me encogí de hombros mirando al suelo. Quería morirme la mayoría del tiempo, así que, ¿por qué debería tener cuidado?

—Nos vemos mañana. —Dije sin más, saliendo por la puerta con el abrigo puesto y una mochila a la espalda.

Hacía muchísimo frío, era terrible. Ni siquiera en marzo las temperaturas daban un respiro, estábamos rozando los 7 grados. El vaho salía de mi boca al respirar, congelando mi garganta, enrojeciendo mi nariz.

Los cristales del autobús estaban empañados por mi respiración, y mi cabeza se apoyaba en este, mientras yo observaba las luces de la ciudad. Gente que paseaba por las calles cogidos de la mano, sonreían, eran felices. Me preguntaba si algún día yo conseguiría eso, si yo andaría por las calles sin preocuparme, si yo cogería a Camila de la mano con una sonrisa de verdad, sin esconder todo lo que me estaba pasando. Me preguntaba si... Si podría salir de mi casa.

—Hey, llegas temprano hoy. —Simon estaba apoyado en la barra con un bolígrafo en la mano y una libreta debajo. Asentí al escucharlo, entrando en la habitación del personal. No había tenido ocasión de hablar con ningunos, así que cuando todos me miraron, yo no supe cómo reaccionar. —Chicos, esta es Lauren. Uh... ¿Qué te ha pasado ahí? —Señaló mi pómulo y negué apartándome de él, aunque fuese mi jefe no quería hablar de aquello. Todos se miraron entre sí, y yo busqué un sitio en el último sofá, al lado de un chico.

Todos hablaban entre sí, comentaban cosas sobre el trabajo, la noche anterior, pero yo no tenía nada que comentar porque lo único que quería hacer era desaparecer. El silencio me consumía.

—¿Cuántos años tienes? —Me preguntó un chico desde el principio de la habitación.

—Veinte. —Respondí en voz baja, y todos se quedaron en silencio.

—Eres muy joven para trabajar aquí... De hecho, ni siquiera podrías beber alcohol. —Dijo el chico de mi lado, revolviéndome el pelo con la mano y todos rieron. Yo sonreí.

Aquella noche me tocó limpiar los baños, llenos de suciedad y mugre por todas partes. Me tocó sacar la basura cinco veces. Aquella noche tuve que fregar el suelo del hall con las manos porque alguien había vomitado allí. Aquella noche, me dolieron las manos de fregar todos los vasos uno a uno. Me dolía la espalda, me dolían las piernas me dolía todo pero... A mis compañeros parecía no afectarles nada.

—Oye. —Dije en la sala de personal, cogiendo mi chaqueta cuando ya nos íbamos.

—¿Sí? —El chico que estaba a mi lado en el sofá se giró mientras salíamos del club a la luz del alba.

—Cómo... ¿Cómo aguantáis toda la noche sin dormir y... Rápidos y esas cosas, ya sabes? —Él se rio, cogiéndome de la muñeca para volver dentro del club.

—Tengo otro trabajo al salir de aquí. —Abrí los ojos de par en par y entramos en el baño. Allí, tres personas estaban... Esnifando cocaína.

—Puedes estar toda la noche al cien por cien aunque no hayas dormido.

—Vaya... —Murmuré en voz baja, retirando la mirada y volviendo a salir con él del club.

Pero yo no tenía otro trabajo, lo que tenía que hacer era coger el autobús de vuelta al vecindario. Entonces, iba lleno. Todo el mundo iba a trabajar y yo volvía, apestaba a sudor, humedad y suciedad. Me senté en la parte trasera, donde nadie pudiese verme ni percatarse de mi presencia. Me avergonzaba que me viesen de aquella manera, tan... Sucia.

Bajé del autobús, y vi a Camila, estaba en la parada esperando el autobús para ir al instituto. No le había contado nada de mi trabajo, así que cuando me vio, frunció el ceño; pero yo sonreí ampliamente aunque mis ojeras rozasen el suelo, aunque me dolieran las piernas, porque era Camila.

—¿Qué haces aquí? ¿De dónde vienes? —Fue a abrazarme pero la aparté negando.

—Vengo de trabajar, huelo a... A madriguera de mofeta. —Solté una risa y ella sonreía, pero me miraba con los ojos abiertos, esperando una respuesta. —Trabajo por las noches, y eso...

—¿Y no me lo habías contado? —Hice una mueca negando, frotándome las manos.

—Sólo es desde hace unos días, yo... —Mi rostro se tornó de una sonrisa en una mueca de amargura y dolor, frotándome la frente con un suspiro.

—Lauren, eh, tenemos que hablar... Cuéntame qué te pasa, no puedes estar así. —Retiré las manos de entre las suyas negando, apretando los ojos. —Lauren, por favor.

—No. —Repetí negando, con una lágrima cayendo por mi mejilla. No quería que Camila se intoxicase conmigo.

—Lauren.

—¡NO! ¡TE DEJÉ MORIR PARA QUE FUERAS FELIZ, DEJA DE PREGUNTARME COSAS Y DÉJAME SER FELIZ! —Grité con rabia, y entonces la vi comenzando a sollozar, la había metido en la mierda queriendo evitarla. —No, Camila, no... —Camila negó, y se subió al autobús del instituto, dejándome allí con el corazón en el suelo y las lágrimas en los labios.

Estaba hundida en la mierda, y ahora, ni siquiera Camila podía sacarme.

treinta y ocho

—Y entonces... ¿Podría probarlo yo? —Pregunté entrando en el baño, y todos asintieron. Aquél chico, Dave, puso una mano en mi espalda acompañándome dentro. Allí, un grupo de chicas estaban agachadas sobre la tapadera del váter, respirando aquél polvo blanco que desaparecía hasta entrar en su nariz.

—Sólo un poco, creo que eso te bastará. —Me puse de rodillas frente al váter como un peso muerto, y ni siquiera lo pensé. Respiré, tragándome aquella raya hasta que se terminó. Eché la cabeza hacia atrás apretando los ojos, sin escuchar nada más a mi alrededor.

Apoyé las manos en el lavabo y me miré la cara en el espejo, mis músculos se tensaron, el verde de mis ojos se hizo casi negro, y mis manos apretaron el borde del lavabo.

Aquella noche... No sé qué pasó durante las cuatro primeras horas. Lo único que sé es que corrí, que limpié pero no estaba cansada. Que mis músculos no quemaban, que yo no sentía nada más que un profundo afán de querer moverme, correr, aunque a las cuatro de la mañana se me pasó el efecto.

Me tiré en el baño, ¿por qué Camila no estaba conmigo? Yo era una mierda, era normal que Camila no me quisiera. Si ni mis padres me querían, ¿quién más iba a hacerlo? Ellos llevaban razón, y yo no debería haber nacido, y era una cobarde por no irme. Era una cobarde por no tener el valor suficiente de desaparecer.

La llamé.

—¿Si...? —Su voz sonó ronca a través del teléfono. La música sonaba de fondo, sorda, como si estuviésemos bajo el agua.

—Camila... Te quiero... ¿Por qué no quieres estar conmigo, huh? —Apreté el móvil y los ojos, mis lágrimas descendían rápido por mis mejillas, una detrás de otra.

—Lauren, claro que quiero estar contigo.

—No, no quieres. ¡NO QUIERES¡ —Golpeé la puerta del baño con rabia, haciéndome daño en la mano. —Nadie quiere...

—Lauren, por favor, deja de llorar. Claro que te quiero.

—Tú tienes que ser feliz, y yo no te hago feliz, Camila, no puedes querer a alguien tan tóxico que te hace infeliz. —Me encogí en el sitio y la puerta del baño se abrió. Me sonaba la cara de aquél chico.

—Lauren, dios mío, ¿dónde estás? Voy a ir a buscar... —Era Liam. Liam, el chico que me violó cuando apenas tenía catorce años.

Me puse de pie como pude apoyando las manos en la pared, y él se rio.

—Pero mira quién tenemos aquí... Si es Lauren, la que creía que podía hacerme daño. —Me cogió de la muñeca y la dobló con fuerza.

—¡DÉJAME! ¡DÉJAME EN PAZ! —Pero él era más fuerte que yo, y tiraba de mi camiseta desgarrando la tela del uniforme.

—¿¡Te creías que eras capaz de denunciarme y hacer que fuera a la cárcel!? ¡EH! —Me empujó contra la pared, pero el chico de seguridad entró en el baño al escuchar los golpes y lo cogió como si fuera un trapo.

—FUERA DE AQUÍ. FUERA. —Cogió a Liam por el cuello y lo doblegó hasta dejarlo de rodillas en el suelo, hablando por el pinganillo que tenía en la solapa de la chaqueta. —Llamad a la policía. ¿Estás bien? —Yo no respondí, porque lo miraba aterrada desde la pared, queriendo esconderme en alguna esquina mientras lloraba desalmada.

Desde entonces, todas las noches fueron así. Una raya, cuatro horas, y bajón. Camila llegó a apagar su teléfono mientras dormía, no quería hablarme. Lo entendía. Yo sólo le gritaba, me enfadaba, enloquecía porque ella estaba cabreada conmigo, y con razones. Ella quería ayudarme y yo la rechazaba, la atacaba con aquél argumento de que la dejé morir, pero yo no controlaba lo que decía. Yo no controlaba mis impulsos, no controlaba nada de mi ser. Estaba totalmente en posesión de la droga, y cuando me despertaba por las mañanas no sabía qué había pasado. Llamaba a Camila, y ella me respondía llorando, y yo colgaba llorando.

Le decía mil veces te quiero, pero eso ya no era suficiente. Ya nada era suficiente para eso que me estaba desgarrando por dentro, tan lento, tan despacio, tan profundo y doloroso, de una forma vil y cruel que me estaba consumiendo poco a poco, como aquella droga que me consumió.

Un día en la semana, hicimos una fiesta para los empleados, y el alcohol corría por el suelo pero esta vez yo no lo limpiaba. Las copas que me tomaba, no era yo quién las recogía. Una tras otra, el ron, el vodka corrían por mis venas. Tenía la vista nublada y no sabía lo que hacía, prefería no saberlo. Bailábamos todos con todos, y yo no quería saber nada del mundo. La música sonaba fuerte en mis oídos, como cuando metes la cabeza en la bañera para que los problemas no te aturdan.

Diez copas, me besé con una chica. No sé ni quién era, no recuerdo su cara, sólo recuerdo su beso. Sólo recuerdo que su lengua se fundió con la mía en más de una ocasión, y que en mi cabeza, en esa parte cuerda que quedaba en mí le estaba pidiendo perdón a Camila. Perdón por todo.

*

—Procura que no te echen del trabajo, porque si no sabes limpiar en casa, ¿cómo vas a saber limpiar ahí? —Estaba tirada en el sofá, mis padres se ponían el chaquetón para irse y con una raya en el cuerpo.

—Si quieres cenar, no sé, mira en la nevera. O si no...

—O si no que no coma, Katy. —Miraba la tele con los ojos muertos.

—Yo también te quiero, papá. —Fue lo último que dije antes de que se fueran.

Cogí mi móvil y llamé a Camila, ella lo descolgó.

—¿Sí? —Añoraba su voz. Añoraba estar con ella. Añoraba sus abrazos y sus besos. No había podido disfrutar de que Camila podía ver.

—Te quiero... —Dije agachando la cabeza entre mis manos.

—Ya... —Me rompía el alma escuchar aquello.

—Camila, por favor, no me dejes. —Dije con la voz rota, con el alma en el suelo y el corazón destrozado.

—Es que ya no sé si somos algo, Lauren. —Camila comenzó a llorar, y yo me levanté del sofá tirándome del pelo con las lágrimas brotando sin parar.

—No puedes dejarme. NO PUEDES. —Grité enfadada, dándole una patada a la silla del salón, escuchando su llanto al otro lado del teléfono.

—Te quiero, pero me estás haciendo demasiado daño. —Apoyé una mano en la pared, y mis dedos la apretaron hasta volverse blancos.

—Camila como no me digas que vuelves conmigo te juro que me suicido. —Ella se quedó en silencio, escuché los hipidos de su llanto, y nada más.

—Adiós Lauren... —El pitido del teléfono.

Me senté en el sofá quitándome las lágrimas, cogiendo el teléfono. Pedí una pizza familiar hawaiiana y carbonara, las favoritas de Camila. También pedí sushi y hamburguesas. Cuando llegó todo después de una hora, empecé a comer abriendo una botella de vino de 1910 que mi padre tenía guardada en la cocina. Estaba realmente bueno.

—Come, bebe vino, y fóllate a tu mujer, porque mañana probablemente estarás muerto. —Sonreí mirando la tele mientras engullía aquella pizza entera, hasta los bordes. También el sushi, y después... Después aquellas cinco hamburguesas.

Vomité de tanta comida que había pedido, pero me dio igual. Dejé la mesa del salón manchada.

Subí a mi habitación y cogí una hoja de papel y un bolígrafo, aquellos que había utilizado para conseguir aquella ansiada falsa libertad. Aquella libertad que me pintaron y prometieron, y que allí se quedó enterrada en libros y apuntes.

"Lo siento. Siento... Siento haber aparecido en tu vida sólo para complicarla, siento haber pasado tanto tiempo contigo sólo para intoxicarte, Camila. Eres la persona más pura y buena que existe, y no te mereces estar al lado de una persona que desprende tristeza. Que arrastra sus demonios allá por donde va, que su aura es tan negra como su alma. Te quiero, te he querido de la manera más pura en la que alguien puede amar. Te he querido de una manera en la que tu felicidad era la mía, pero mi vida me ha acabado consumiendo. Te quiero, y me alegro de haberte podido enseñar a leer, y a sentir experiencias nuevas, pero yo ya no puedo más. Ya no puedo seguir viviendo, porque no veo ninguna manera de salir de aquí. Tú eras lo único que me mantenía con vida, y te has ido por mi culpa. Todo es por mi culpa. Estoy volviendo a donde merezco, a la nada, de dónde nunca debí haber salido. Porque yo no debería haber existido. Siento que este último mes tu vida haya sido una catástrofe por mi culpa, siento todas las noches en las que te llamaba gritando, llorando, pero esa no era yo. Esa persona no era yo. Tú me conoces bien, pero esto que llevo dentro me está consumiendo, y no quiero que te consuma a ti también.

Te quiero, aunque para mí serás la primera y la última, espero que alguien más se atreva a hacerte feliz como yo lo hice. Espero que alguien decida compartir su felicidad contigo, porque yo no tengo. El mínimo atisbo de felicidad en mi vida eras tú, y se acaba de desvanecer.

Ya no puedo más, en unas horas probablemente no te coja el teléfono, y mi voz, esa que muchas veces me dijiste que te gustaba, ya no existirá.

Te quiero.

Lauren."

Con lágrimas en las mejillas, metí la carta en un sobre y escribí un 'Camila', que se vio emborronado por una lágrima que cayó sobre el papel, destiñendo su nombre.

En el estuche de óleos y carboncillos, puse una pegatina con el nombre de Marie, y mis DVDs de series, se los di a Kyle.

Mi cámara y mi portátil, que había recuperado, serían para Chris. A él le dejé un simple *'Espero que algún día me perdones.'*

Fui a la cocina y encima de la mesa había una botella de vodka que había comprado, en la otra mano llevaba una bolsa de cocaína que había robado de mis compañeros; total, nadie iba a echarla en falta cuando me muriese.

Llegué al baño y me puse en la tapa del váter, tragándome los 15 gramos uno tras otro, y me levanté tambaleándome un poco mirándome al espejo. Me desnudé, me metí en la bañera y puse The A Team en repetición. No sé por qué, leí que así iría más rápido, pero me corté la muñeca con un cuchillo que había traído antes. Dolía, escocía muchísimo. Abrí la botella de vodka y bebí algo más de un vaso del tirón. Todo daba vueltas, mi corazón iba tan rápido que parecía que iba a morirme, me faltaba el aire y mi cuerpo se puso en total tensión hasta que la botella de vodka cayó al suelo rompiéndose en mil pedazos. El agua de la bañera se tiñó de rojo claro, la hemoglobina corría.

No sé por qué la gente dice que antes de morir ve imágenes de su vida a toda velocidad, porque lo único que vi fue a Camila.

treinta y nueve

No.

La palidez del rostro de Lauren era casi fúnebre. Mis lágrimas también lo parecían. Casi. Esa era la palabra. Según los médicos, un gramo más de cocaína y mis lágrimas serían un llanto fúnebre, sin ningún casi en medio. Un minuto más antes de que Chris la encontrase, y Lauren estaría muerta.

No debí dejarla, no así, no de esa manera. Yo debía ayudarla, no alejarla de mí. Debía haber estado a su lado, como ella lo estuvo conmigo pero yo la aparté. Era mi culpa, todo aquello era mi culpa... O no. No, no era mi culpa. Fuera, sus padres esperaban. Le pedí al doctor Swan que no les dejase entrar, y él infringiendo las normas de su propio hospital me ayudó. Sólo estaba yo con ella, yo al lado de aquella cama donde Lauren yacía inerte.

Tenía una mascarilla puesta, la mano vendada porque según me dijeron intentó suicidarse de todas las maneras posibles. Al lado de la mesita, habían dejado una carta escrita a mano. Era de Lauren para mí.

Mis lágrimas caían sin parar por mis mejillas hasta llegar al final. Si no... Si no hubiese colgado, si hubiese ido a su casa y la hubiese arropado, sólo si hubiera hecho eso Lauren no se estaría muriendo en aquél momento.

Cogí su mano y la besé, poniéndola sobre mi mejilla como si me estuviese acariciando, pero no, no lo hacía. Miré su rostro y de su ojo brotaba una lágrima que caía en la almohada. ¿Cómo podía hacer eso? ¿Cómo podía ser eso? Si lloraba era porque me sentía, porque estaba sintiendo, y estaba conmigo.

—Hey, hey. —Me acerqué a ella acariciando su mejilla lentamente. Quería salvarla, pero no sabía cómo y me sentía impotente. —Quiero dormir contigo... —Me acomodé a su lado y cerré los ojos. Al menos sentía el latido de su corazón y su respiración subiendo y bajando.

Me quedé dormida, no sé durante cuántas horas, pero descansé un poco. Aunque en ocasiones no sabía si estaba soñando, o de verdad me había levantado para llorar.

El primer día en el hospital fue el más duro, ver a Lauren así pensando que era por mi culpa, me hundía en la miseria. Luego, pensaba que todo era culpa de sus padres, y entonces el peso se me quitaba un poco, pero volvía. Volvía a mí siempre, volvía como las lágrimas que salían de mis ojos.

El segundo día, no tenía nada que decir, se me habían gastado las lágrimas y simplemente me limitaba a estar en la habitación como un peso muerto. A veces entraba mi madre para preguntarme cómo estaba, pero yo me encogía de hombros. Mal, mamá, estaba mal.

El tercer día, Lauren lloró de nuevo, y yo lloré con ella, en silencio. Comía tan poco que en aquellos días perdí tres kilos.

Al cuarto día, decidí levantarme de aquél sillón y abrir la ventana. La luz entró reflejándose en el cuerpo de Lauren, y pensé que quizás sería bueno que le diese el sol. Sonreí un poco, podía verla. Fruncí el ceño, sus ojos... Debajo de sus pestañas estaban brillando. Me acerqué a ella rápidamente y vi que los tenía entornados.

—Lauren. —Dije sonriendo, poniendo una mano en su mejilla. —Lauren mírame. —Esta vez era yo la que le pedía que me mirase. Ella, lentamente, levantó la mirada hasta mí. Me tapé la boca con las manos comenzando a llorar, escondiendo la cara en el hueco de su cuello donde me sentía casi protegida. Me volví a separar enjugándome los ojos mirándola con una pequeña sonrisa. —¿Sabes quién soy? —Lauren asintió lentamente, y yo me aferré a ella como si fuese su vida.

*

Según el médico sus órganos habían sido afectados, sobre todo su cerebro. Aunque era reversible y podría recuperar la movilidad en las manos —que la había perdido— , y el habla, estaba bastante afectada. Lauren solo me miraba, sentada en la cama con la mascarilla puesta, sus pulmones necesitaban unas semanas para que dejasen de estar tan débiles y dejarla respirar.

—Espero que algún día me perdones por todo, ¿sabes? —Dije abriendo la tapadera del plato con una crema de verduras humeante. Quería dejar de llorar pero no podía, ver a Lauren así, con la mirada ida, perdida en mis ojos me mataba. Me dolía profundamente. Tenía la cabeza de lado apoyada en la camilla, y los brazos a cada lado de su cuerpo. El médico le había cambiado la mascarilla por unas gomas que entraban por su nariz para que así pudiese comer.

—Y—Yo... —Comenzó a hablar y me quedé con la cuchara en la mano, y el plato en la otra. —Engañé

—¿Me engañaste? —Lauren asintió lentamente, y un peso más se añadió a mi pecho. —¿Cuándo era ciega? —Volvió a negar y suspiré, apretando los labios. —¿Cuándo estabas tomando cocaína para poder aguantar sin dormir? —Lauren asintió con los ojos cerrados, pero para mí eso no significaba nada. No dolía. —¿Fue sólo un beso? —Lauren volvió a asentir, con una lágrima cayendo desde su ojo hasta sus labios entreabiertos. —No me importa. —Pasé la cuchara colmada de puré por el filo del plato, retirando lo sobrante y llevándolo hasta su boca. Lauren hizo una mueca, yo reí. —¿No te gusta? —Negó levemente, pero tenía que comer.

Cuando fui a darle la última cucharada, Lauren giró la cabeza con el ceño fruncido, haciéndome reír un poco.

—Hey... ¿Quieres un yogur de frutas para quitarte el mal sabor? —Volvió a girar la cara hacia mí, mientras yo abría el yogur y le daba una cucharada. Le gustaba, porque cuando terminaba de darle una cucharada, miraba el yogur esperando más, hasta que terminó. —Oye Lauren... Tú... —Carraspeé cogiendo su mano con cuidado, ya que tenía una vía en el dorso. —¿Sientes necesidad de drogarte ahora mismo? Lo que pregunto es si llegaste a tener una adicción, o era sólo por... Por tu vida. —Aquella pregunta sonó más dura cuando las palabras salieron de mi boca, y miré a Lauren. Negó al instante.

El médico llamó a la puerta y yo abrí, dejándolo pasar.

—Lauren, tienes una visita. —Ella giró la cabeza, y sus padres abrieron la puerta. En ese momento, el pitido de la máquina se aceleró de una forma asombrosa, y Lauren separó la espalda de la camilla.

—FUERA, FUERA, FUERA. —Gritaba con rabia, dando golpes en la tabla de la bandeja que tenía delante, tirando el plato y el yogur, manchándose la camisa del pijama. Su voz estaba desgarrada, sus puños se hacían daño, y yo me puse delante de ella abrazándola, haciendo que escondiese mi cara en su cuello. Negaba, una y otra vez, negaba agachando la cabeza entre lágrimas, poniéndose las manos sobre el pelo. —Fuera... —Decía con una voz débil negando lentamente contra mi pecho. —Fuera...

—Están fuera, ya no están, no vendrán a verte, tranquila. Sh... —Aparté las manos de su cabeza, que estaban agarrotadas, estaba temblando. Besé su mejilla y la volví a tumbar en la cama, observando ese gesto de dolor y tristeza en su rostro. —Lauren, ya no eres de ellos. Ya no tienes que volver, ahora eres mía y yo te cuidaré.

—Cerró los ojos con un puchero, y yo me levanté de su lado, acercándome a ella. —Voy a cambiarte la camisa, ¿vale?

No dijo mucho más, sólo miró a un lado mientras yo la cambiaba.

*

—¡Hey! —Una chica rubia apareció al final del pasillo y me sorprendió aquél grito. No la conocía de nada, y mucho menos al chico que iba con ella. Me quedé parada intentando averiguar quiénes eran mientras guardaba un dólar en la cartera.

—Hola..? —Terminé en una pregunta con una sonrisa, mirándolos a los dos.

—Oh, mierda, ya te dije que no nos reconocería. Has estado un mes en Hawaii, ¿recuerdas? —Su voz, ¡era Kyle! Entonces, si él era Kyle era ella...

—Camz, soy Marie. —Me abalancé sobre ella rodeándola con las piernas y los brazos.

—¡¡¡¡DINAH!!!!! —Grité dándole un beso fuerte en la frente, y ella rio soltándome en el suelo, luego me abracé a Kyle. —¡Tu pelo! Wow... ¡TU PELO! —Me tapé la boca con las manos. —TU PELO ES SÚPER CHULO. —Salté para poder tocarle el pelo y él se agachó, dejándome a la altura de él para poder acariciarlo.

—¿Cómo está Lauren? —Preguntó Marie. Al escucharla volví a la realidad. Lauren. Agaché la cabeza encogiéndome de hombros.

—Viva. —Respondí en voz baja mirándolos a los dos.

—Es triste que alguien que ayudaba a todo el mundo tuviese que pasar por todo eso sin que nadie pudiese hacer nada, ¿verdad? —Asentí cruzándome de brazos, apretando un poco los dedos con una mueca.

Miré las manos de Marie y Kyle, iban agarrados. Entreabrí los labios y los miré a los dos, que sonrieron un poco.

Estaba feliz por ellos, pero seguía pensando en Lauren.

*

—Hey, mira lo que te traigo. —Puse en la mesa uno de esos puzles para niños, de unas 50 piezas. El médico dijo que así le ayudaría a mover los dedos y a que su mente trabajase más rápido, así volvería a hablar antes. —¿Te gusta? Es de Nueva York. —Lo puse en la bandeja delante de ella quitándole el plástico para dejar ver la caja. Lauren asintió con la cabeza, quedándose mirándolo. —También te traje esto, ¿ves? —Saqué aquél libro que le había comprado. Era de arte ilustrado con algunos artículos y columnas interesantes, o eso me dijo el librero.

Mientras yo me comía un sándwich de la cafetería, veía a Lauren hacer el puzle encima de la bandeja. Cogía las piezas con la mano entera, cerrando el puño y fruncía el ceño buscando dónde ponerla. Soltó un gruñido con las cejas gachas, abriendo el puño y dejando que la pieza cayese dentro del cartón. Luego, con los dedos, la fue moviendo hasta colocarla.

Se cansó del puzle, así que cogió el libro que se tambaleaba entre sus manos y lo golpeó contra la bandeja para abrirlo, con las manos torpes, rudas y toscas, apretando la primera página. Lauren se agachó para leer, siguiendo con el dedo las letras del libro, sonriendo un poco.

—¿Te gusta? —Asintió, y mientras yo seguía comiendo, Lauren al menos tenía una distracción después de todo.

Lauren se pasaba todo el día inclinada sobre la bandeja leyendo aquél libro, parecía una niña pequeña, pero en cierto modo era adorable. Tenía el pelo castaño claro, creía que por la luz del sol que le daba directamente, nunca me había fijado en aquél detalle. Le recogí el pelo en una coleta mientras Lauren gruñía y cogí el bote de colonia echándome en la mano.

—Laur, no te muevas. —Volvió a gruñir mientras pasaba mis manos por su cuello para extender la colonia.

—Nooooooooooooooooooooooooooooooooooooooo. —Decía negando, negaba también con el dedo mirando el libro. —Maal. Mal. —Me agaché para ver que le ocurría mirándola con el ceño fruncido.

—¿Qué te pasa? —Señaló el libro con el dedo, dando golpes con el índice mirándome. —¿Está mal algo del libro? —Asintió señalándolo de nuevo. Era una frase, me acerqué y leí. *"Templete de San Pietro in Montorio, de Miguel Ángel Buonarroti."* —¿Tiene faltas de ortografía? —Negó, dando golpes con el dedo.

—Bra.. Mante. Bramante. —Cerré los ojos intentando descifrar qué decía. ¿Qué era Bramante, y por qué Lauren lo repetía una y otra vez. —Bramante... Es... Bramante.

—¿Qué es Bramante, Lauren? —Abrió los ojos con un suspiro, señalando la foto de un templete en la página. Ella apretó los ojos queriendo hablar, pero las palabras no le salían. Golpeó fuerte la tabla de madera donde estaba el libro con un gruñido. —Eh, eh, eh, no importa.

—Tonto. —Le dio un golpe al libro con el ceño fruncido, haciendo que me riese. Le coloqué mejor la goma que tenía en la nariz, echándola un poco hacia atrás en la cama. —Bramante.

—Bramante. —Repetí yo, dándole un beso en la frente y quitándole el libro de las manos. —¿Es Bramante un autor, Lauren? —Ella negó con los ojos cerrados y los labios apretados. —¿Es un... Arquitecto? —Asintió lentamente jugando con las sábanas que cubrían sus manos. —¿Es el arquitecto que hizo el templo de esta foto? —Ella asintió abriendo los ojos para mirarme, jugando con las sábanas. —¿Estás segura de que no fue Miguel Ángel? Él también era arquitecto.

—Sí. —Estaba segura. Saqué el móvil y puse Bramante en el buscador, y como ella bien decía, salió el templo que estaba ilustrado en el libro.

—Eres muy lista, Lauren.

*

Pasaban los días, y Lauren iba hablando algo mejor, sus dedos cobraban algo más de movilidad aunque no se apartaba de aquél libro que le había comprado. Podía quedarse mirándolo horas sin parar, le gustaba. Se apretaba el labio inferior con el dedo índice mientras pensaba, no sabía qué estaba pasando por su cabeza, pero de verdad me gustaría saberlo.

—Lauren, ¿no quieres coger el puzle que te compré? —Negó lentamente mirándome durante un momento, y luego volvió a agachar la cabeza en el libro. —¿Quieres dibujar? —Se me quedó mirando unos segundos y negó algo torpe agachando la cabeza. —Mmh...

Entonces, tras aquellas negativas y darme cuenta de que estaba obsesionada con ese libro se lo quité de la mesa. Lauren me miró con un pequeño puchero, y yo comencé a leerlo. Podría ser interesante si estimulaba a Lauren haciéndole preguntas sobre arte.

—¿Sabes quién pintó la Capilla Sixtina? —Asintió mirando a la pared, pasándose la palma de la mano por la mejilla. —¿Quién fue?

—Mmh...

—Vamos, es fácil. —Apretó los ojos a la vez que su mano en la mejilla y asintió.

—M—miguel Ángel. —Asintió de nuevo mirándome. —Miguel Ángel.

—¡Sí! Muy bien, pero esa era fácil, ¿verdad que sí? —Asintió con una sonrisa, moviendo los dedos sobre la sábana. —Vale, a ver qué tal esta. ¿Quién esculpió el rapto de Proserpina?

—Nini. Bernini. Bernini... —Asintió con una pequeña sonrisa. Miré la foto de la escultura, y pasé mis dedos por encima del papel. Aunque intentaba ayudar a Lauren, no se me olvidaba que aún estaba intentando acostumbrarme a esta nueva vida.

—¿Podremos ir a verla algún día?

—Noooooooooo. —Respondió negando con la cabeza y un dedo. —No.

—¿Por qué? ¿Es que no me quieres llevar? ¿Eh? —Le hice cosquillas en el abdomen y Lauren sonrió un poco apartándose de mí.

—I—Italia. Italia. En... En Italia. —Solté una risa al escucharla, tumbándome a su lado, apoyando mi cabeza en su hombro. —Perdón. —Me dijo ella sin más, rozando sus labios contra mi frente mientras yo miraba el libro.

—¿Por lo de engañarme? —Asintió lentamente con el ceño fruncido, pero yo negué encogiéndome de hombros. Para mí eso no fue ella, Lauren no estaba bien, Lauren había caído en un pozo que yo había hundido aún más. Sonreí, porque para mí significaba mucho más el hecho de que me lo hubiese contado que el 'engaño' en sí. Sabía que lo había hecho mal, y no había tratado de ocultarlo. —Ahora no debes preocuparte por eso, no debes preocuparte por nada.

*

—Así... ¿Ves? —Puse la mano encima de la de Lauren para que agarrase bien el tenedor, apartándola para que ella lo cogiese. Lauren sonrió. —No es tan difícil.

Elizabeth y los abuelos de Lauren estuvieron aquí unas semanas, su tío Stephen tenía partidos así que no podía venir a verla, la liga no perdonaba eso según me contaban. A Lauren le gustó mucho ver a sus abuelos y a su tía, que la cuidaba como si fuese uno de sus hijos. Según me contó, siempre intentaban ayudar a Lauren, pero la distancia era un gran impedimento. Incluso le ofrecieron quedarse en Ontario, pero Lauren no quiso ir por mí. Por mí, eso me entristecía aún más.

Lauren en esos momentos era como un niño pequeño, su cerebro aún intentaba funcionar de una forma normal. El médico dijo que podría volver a dibujar, ese talento no se esfumaba de la noche a la mañana. Le gustaban las cosas brillantes, se quedaba mirando mis pendientes mientras hablaba con ella, también miraba de noche por la ventana; le gustaba la luz de los edificios.

A veces se enfadaba porque no podía coger bien las cosas, o porque no podía hablar bien y comenzaba a dar golpes a la bandeja, manchándose el pijama de nuevo de su propio almuerzo. Entonces volvía a tener que cambiarle la camisa, aunque ella siempre me pedía perdón mil veces, era una de las pocas palabras que sabía pronunciar completa sin trabarse.

—Camila. —Paraba un momento mirando aquél libro. —Camila, Camila. —Volvió a suspirar.

Repetía mi nombre y mis apellidos una y otra vez, me hacía gracia. El 'Estrabao' le costaba pronunciarlo un poco más. Mi hermana Cady jugaba con ella a un juego en el que tenía tres pulsadores electrónicos, cada uno de un color y tenían que pulsar primero. Siempre ganaba mi hermana, y Lauren fruncía el ceño aunque no se enfadaba. Pronto, Lauren empezó a ganar algunas partidas, mi hermana le aplaudía mientras yo estudiaba los exámenes finales en una esquina de aquella reducida habitación.

—E—Eres muy b—buena, Cady. —Cada vez hablaba con más soltura, y eso me alegraba porque significaba que Lauren estaba progresando muchísimo con mi ayuda.

En ocasiones, cuando la acercaba a la ventana para que viese la calle apoyaba la mano en el cristal y se acercaba a la ventana, pegando la nariz. Daba pequeños golpecitos con el dedo y luego sonreía un poco. Me asustaba que se quedase así, me asustaba que el cerebro de Lauren no volviera a funcionar como antes.

*

—Estás m—muy guapa h—hoy. —Le dije a Camila cogiéndola de las manos, apretando los labios. Llevaba encerrada allí conmigo un mes entero, y deseaba, deseaba que ella saliese de allí por mucho que la necesitase.

—Gracias. —Me colocó el pelo un poco mejor, echándome el pelo a un lado con la mano. —Así estás más guapa también.

Llamaron a la puerta, ojalá fuese que ya podía ir a casa, ojalá me dejasen salir ya de allí, me encantaría poder irme y ser feliz, o al menos vivir con menos presión.

—Hola Lauren. ¿Todo bien? —Detrás del doctor, estaba ¿la doctora Sullivan? ¿Qué hacía allí? Parpadeé un momento y miré al médico que se cruzó de brazos dejando a la doctora entrar.

—¿Cómo estás? No creí que esto fuese a llegar tan... Lejos. —Suspiró sentándose en la silla frente a mí, y Camila se apartó, poniéndose al lado del médico. Yo simplemente entreabría los labios mirándola. —El caso es, Lauren, que me alegro de que estés aquí, de que estés viva. Lo segundo que quiero decirte es que... No puedes irte a casa. Tienes depresión grave, cielo. —Asentí lentamente mirando a la doctora. —Siento no haberte podido ayudar, Lauren. Pero el problema no eras tú. El problema estaba a tu alrededor. —Asentí de nuevo, escuchando lo que me decía. Sabía que no estaba bien lo sabía. —No puedes salir del hospital hasta dentro de al menos un mes. Intentaste suicidarte, ¿recuerdas? —Asentí de nuevo apretando las sábanas bajo mis manos.

—E—Está bien. —Murmuré en voz baja, asintiendo. Miré a Camila, que tenía los dedos apretados en el brazo. —¿Podré v—ver a C—Camila?

—Una vez cada semana. —Agaché la cabeza moviendo las piernas asintiendo.

—¿Después t—tendré que volver c—con mi familia? —La doctora Sullivan negó, y sonreí un poco. —¿Estaré bien d—después de todo?

—Claro que sí. En un mes, saldrás y no tendrás que volver con ellos, te lo prometo.

Entonces estaba bien.

Me trasladaron al área de psiquiatría del hospital, era bastante extraño. La gente estaba en silencio, unos miraban por la ventana sin más, otros simplemente susurraban cosas en voz baja, y algunas chicas leían libros en la sala común.

Llegué a mi habitación con una bolsa de ropa sobre el hombro, sólo había dos camas, y había una ventana amplia con rejas. Apenas me despedí con un abrazo de Camila, dándole un beso en la mejilla y dejando que mis esperanzas saliesen por la puerta del hospital con ella.

En Canadá no existía la opresión, todos éramos libres. Por eso, aunque la gran ventana rectangular que estaba en mi habitación tuviese rejas, no nos estaban oprimiendo ni encerrando. Nos dejaban ver el mundo, nos dejaban ver lo que algún día, cuando estuviésemos preparados veríamos. Desde allí se veían las montañas nevadas al fondo, el puente que tantas veces crucé para ir a casa, la bahía azul intenso, los edificios y el verde profundo de los árboles.

—Eh, ¿qué haces aquí? —Me giré rápidamente para mirar a la chica que me estaba hablando. De piel aceitunada, con el pelo suelto, liso y los brazos cruzados. Llevaba un pantalón de chándal gris ajustado por abajo, y una camiseta blanca de manga corta; era la vestimenta que repartían a todo el mundo.

—Y—Yo... M—Me dijeron q—que... —Volvían a fallarme las palabras, la chica sonrió deshaciendo sus brazos y acercándose a mí para tenderme la mano.

—Tranquila, me llamo Courtney. —Me extendió la mano, y sin soltar la bolsa la estreché de una forma torpe, apretando más de la cuenta. —Eh, eh, eh, tanto no, no soy un tío. —Solté la mano de la chica escuchando su risa.

—L—Lo siento. —Retiré la mano rápidamente y miré el número de la habitación en el papel que me dieron.

—Me dijeron que hoy vendría mi nueva compañera de habitación. Perdona si te he asustado; —se sentó en su cama, y yo miré la mía—

suelo ser borde. La psicóloga dice que lo utilizo como defensa. —Asentí lentamente apretando mi bolsa de ropa mirando a mi alrededor. —Sé que al principio es todo muy extraño, y estarás triste porque echarás de menos el mundo pero... —Se encogió de hombros. —Pronto estarás fuera.

cuarenta y uno

La primera noche fue bastante mala, no pude dormir y es que echaba de menos a Camila. ¿Cuándo volvería a verla? No lo sabía, suponía que esta semana y ya me estaba muriendo de ganas por que llegase ese día. Courtney me dijo que me lo plantease así; si iba a estar un mes, eso significaban cuatro semanas, así que me dijo que pensara en los cuatro jueves de cada semana que era cuando se hacían las visitas, —no sabía a qué hora, pero eran los jueves— por lo que fuese tachando cada jueves. Me pareció una buena idea. Aún era lunes, y a las cinco de la mañana pude coger el sueño.

—Eh, despierta dormilona. —Courtney me revolvió el pelo y yo me encogí en la cama asustada, mirándola algo aturdida. —Ehh... Tranquila, sólo te despertaba; son las ocho, es la hora del desayuno.

Me levanté sin sueño, la verdad es que me sorprendió, pero mi mente estaba dando vueltas todo el tiempo. Me enfundé los pantalones grises y la camiseta blanca, como Courtney, aunque al ser por la mañana hacía un poco de frío, así que me puse aquella sudadera gris. Era calentita, tenía un poco de pelo por dentro.

Caminé detrás de Courtney mirando las paredes blancas y grises con grandes ventanales que daban a la calle. Desde aquél vigésimo piso todo daba mucho más miedo, todo se veía más pequeño, y la vida parecía más fácil.

—Mira, este es el comedor. —Señaló a nuestro lado. Era una sala llena de sillas y mesas de muchos colores, los colores llamaban mucho mi atención. Verdes chillones, amarillo, rosas, naranjas, rojos, morados, todos mezclados. Cada mesa era de un color, y las sillas eran blancas. Los platos y cubiertos también eran de colores, podías elegir el tuyo al pasar.

—¿Qué color te gusta más? —Miré hacia abajo y señalé el verde pistacho, cogiendo el plato y los tenedores de plástico.

Había cuatro cocineras, que atendían a los pacientes con una gran sonrisa. Sonreían, yo creía que un hospital psiquiátrico era donde torturaban a la gente con electroshocks, pero no.

—Mira, esa es Muriel. Si le pides que te eche un poco más de lo que sea, lo hará. —Nos acercamos a la barra donde servían la comida, y la cocinera tenía la cabeza agachada cogiendo un zumo de naranja envasado para ponerlo en mi bandeja. Se me quedó mirando con el ceño algo fruncido.

—¿Por qué no te conozco? —Me quedé en silencio, no sabía qué responder en aquellas ocasiones. Parecía estúpida.

—Esta es... Lauren, eso. Lauren. Es nueva, llegó ayer. —La cocinera abrió los ojos y sonrió, poniendo finalmente el zumo en mi bandeja.

—Bienvenida cariño. Espero que tu visita termine pronto. —Eso me gustó. Era sincero, no le gustaba ver a nadie mal. Tampoco lo llamó internamiento, lo llamó 'visita', porque nosotros sólo estábamos de paso para poder arreglar nuestra vida.

Tras servirnos nos sentamos en la mesa amarilla, me gustaba el contraste del amarillo y el verde de mi plato, así que me quedé mirándolo unos segundos. A veces cuando estaba con Camila miraba por la ventana y me quedaba a veces embobada, parecía que estaba ida pero en realidad miraba el contraste de colores que podía tener el cielo en uno de mis dibujos.

—¿Te gusta? —Me preguntó señalando mi bandeja, y asentí mirando las dos tostadas con jamón, revuelto de huevo y el zumo de naranja. Nunca comía tanto. —No hablas mucho, ¿verdad?

—N—No... Y—Yo... M—Me cuesta a—aún. —Courtney me miró y volvió a comer, pero yo aún no había probado bocado. —O—Oye... Podemos... ¿Dibujar?

—¿Dibujar? —Asentí mirándola, jugando con el tenedor entre mis dedos algo temblorosos. —Pues no lo sé, tendrás que preguntárselo a las enfermeras.

Después de desayunar, Courtney me llevó de nuevo a la sala común, esta vez había gente más normal. Me dejó porque tenía que ir a una terapia, y yo me quedé allí con mi libro de arte en la mano. Estaba algo desgastado, llevaba un mes entero apretando los bordes y leyéndolo una y otra vez, tenía que aprenderme las cosas más importantes o se me olvidarían.

En la esquina de la sala, había un mostrador, y tras él una enfermera, era bajita, con el pelo castaño y mechas rubias.

—P—Perdone... ¿Tiene usted un lápiz? —La enfermera se quedó mirándome con el ceño fruncido.

—¿Un lápiz?

—S—Sí, un... Un lápiz. —Levanté la mano imitando el movimiento de la mano al escribir, y luego levanté el libro.

—Oh, sí, espera. —Se buscó en la bata y sacó uno, estaba nuevo. Sonreí, adoraba los lápices nuevos.

—¿Me lo puedo quedar? —Lo miré un momento apretando los labios y luego la miré a ella.

—Claro, claro que sí. ¿Cómo te llamas? —Jugué con el lápiz entre mis manos mirándolo.

—Lauren, m-me llamo Lauren. —Bajé el lápiz mirando a la enfermera, que sonrió metiéndose las manos en los bolsillos.

—Encantada, Lauren. Yo soy Daphne, para lo que necesites estaré aquí.

—Vale, gracias Daphne. —Me di la vuelta, pero luego recordé aquello sobre dibujar. —Oh, una pregunta, Daphne, ¿p—podemos dibujar aquí dentro? M-Me gusta mucho dibujar, o-o me g-gustaba... —Apreté los ojos intentando no trabarme con las palabras, tomando una bocanada de aire.

—Sí, sí que puedes dibujar. Tenemos unos talleres de pintura a los que puedes ir cuando quieras, y si quieres puedes coger una libreta y pinturas para ir a tu cuarto. —Sonreí ampliamente asintiendo, dándome la vuelta para irme de allí, pero me volví a dar la vuelta a lo que la enfermera, Daphne soltó una risa.

—Y... Y... ¿Podemos escuchar música?

—¿Tienes algo con lo que escuchar música? —Negué con una mueca, porque todas mis cosas se habían quedado en casa.

—Vaya... Si tuvieses un mp3, podrías escucharla.

*

Los días sin Lauren se hacían largos, además, ir sin ella al instituto no era lo mismo. Me gustaría haberla visto por estos pasillos pasando de todo, evitando las clases hasta que la conocí, cuando comenzó a ir sólo por ayudarme. Su corazón valía millones, y eso ni siquiera Lauren lo sabía. Estuve a un gramo de perderla, a un gramo de decir que el amor de mi vida había muerto y todo por esa estúpida familia que tenía.

Llamaron a la puerta, se me hizo extraño porque yo estaba sola en casa. Miré por la mirilla, y era Chris, su hermano. Según me había contado ella, después de lo que pasó con Luis, Chris la había defendido bastante más.

Abrí la puerta y lo vi de pie, en el suelo había una caja sellada.

—Hey... —Dijo él dejando caer los brazos a los lados de su cuerpo.

—Hola, Chris. —Dije mirándolo, ladeando la cabeza y abrí un poco más la puerta para que entrase. —Pasa.

—No quiero molestar. Sólo venía a traerte esto, son cosas de Lauren. Asumo que Lauren no volverá a casa tras salir del hospital, pero aunque quisiera volver yo no la dejaría. —Asentí de acuerdo con él, aunque aún tenía ese resquemor de que se riese de ella cuando pasó lo de Luis. —Es todo... Su portátil, la cámara, el móvil que está... Hecho pedazos, libretas con dibujos, una caja de carboncillos de colores, un estuche de pinturas y el mp3. Es raro, la caja de carboncillos sólo tiene gastado el negro.

—¿Nada más? —Él se encogió de hombros mirándome con los labios torcidos.

—Lauren casi no tenía ropa, sólo un par de zapatos, y mis padres quitaron todo de su habitación. —Asentí mirando la caja, él la cogió y la puso sobre mis manos. Vino a verla todas aquellas semanas, algunas tardes no podía, pero sí que vino.

Me despedí de Chris y entré en casa, abrí la caja para ver qué tenía. Su cámara estaba intacta, igual que su portátil que tenía la pegatina de Pink Floyd pegada al lado del símbolo de Apple. Me preguntaba qué tendría allí Lauren, qué guardaría.

*

—¿Y tú cómo estás? —Preguntó Marie.

Kyle, Marie y yo estábamos sentados en la mesa de una cafetería cerca de la bahía. En la mesa una pizza con pepperoni, tres vasos de papel con pajita y ellos mirándome. Mi mente no estaba allí, quería saber de verdad cómo estaba Lauren, quería saber si aquella semana en rehabilitación la había ayudado algo.

—Vaya, entonces os graduáis en un mes. —La voz de Kyle me distrajo, se estaba comiendo una patata. Aún me asombraba cómo alguien podía llevar el pelo azul, pero le quedaba bien.

—Sí, ¿vendrás a vernos? —Marie se giró con una pequeña sonrisa, quitándole la patata de la mano para llevársela a la boca.

—Claro que iré a veros.

Me asombraban Kyle y Marie. Eran tan diferentes, si los veía por separado jamás diría que podían estar juntos, pero en eso se basa el amor, ¿no? Unos buscan el físico, otros buscan dinero, apariencias, pero al final lo que todos queremos es cariño y comprensión; un refugio cuando las cosas iban mal. Y eso eran Kyle y Marie para cada uno, ellos no se fijaron en el físico, ni en si harían buena pareja; ellos encontraron alguien que los quería, que los aceptaba y estaba dispuesto a darles el cariño que no habían podido mostrar al mundo durante aquellos años. De eso se trata el amor, supongo.

—¿Cómo está Lauren? —Preguntó Marie, y yo mordisqueaba la punta de la pajita encogiéndome de hombros; apenas sabía nada de ella.

—Cuando la dejé hace una semana parecía de acuerdo con quedarse allí, ¿sabes? Creo que... Lo ha pasado tan mal que sólo quiere estar bien. —Me encogí de hombros apretando el vaso con mis manos.

—Creo que Lauren no quiere hacerte daño. —Dijo Kyle apoyando los brazos en la mesa. Torció un poco el gesto y miró a Marie alzando los hombros. —Por lo que me contó en el hospital, lo que menos quería era hacerte sufrir, y creo que entrar allí, para ti es una forma de que te 'desintoxiques' de esa antigua Lauren, y para ella es... Ser Lauren. Como es ella en realidad, no con esa capa de tristeza y depresión, ¿entiendes?

Quizás Kyle llevaba toda la razón, y quizás eso era lo que Lauren quería, y estaría bien allí dentro.

—Tengo que... Tengo que hacer algo para que cuando Lauren salga, tenga... Tenga donde ir. —Suspiré cogiendo un trozo de pizza, quitándole esa abundante capa de pepperoni que a mí me parecía hasta empalagoso. —Pero no tengo dinero así que.

—Podríamos vender a su familia, así harían algo bueno por la vida. —Los tres soltamos una carcajada, y yo me quedé mirando los círculos de pepperoni rojo intenso sobre el fondo blanco del queso. Lauren vería una obra de arte en una simple pizza. Obra de arte. Ella hacía obras de arte.

—Tengo una idea, chicos. —Kyle y Marie abrieron los ojos mirándome, él aún con la pajita en la boca. —En Navidad Lauren vendió algunas de sus fotos por 500 dólares para ayudar a Marie.

—Espera, ¿Lauren vendió una de sus fotos para ayudar a mi familia? —Asentí mirándola, humedeciéndome los labios un poco.

—Quizás podamos vender algunos de sus fotos y dibujos, como hizo ella a 500 dólares; así podríamos alquilarle un apartamento en el centro durante un par de meses hasta que encuentre un trabajo. —Los dos se quedaron mirándome con la boca abierta.

—¿Las fotos de Lauren cuestan 500 dólares? —Me encogí de hombros sin saber qué responder con una sonrisa.

—Supongo, de lo poco que sé es que vendimos esa foto y que la gente le pedía fotos en Tumblr. —Me mordía el labio de forma insistente, mirándolos a los dos esperando una respuesta.

—Me parece una buena idea.

cuarenta y dos

La luz del día entraba por la ventana con fuerza, reflejándose en las sillas y aquellas personas que estaban sentadas en el centro de la sala; como yo. Vi a Camila, me dijo que todo estaría bien, que todo estaba bien. También me preguntó cómo lo estaba llevando; le dije que me iba acostumbrando, y en sus ojos vi un atisbo de tristeza. Me apenó saber que le daba lástima que yo estuviese allí.

Al parecer la doctora Sullivan también trabajaba en el hospital, era agradable ver a alguien a quien conocía de fuera, se me hacía menos extraño estar allí encerrada, parecía que el mundo exterior no estaba tan lejos.

—Chicos, hoy vamos a seguir con nuestro taller de pintura y manualidades, ¿os parece bien? —Me parecía genial, retorcía mis dedos con nerviosismo mirando las caras de mis compañeros algo nerviosa. No conocía a ninguno. La doctora Sullivan dice que llegué a un punto en el que ya no era yo, y el que casi muriese reinició mi cerebro pero una forma terrible. Porque tuve que aprender a hablar de nuevo, a andar, y mis manos aún se veían torpes.

Las mesas eran de colores, parecían salpicones de pintura y era bastante divertido. Los colores me hacían recordar el estuche de pinturas de mi tía Elizabeth, ¿qué habría sido de ellos? Espero que mis padres no los tirasen, aunque no me sorprendería mucho. Camila dijo que mis padres querían entrar a verme y que estaban muy preocupados de que hubiese muerto, pero lo que ellos no sabían era que en realidad su hija sí que había muerto en esa bañera.

—¿Qué vas a hacer? —La doctora Sullivan se colocó a mi lado en la mesa, mientras yo apilaba las pinturas a mi lado de la mesa.

—No sé. —Respondí encogiéndome de hombros. Cogí un pincel y lo miré, notando que mi mano lo temblaba, lo sujetaba firme.

—¿No sabes lo que vas a pintar? —Negué cogiendo el trozo de papel enorme que ella me tendía y lo extendí sobre la mesa.

—Nunca sé lo que voy a pintar. —Ella se quedó en silencio mientras yo abría las tapas de las pinturas. —Porque nunca sé qué estoy sintiendo.

—¿Qué sentías antes de suicidarte? —Apreté el pincel y solté un suspiro, cerrando los ojos con una mueca.

—Odio. Desesperación. Tristeza. Sufrimiento. —Mojé un poco el pincel en agua y luego tomé óleo negro, comenzando a deslizar el pincel por el papel.

—¿Y miedo? —Paré un momento, pero al instante negué para seguir pintando. —¿Qué pasó cuando la droga y el alcohol hicieron efecto?

—¿Cuándo casi muero? —Pregunté apretando el pincel en el papel para hacer más grueso el trazo. Sullivan asintió. —Lo vi todo negro. Dicen que hay algo al otro lado, y quizás lo hay pero yo no lo vi.

—Estuviste dos minutos en parada. —Asentí escuchando a la doctora, prácticamente estuve muerta dos minutos. Dos minutos en los que mi corazón se paró.

—Estaba negro. Pero creo que... Sí que hay algo al otro lado, sólo que yo no llegué a verlo. ¿Cómo si no iba a saber que estaba todo negro? No es porque siguiese consciente, estuve dos minutos muerta, pero... El alma, o lo que sea que había en mí, existía, estaba ahí. Lo siento, no sé explicarme muy bien. —Seguí moviendo el pincel por encima del papel, haciendo los trazos un poco más finos.

—¿Te gustan los colores? —Asentí con la cabeza, apretando el borde de la mesa para sujetar bien el papel. —¿Y por qué únicamente usas negro y tonos oscuros?

—Porque así me siento. —Me encogí de hombros.

—Usas el negro pero te gustan mucho los colores al verlos, ¿verdad? —Asentí mojando el pincel en pintura negra, mordisqueándome la cara interior de la mejilla. —Si mueres no verás más los colores, no verás el arte, no verás a Camila. —Paré de pintar retirando el pincel, irguiéndome al escuchar a la doctora. —La vida es mucho más que tu familia. Ellos no son nada, Lauren. Tu vida a partir de ahora tienes que ser tú, tú y lo que te de felicidad. ¿Qué te daría felicidad?

—Camila. —Giré la mirada hacia ella, que se quedó esperando a que yo siguiese diciendo. —La fotografía, dibujar. Pasear por la playa, enseñarle Vancouver, viajar. —Agaché la cabeza con una leve sonrisa al pensar en las cosas que haría con Camila al salir de allí.

—Ponle algo de verde a esos árboles, están esqueléticos. —Miré el dibujo, eran árboles sin hojas casi lúgubres que se extendían por todo el papel. Sonreí.

*

—Y entonces esta tía, coge un trozo de papel y empieza a pintar un puto bosque tío. —Courtney le contaba a Skylar, la chica que estaba sentada con nosotras en el almuerzo, el taller de pintura. —Sky, un puto bosque de noche. —La chica comía sentada al lado de Courtney, mirándola con el ceño fruncido. Ambas me miraron a mí, que tenía aún algunos restos de pintura en las manos.

—¿Nunca habéis visto un bosque de noche? —Pregunté riendo, observando también la cicatriz en mi muñeca que había dejado. Retiré la mirada rápidamente.

—Tío, has pintado un bosque de noche.

Después de la cena, fuimos a nuestra habitación, era una de aquellas tardes de finales de abril en la que el verano se olía en el ambiente. Las golondrinas revoloteaban piando, dando ese sonido característico de principio del verano, de pantalones cortos y olor a crema del sol, de olor a salitre en Nueva Inglaterra donde pasábamos los veranos.

Courtney estaba tumbada en la cama mirando al techo, y yo me senté en ese pequeño sofá que había en la habitación mientras miraba por el gran ventanal que teníamos sobre nuestras camas.

—¿Qué haces? —Preguntó Courtney, mientras con mi lápiz frotaba el papel.

—Dibujo el atardecer.

—Pero si no tienes pinturas, Lauren. Túmbate ya, anda. —Bostezó dándose la vuelta.

Pero no, no era un dibujo. Era un boceto de lo que sería ver un atardecer cuando saliese de aquellas cuatro paredes.

Tres semanas.

*

—Chris dice que la contraseña del ordenador de Lauren es lanadelreyxoxo. —Fruncí el ceño dejando el móvil en la mesa, escuchando las carcajadas de Kyle. Me senté a su lado mirando la pantalla del ordenador, y Marie estaba al otro con la mano por encima de sus hombros. Me gustaban, él la trataba a ella como si fuese lo único que importaba. Era gracioso, espontáneo y hacía bromas constantemente. Además, según me había contado Marie, Kyle pasaba mucho tiempo con sus hermanos y los cuidaba como si fuesen suyos propios.

—Es graciosa. —Tecleó la contraseña y su ordenador se desbloqueó automáticamente. —¿Tendrá una carpeta en la que ponga 'fotos'?

—No lo sé, la verdad es que nunca me hablaba de lo que publicaba o dejaba de publicar. Ella simplemente me decía que hacía fotos. —Fruncí el ceño viendo cómo Kyle entraba en la carpeta de fotos, y señaló todas las que había. 'Vancouver', 'sunsets', 'woods, 'shadows', 'random' y la última se llamaba 'Camila'. —Uhh.. ¿Qué tendrá aquí? —Le di un golpe en el brazo apretando los labios.

—Me hacía fotos, yo la dejaba. —Marie y Kyle se me quedaron mirando con los labios entreabiertos. —¡No esas fotos! Fotos por la calle, son las que vendimos para Marie.

—¿Vendiste fotos tuyas a un violador cibernético para ayudarme? —Kyle soltó una risa mientras abría la carpeta de los atardeceres, y yo rodé los ojos con un suspiro.

—Callad. Lauren vendió sus fotos en una página... ¿eBup? —Miré a Kyle que negó, abriendo el explorador donde tecleaba aún más rápido.

—eBay. —Dijeron los dos a la vez, a veces me sorprendía aquella compenetración que tenían. —Uf, por suerte se ha dejado los datos guardados. A ver... —Yo no entendía nada de lo que hacían, simplemente me dedicaba a observar mordiéndome el labio inferior. —¿¡Qué cojones es esto!? —Miré a Kyle algo alterada, como también lo estaba él.

—¿Qué pasa?

—Hay dos personas que llevan pujando por una foto suya semanas. Mira, van por tres mil dólares, y termina hoy. —Solté una pequeña risa, aquello era un gran comienzo.

*

La cuarta semana fue triste, aunque quería irme de allí. El cielo se hacía cada vez más azul, el olor a verano ya entraba por las ventanas, a través de las puertas, se incrustaba en cada uno de nosotros. Al final del mes, tenía una carpeta llena de dibujos, me llevaba de allí la amistad de Courtney que yacía a mi lado mirando al techo.

—No me gustan las despedidas. —Dijo ella, y yo asentí de acuerdo, con mi mirada clavada en el mosquito que se posaba encima de mi cabeza. —Tu historia es triste. —Murmuró en voz baja. Creo que es la primera vez que una de las dos mencionaba aquello.

—Lo sé. —Yo aún no sabía la suya. Ella nunca quería hablar de eso, pero creo que parte de terminar de una vez por todas con nuestros lastres era contarlo todo.

—Cuando tenía diez años mis padres se separaron. —Comenzó. Me di cuenta de que jugaba con sus manos de una forma nerviosa. —Poco después mi padre murió, y mi madre volvió a casarse. Supongo que para una niña de diez años es muy difícil asimilar todo eso en tan poco tiempo. —La voz de Courtney no parecía estar apagada, lo contaba desde la sinceridad, sin rencor ni lástima. Sólo con tristeza. —Él era buena persona al principio, me compraba juguetes y trataba bien a mi madre. Luego comenzó a pedirle que se quedase en casa, a insultarla, a ridiculizarla delante de sus amigos y... Yo lo veía mal, ¿sabes? Pero para mi madre era su culpa, siempre era su culpa. Entonces él empezó a pegarle y yo me interponía, y empezó a pegarme a mí también. Empezó a abusar de mí y hacía que mi madre lo viese. —Soltó una risa, pero yo no sabía cómo tenía la fuerza para hacerlo. —A aquél cabrón lo atropelló un tren en el metro de Vancouver. Iba borracho.

—¿Intentaste suicidarte? —Pregunté girando mi cabeza sobre la almohada para mirarla.

—Más o menos. Caí en depresión, me autolesionaba, tenía trastornos alimenticios... —Se encogió de hombros jugando con la pulsera que tenía en la muñeca.

—Después de escuchar eso, por lo que yo intenté suicidarme me parece una puta tontería. —Murmuré en voz baja, volviendo a mirar al techo de cal blanca.

—No puedes decir eso. Las situaciones afectan a cada persona de forma diferente. Yo viví eso, pero sólo tenía doce años cuando terminó todo y él muriese. Mi madre me quería, y sabía que mi padre también me quiso. Tenía el apoyo de toda mi familia aun estando en la mierda más profunda. —Tomó un poco de aire para seguir hablando. —En cambio, tu familia era la que te hundía cada día, la que te decía que no eras una mierda y la que te menospreciaba. Tu familia te hundió y no tenías cómo salir. Es diferente. Lo tuyo fue toda la vida, lo mío fueron dos años. —Nos miramos cuando terminó de hablar; quizás Courtney llevaba razón, quizás a cada persona todo le afectaba de un modo diferente.

—Deberías ser psicóloga. —Ella soltó una risa, tirándome uno de los cojines de su cama que impactó directamente sobre mi abdomen.

—Y tú pintora, o lo que sea que hagas.

—Yo sólo quiero ser feliz.

cuarenta y tres

Con las manos vacías, mis vaqueros negros rotos, las zapatillas deportivas azules de mi tío Stephen y la sudadera gris que me dieron en el hospital. Así puse los pies por primera vez en el cemento, en la acera fuera del centro. Me miré las manos que relucían bajo el sol, miré a mi alrededor. Estaba fuera, por fin estaba fuera. El verano se olía detrás de cada esquina, el sol picaba sobre mi piel, y cerré los ojos levantando la cabeza al sol. El calor reconfortaba, arreglaba cada uno de mis poros que había supurado tristeza todos aquellos meses, el calor relajaba, el calor expulsaba de mí todo el frío que había calado en mi interior.

Abrí los ojos; ¿dónde iba a ir? Es la primera pregunta que me hice. La segunda, era si Camila habría dejado de quererme. Vino las dos primeras semanas, las otras dos vinieron mi hermano y mis tíos. Me decepcionó un poco. Ahora no tenía ni casa, ni dinero.

—¿Creías que ibas a estar sola? —Escuché su voz a mis espaldas.

Camila estaba detrás de mí con los brazos cruzados y una sonrisa; nunca la había visto tan guapa. Saltó hacia mí, y yo la sostuve entre mis brazos dándole el abrazo más reconfortante de mi vida. La había echado tantísimo de menos, me había faltado tanto en aquél mes que apenas me salían las palabras, y tampoco me salían lágrimas. Se me habían gastado, ya no me quedaba una razón por la que llorar en la vida, así que sólo sonreía.

Ella me besó, me besó de esa forma en la que solía hacerlo, esa forma tan lenta y dedicada, haciéndome sonreír. Escuchándola sonreír entre el sonido de nuestros labios besándose.

—Has venido. —Dije dejándola en el suelo, cogiendo sus mejillas con mis manos. Camila asintió, y yo simplemente me incliné para besarla de nuevo.

Podría ir a muchas terapias, podría estar internada un año, podría recibir medicación día a día pero, al fin y al cabo lo único que te hace bien es rodearte de las personas que te completan, te hacen sentir feliz, te llenan de vida, y eso hacía Camila.

—Estás muy guapa. —Le dije riendo quitándole las lágrimas de los ojos, abrazándola de forma repentina contra mí.

—Tú también, dios, estás más... —Apretó mis mejillas riéndose, y yo me encogí de hombros. —Repuesta.

—Muriel hacía un pollo frito riquísimo. —Ella soltó una risa, contagiándome a mí, cogiendo mis manos y apretándolas un poco. —¿Dónde voy a ir ahora? —Pregunté bajando la cabeza, mirando a Camila desde abajo.

—Ven conmigo.

Camila quería coger un taxi, pero fuésemos donde fuésemos, le pedí ir andando. Necesitaba que el aire me diese en la cara, quería sentir la libertad de poder andar libre, de poder sentir el frescor de la primavera que ya finalizaba y que daba paso al verano. Poder ver gente, poder caminar con ella.

Era el primer paseo que daba con Camila, nuestra relación nunca fue normal, nunca fue estable. Era la primera vez que íbamos con las manos enlazadas, caminando sin ninguna preocupación, sin tener que guardar cuidado por si ella se tropezaba con algo, o si había un escalón, y también sin tener que ir lo más despacio posible. Camila veía, giraba su cabeza para sonreírme, para sacarme la lengua cuando le preguntaba dónde íbamos porque no iba a responder.

Sentir sus ojos mirándome directamente era una de las mejores cosas que me había pasado nunca. Conectábamos de una forma inusual, pero cuando sus ojos chocaban con los míos pasaba a otro nivel.

Llegamos al puente cerca de la bahía, justo en el centro de Vancouver. Al otro lado del puente, estaba mi casa. O la que era mi antigua casa, porque no concebía la idea de volver allí. También estaba el restaurante de sushi, la cafetería donde conocí a Kyle comiendo pizza... Me traía mejores recuerdos.

—¿Por qué paramos? —Pregunté viendo cómo caía el sol hundiéndose en el mar. Era un verdadero cuadro, desearía tener allí mi cámara, que a decir verdad no sabía dónde estaba.

—Es tu casa. —Camila sonrió. ¿Es mi qué?

Sacó las llaves del bolsillo, y entró justo en el edificio más alto, al lado del puente y del mar. ¿Qué estaba pasando? Camila tiró de mi mano y entramos en el portal. El suelo era de mármol negro con cristales a los lados y unas cuantas plantas debajo. Subimos en el ascensor, la miraba parpadeando.

—¿Dónde vamos? ¿Esto es en serio? —Ella no respondió, y en la segunda planta el ascensor paró.

El pasillo era largo, con paredes grises, lisas y ventanas que daban a un patio. Esto estaba siendo real. Camila abrió la puerta y se apartó, haciéndome un gesto con la mano para que entrase.

No. Me. Lo. Podía. Creer.

El salón tenía un ventanal que daba a la bahía, donde el cielo teñido de un rosa intenso y naranja se fundían para iluminar toda la estancia. A la izquierda; un sofá algo pequeño color negro de terciopelo, frente a una mesa de cristal con las patas grises. En frente, la tele de unas 42 pulgadas sobre un mueble bajo gris oscuro. El suelo era de madera clara, dándole luz a la sala.

Camila encendió la luz, y pude apreciar que las paredes estaban pintadas de blanco, aunque algunas —como la de la tele— estaba pintada de un color gris claro. Entonces me percaté; encima del sofá había un cuadro rectangular enorme de aquél atardecer en Vancouver que tantas veces había visto.

—Es... Es una foto mía. —Murmuré en voz baja, y Camila asintió con una sonrisa. En la pared que iba a la cocina había una estantería llena de libros, los conocía. Los conocía porque eran mis libros.

Cogió mi mano y me enseñó el baño; un plato de ducha con la mampara transparente, el grifo cuadrado de unos veinte centímetros de diámetro —casi podría decir que llovería sobre mi cabeza—, el suelo de loseta negro, el lavabo bajo blanco y un espejo rectangular. Simple, precioso.

Entonces, en mi habitación había una cama, una estantería con DVDs y libros. La cama de matrimonio estaba revestida con una funda blanca, y las almohadas eran grises. No había un ventanal como en la habitación, era más bien una pequeña terraza, un pequeño balcón que daba al agua. Se veían los bosques de Vancouver y el azul intenso de la bahía.

—¡Mira! —Camila abrió el armario, mostrándome una grandísima cantidad de ropa y como cinco pares de zapatos. No podía creerme aquello, no podía creerme nada. —También te compré colonia nueva. Espero que te guste.

—Camila, no puedo aceptar esto. E—Es... —Negué mirándolo todo, dando una vuelta sobre mí misma. —No puedes gastarte tanto dinero en mí.

—Yo no pagué esto. Lo has pagado tú. —Dijo encogiéndose de hombros, tirando de mi mano sacándome de la que sería mi habitación. —Vendimos algunas de tus fotos, de tus dibujos, y la gente... Llegó a pagar mucho dinero. Nos dio para pagarte unos meses de alquiler hasta que encuentres un trabajo estable, para que vivas, para comprarte ropa. —Camila soltó una risa cogiéndome de las manos, pero yo no sabía ni qué decir, sólo la miraba con la boca totalmente abierta. Parpadeé un par de veces, hasta que ella tiró de mi mano, sacándome de allí y llevándome a otra habitación.

Esta era básicamente un pequeño estudio. Tenía en una mesa el estuche de óleos, cuadernos en blanco y la caja de carboncillos de colores con el negro gastado. A un lado, un lienzo y en un bote pinceles y una paleta. En el centro; mi portátil y la cámara.

Me limpié las lágrimas que caían por mis mejillas, tenía una casa, aquella casa era mía.

—Tu móvil se nos rompió porque estaba... Fatal. —Soltó una risa, pero yo fruncí el ceño. —De hecho Kyle lo cogió y se llevó un trozo de cristal en la mano. —Camila abrió un cajón y sacó una caja; era un móvil nuevo. —Esto te lo compramos nosotros, es un regalo. Hiciste cosas por todos nosotros, pero no pudimos ayudarte con lo que de verdad importaba así que... —Extendió la caja para dármela, y yo la cogí. La miré un momento y luego volví a dejarla en la mesa.

—Muchas gracias. —Susurré acercándome a ella, cogiéndola de las mejillas para darle un beso profundo, lento, con mi lengua rozando las suya y sus manos parándose en mis costados.

Suspiró. Suspiré. Pero el aire que salía entre nuestros labios era muy poco, porque el beso no paró, y las manos de Camila se agarrotaron alrededor de la tela de mi sudadera gris que habían dejado que me llevase del hospital. Sus manos subieron por mi cuello hasta llegar a mi pelo, pegándose a mí un poco más cada vez.

El beso se nos fue de las manos, y es que nuestra primera vez fue la última. Por primera vez, no había preocupaciones, no había tristeza, no había falsas sonrisas ni besos intentando ocultar sentimientos. Estaba completamente abierta a ella, de par en par.

*

—Tengo hambre. —Dijo ella rodeando mi ombligo con la yema de su dedo, incorporándose de la cama. —Voy a por la cena.

—¿Cena? —Apoyé la espalda en el cabecero blanco de la pared, y la vi levantarse e ir hasta el armario.

—Compré sushi en ese bar que tanto te gusta de enfrente. —Cogió aquella camiseta negra rota por los bordes, antigua que llevaba puesta y se puso la ropa interior, corriendo a la cocina.

Yo también me puse la ropa interior, y abrí el armario para ver lo que había. Jeans azules y negros, unos rotos y otros no, camisetas de tirantes de bandas, camisetas de manga corta de todos los tipos y colores, bandanas, la chaqueta de cuero que me regaló Camila, camisas de cuadros, botines negros...

Cogí una camiseta de tirantes blanca y me la puse, era bastante larga, me gustaba. Volví a sentarme en la cama encendiendo el móvil que Camila me había regalado, la luz me golpeó directamente en los ojos.

—¿Te gusta? —Alzó la bandeja con el sushi, y asentí dejando el móvil en la mesita de noche, sentándome en la cama.

—Wow, una chica, sushi y mi nuevo apartamento. —Cogí los palillos sonriendo, abriendo los ojos cuando Camila encendió una lámpara que le dio una luz baja y tenue a la habitación pero lo suficiente para vernos y no romper el ambiente.

—Mmh... —Se metió un trozo de sushi en la boca, tapándosela con la mano. —Me gusta el sushi porque tiene muchos colores.

—¿Te gustan los colores? —Ella asintió mientras yo comía, humedeciéndose los labios manchados de salsa.

—Adoro los colores. Por cierto... —Cogió un trozo de sushi de cangrejo y me miró con los ojos entrecerrados. —¿Quién era Bramante? —Solté una carcajada al escucharla, me acuerdo perfectamente de aquello.

—Bramante. Mira que confundir a Miguel Ángel con Bramante... —Dije negando metiéndome medio trozo de sushi en la boca. —Era un arquitecto del cinquecento italiano. —Ella se quedó mirándome con los ojos cerrados y sonreí. —El cinquecento es la segunda época del renacimiento, por así decirlo; una corriente artística que nació en Italia.

—Aaaaah. —Asintió volviendo a coger otro trozo, y solté una suave risa.

—Los nombres de sus obras son muy largos, por ejemplo *Templete di San Pietro In Montorio*. —La miré con una sonrisa mientras comía. Tenía el pelo suelto, ondulado que caía sobre un lado de su cabeza. Eran tan preciosa que podría hacerle mil fotos y ni una saldría mal.

—Entonces, el libro es tonto como decías. —Rio tapándose la boca con la mano a la altura de la muñeca.

—Eres preciosa, Camila. —Dije sin más, negando al mirarla porque no me creía que fuese mi novia. —Eres increíble.

cuarenta y cuatro

Camila dormía a mi lado con la camiseta enredada sobre su cuerpo, y sus brazos rodeaban mi cintura. Su cabeza yacía sobre mi pecho que subía y bajaba. Eran apenas las seis de la mañana y por los cristales de la terraza veía cómo el cielo comenzaba a clarear, y ese azul intenso y oscuro, negro, se disipaba dejando paso a un azul más claro.

Me levanté de la cama y puse los pies en la madera del suelo, estaba fría. Me incorporé y abrí la cristalera que daba a aquél pequeño balcón, a aquella reducida terraza de barrotes de aluminio grises, redondos.

Encendí un cigarro llevándomelo a los labios, perdiéndome en la vista panorámica del mar. Bajé la mirada y el agua estaba justo casi debajo de mí, tranquila y azul. Un barco pasaba por debajo del puente, qué tranquilidad.

Jamás me había sentido así, tranquila, feliz. Supongo que como se sentían todos excepto yo.

Tomé una calada dejando salir el humo entre mis labios, nublando la estampa del amanecer, que comenzaba a pintar destellos rosas en el cielo. El cigarro estaba entre mis dedos, al final de estos, llevándomelo de nuevo a los labios para succionar. El aire era fresco, pero no frío. Al menos no para mí, porque el frío ya había acabado.

Sentí las manos de Camila rodearme la cintura, a la vez que yo le daba otra calada al cigarro con los antebrazos apoyados en la barandilla.

—Buenos días. —Dije con la voz ronca, y Camila no me miró, miraba el amanecer que mezclaba rosa, naranja y azul.

—¿No lo fotografías? —Sonreí con el humo saliendo de entre mis labios, negando levemente.

—A veces no puedes capturar momentos y malgastar el tiempo tras una cámara, sólo hay que vivirlos. Que se quede sólo para nosotros y nadie más se entere. —Giré la cabeza para mirarla con una sonrisa, y Camila me miraba a mí con los labios entreabiertos ante lo que había dicho.

Pero era verdad. Muchas veces valía la pena guardar recuerdos para nosotros mismos, tener el privilegio de sólo ser nosotros los que lo hayamos vivido; como el primer amanecer en el nuevo apartamento. O quizás sólo era una metáfora de lo que sería una nueva vida. Muchas veces sólo había que mirar, porque el cielo cambiaba en minutos, un desfile pasaba en segundos y no merecía la pena estar tras una cámara.

—A veces pareces un libro. —Su brazo pasó alrededor de mi cintura, apoyándose contra mi pecho mientras las dos veíamos el amanecer. —No me puedo creer que durante todos estos años me haya estado perdiendo esto.

—Bueno, ahora puedes disfrutarlo. —Dejé un beso en su cabeza, quedándome con la nariz enterrada en su pelo abrazándola contra mi pecho.

—No mucho, tengo que irme. —Fruncí el ceño cuando se dio la vuelta y cogió mis manos, aunque antes de que fuese a besarme ladeé la cabeza. —Tengo clases, ¿recuerdas?

—Aaaah, es verdad, que estás aún en el instituto. —Le pellizqué la mejilla y ella se revolvió intentando morderme la mano como si fuese un pequeño cachorro que jugaba conmigo.

—Déjame. Tengo que irme ya. —Hizo un puchero separándose, y me di la vuelta para entrar con ella de nuevo en la habitación. —¿Nos vemos esta tarde?

—Nos vemos esta tarde.

*

Dormí hasta le media mañana, cuando el sol ya golpeaba contra mi cara y estaba en mitad de la cama. Había dormido mejor que nunca, y sin los gritos de mi madre despertándome para que hiciese algo, para que estudiase, o para que buscase trabajo.

Me removí entre las sábanas quedando boca abajo con los ojos cerrados, disfrutando del calor que entraba por la ventana y que daba sobre mi cuerpo. Era tan relajante, podría volver a quedarme dormida, pero el móvil sonó.

Cogí el móvil nuevo entre mis manos y era el número de Kyle, aún no había guardado ningún contacto porque había estado demasiado ocupada teniendo...Sexo.

—¿Sí?

—Buenos días dormilona. —Reí, se había percatado de mi voz ronca. —¿Cómo has pasado tu primera noche en casa?

—Joder... —Ambos reímos, y me pasé una mano por la cara para intentar despejarme un poco. —Estrenamos la cama y comimos sushi.

—¿Por estrenar la cama te refieres a que echaste un polvo con Camila? —Reí dándome la vuelta, tumbándome boca arriba con los ojos cerrados.

—No. Uno no, dos. Creo que esa es buena terapia. —Kyle reía al otro lado del teléfono y me incorporé en la cama, mirando la habitación iluminada por la luz del día.

—Madre mía, sí que os echabais de menos.

—Sí. Oye, ¿tenéis Marie y tú algo que hacer esta noche? —Me levanté de la cama saliendo del cuarto. Aún no me acostumbraba a ver mi casa, mi propia casa. Aquella que Camila había alquilado para mí.

—No, nada. ¿Por qué?

—Por si queríais venir a mi casa, cenamos y tomamos algo, ¿no? Hace mucho que no os veo.

Colgué el móvil y volví a la habitación sentándome el borde de la cama, mirando por la ventana. En ese momento no sabía bien cómo sentirme, volvía a estar sola con mis pensamientos. Yo quería estar bien, yo quería salir de aquello pero como bien me dijeron esto no era fácil. ¿Por qué unos padres tratarían a su hija con esa indiferencia? ¿Por qué? Mi único error fue nacer y...

No. No podía pensar en esas cosas. No podía pensar así. Pero la pena aún me apretaba el pecho, aunque hora tenía razones para seguir. Ahora estaba bien, intentaba estar bien aunque aún quedase este resquicio de oscuridad en mi interior.

La ansiedad me consumía, tomé un par de bocanadas de aire fuerte, apretando las manos al borde de la cama. Durante unos minutos mi respiración se alteró, noté una gota de sudor caer por mi frente y la presión del pecho que al principio me mataba iba disminuyendo;

dolía. Apreté los ojos y cuando todo pasó, me miré las manos. Estaba temblando como si estuviese echa de gelatina, incluso mis piernas que se sostenían en la cama estaban temblando.

Pero pasó. Pasó.

*

—Hey, buenas noches. —Dije mirando a Camila entrar en casa, abrazándose a mí directamente. La rodeé con mis brazos hundiendo mi nariz de una forma casi instintiva.

—¿Cómo has pasado el día, todo bien? —Asentí con una pequeña sonrisa, aunque ella se me quedó mirando con el ceño un poco fruncido.

—Sólo tuve, ya sabes un momento, pero todo estuvo bien. Sí. —Puso las cejas gachas ladeando la cabeza, con las manos en mis brazos. —Te lo prometo, Camila. —Dije tirando de su mano para que entrase en el apartamento.

—Está bien. Yo sólo quiero que no vuelvas a lo mismo. —Suspiró torciendo el gesto, pero acabó con una sonrisa, entrando conmigo. —Kyle y Marie al final no vienen, tenían planes pero Kyle no se acordó. ¿Te importa? —En realidad, todo lo contrario; me hacía falta algo de tiempo con Camila después de todo aquello, después de sufrir tanto y de pasarme dos meses sin poder besarla, sin poder disfrutar de ella.

—Claro que no. —Cerré la puerta y cogí su fina chaqueta vaquera, poniéndola sobre la silla de la mesa del salón. —Aún no me acostumbro a esto, es raro. Es muy bonito.

—¿Qué has hecho hoy? —Me preguntó cuando nos sentamos en el sofá. Era la primera vez que lo hacía, y la verdad es que era bastante cómodo.

—Fui a la autoescuela, a inscribirme. Necesito independencia, ¿sabes? —Camila sonrió arqueando sus labios, poniendo una de sus manos en mi rodilla. Entreabrió los labios para decir algo, pero los cerró sacudiendo la cabeza.

—Lo siento pero es que no me acostumbro a tus ojos. —Soltó una pequeña risa agachando la cabeza, poniéndose las manos sobre la boca. —Ya está. —Sonreí pero ella negó, y yo negué con ella porque me hacía demasiada gracia aquello.

—¿Ya está?

—¡No! —Las dos reímos a la vez y ella me puso la mano en la boca, aun intentando no reírse con los ojos brillantes, vidriosos bajo la luz de la lámpara que alumbraba el salón desde una esquina. —Tengo que hablar contigo de una cosa... —Retiró su mano y yo fruncí el ceño.

—¿Ya he hecho algo?

—No... Ha sido algo que hice yo. —Me tensé un poco en el sofá, irguiendo la espalda de forma casi instintiva al escucharla. —En el hospital, yo... Te dije que 'eras mía', ¿sabes? Y yo sé cómo tú eres con ese tipo de cosas con, con... La libertad de la mujer y...

—Sé lo que querías decir. —Pellizqué su mejilla con una sonrisa, porque cuando se trataba de ella esa 'Lauren' quedaba aparte.

—¿Cómo lo sabes? —Dijo asombrada dándose la vuelta hacia mí.

—Porque de eso trata el arte. De analizar y examinar las cosas más allá de lo que ves, de lo que oyes, de lo que lees... —Me encogí de hombros con una sonrisa en los labios, ladeando la cabeza. —Y me paso la vida haciendo eso.

—¿Cómo? —Camila aún no había visto ningún cuadro, Camila aún no había visto nada de lo que a mí me gustaba.

—Ven conmigo. —Dije levantándome, cogiéndola de la mano para entrar en la habitación donde estaba mi portátil, mi cámara, el lienzo y las pinturas.

Abrí el cajón donde estaba aquél pequeño libro de bolsillo que ella me regaló, doblado por las puntas, con obras subrayadas y las páginas más importantes marcadas. Me acerqué a ella y abrí el libro.

—Mira, este cuadro se llama 'La libertad guiando al pueblo', es de Eugène Delacroix. —Camila pasó los dedos por encima de la foto, y se quedó mirándola absorta. —¿Qué ves?

—Es... Una señora con un vestido bastante feo... —Se rio negando. —Perdón, una señora con un vestido rasgado, alzando la bandera de Francia y... Gente detrás. Supongo. —Solté una risa yo, y asentí rápidamente para darle la razón.

—Exacto. Eso es lo que ves, pero tienes que analizar lo que el artista quería expresar con eso. El cuadro data de 1830. En esa época, el pueblo de París había levantado barricadas contra el rey Carlos X, que había suprimido el parlamento y también quería eliminar la libertad de prensa. Y...

—Y Francia era un pueblo de ideas liberales después de la revolución de 1789. —Asentí enarcando una sonrisa.

—Exacto. Entonces el pueblo se rebeló. El cuadro muestra la imagen de una señora con las vestiduras rasgadas, la bandera de Francia en una mano y un fusil en la otra, en señal de la lucha por la patria. Luego, mira —bajé el dedo para señalar los pies del cuadro—, está caminando sobre los cadáveres de franceses muertos. Y detrás lleva a más gente que la acompaña. Pero fíjate en el detalle. —Señalé a las personas que salían de fondo en la foto. —Aquí hay un burgués, aquí un simple obrero, un niño... Simboliza la unión de toda Francia, de todas las clases sociales por sus derechos. Y de fondo, París en llamas. —Camila cogió el libro de mis manos y se quedó mirándolo, pasando los dedos por la foto lentamente, recubriendo la bandera de Francia con sus dedos.

—Esto es precioso... Ojalá yo tuviese una forma de expresarme como esta. Como la que tú tienes. —Alzó la mirada con una sonrisa algo triste, dándome el libro.

—El arte es algo muy abstracto y extenso, Camila. Cualquier forma que tengas de expresar tus sentimientos, es arte. —Dije mientras salíamos de la habitación.

Camila trajo un vino para acompañar la cena, decía que ahora que me había independizado seríamos como una de esas parejas jóvenes que beben vino en copas, comen pasta y charlan hasta la madrugada.

Y así lo hicimos.

Camila me ayudó a preparar tagliatelle carbonara, se sorprendió de que fuese tan organizada en la cocina, y de que además supiese cocinar de aquella manera. Nos servimos en platos hondos, y con una copa de vino que había traído y gossip girl de fondo pasamos la noche hablando, comiendo. Gastando aquella botella que había comprado con ayuda de Kyle según me contó.

Nos reíamos, nos besábamos, me acariciaba el pelo, le acariciaba el muslo, otro trago de vino. Mis mejillas tomaban un tono rosado, y la calidez en mi piel florecía. También en la suya. Me dijo que me quería, yo le respondí que también.

Creo que hicimos el amor, una o dos veces. En el sofá y en la cama. Aun encima de mí me daba besos por toda la cara diciéndome que me quería, y luego se abrazó a mi pecho.

Caímos dormidas.

*

Cuando abrí los ojos fue porque la luz del sol me pegaba fuerte en la cara. Miré el móvil, era la una de la tarde. ¿Cómo habíamos dormido tanto? Entonces escuché la voz de Camila fuera de la habitación, porque no estaba conmigo.

Me levanté de la cama poniéndome los jeans negros de la noche anterior y caminé hasta el salón donde la voz de Camila se hizo más clara. Estaba de espaldas en el balcón de la terraza, con los cristales abiertos, mi camiseta puesta y los codos apoyados en la barandilla.

I found a way to let you in

But I never really had a doubt

Standing in the light of your halo

I got my angel now

It's like I've been awakened

Every rule I had you breaking

It's the risk that I'm taking

I ain't never gonna shut you out

Everywhere I'm looking now

I'm surrounded by your embrace

Baby I can see your halo

You know you're my saving grace

You're everything I need and more

It's written all over your face

Baby I can feel your halo

Pray it won't fade away

I can feel your halo, halo, halo

Can see your halo, halo, halo

Can feel your halo, halo, halo

Can see your halo, halo, halo

Hit me like a ray of sun

Burning through my darkest night

You're the only one that I want

Think I'm addicted to your light

Cuando terminó, separó los codos de la barandilla y aunque estaba de espaldas pude distinguir cómo se limpiaba las lágrimas, y luego se cruzaba de brazos mirando al frente. Camila sabía cantar, Camila sabía cantar de una forma casi prodigiosa.

—Camila. —Dije en voz tenue, y ella se dio la vuelta con una pequeña sonrisa.

—¿Cuánto tiempo llevas aquí? —Se frotó los brazos, algo nerviosa e insegura.

—Lo suficiente para escucharte cantar. —Ella se encogió un poco, mordisqueándose el labio inferior. —Y cantas de una forma increíble. —Camila sonrió mientras yo me acercaba, dándole un beso en la cabeza. —Esa es tu forma de expresarte. Eso es arte.

cuarenta y cinco

"¡ERES UNA INÚTIL!" "NO HACES NADA, ¡LEVÁNTATE Y PONTE A TRABAJAR!" "Acabarás sola, SOLA porque eso es lo que te mereces después de todo." "NADIE VA A QUERERTE, NADIE." "SÓLO ERES UNA MALDITA RATA EN ESTA FAMILIA." Mi padre aporreaba la puerta a puñetazos.

Abrí los ojos y comencé a retroceder en la cama apoyando las manos y los pies en el colchón, hasta que mi espalda pegaba contra el cabecero de la cama. Respiraba de forma agitada, mirando a mi alrededor, desconcertada, hasta que me encontré con la imagen de Camila.

—Lauren, shhh, tranquila. Mírame. —Me cogió de las mejillas para que fijase mi mirada en la de ella, parecía tranquila. —Respira, es sólo una pesadilla. Ya no están, cielo. —Me di cuenta de que mi mano apretaba su muñeca inconscientemente, y tragué saliva asintiendo un poco. Mi cuerpo se iba relajando a medida que procesaba sus palabras, destensando mis músculos. —Está bien, todo está bien. —Camila me rodeó con sus brazos, quedando de rodillas en la cama, y dejé que me consolase y me tranquilizara.

—No me gustan esos sueños. —Murmuré en voz baja sintiendo un beso en mi cabeza.

—Porque no son sueños, son pesadillas. Y las pesadillas no suelen gustar. —Busqué refugio en su pecho girando la cabeza, haciendo que Camila casi me cogiese en brazos como a un bebé. —Te haré el desayuno. ¿Mmh?

—No... No. Necesito salir de la cama. —Asentí incorporándome, poniendo los pies en el suelo y quedándome sentada al borde de la cama. Los codos apoyados en las rodillas y mi cara enterrada entre mis manos.

—Está bien... —Suspiró, apretándome un poco el hombro antes de salir. —Te espero en la cocina entonces.

Camila no parecía estar muy bien, más bien algo decepcionada por aquél rechazo. Así que me levanté, y caminé tras ella hasta la cocina, atrapándola por la cintura. Aquello la hizo reír un poco.

—Estoy bien, estoy bien. Gracias. —Besé su mejilla quedándome un momento abrazada a ella por la espalda, hasta que la solté.

—Es que no me gusta verte así, es sólo eso. —Saqué dos tazas del mueble superior de la cocina. Las miré con el ceño un poco fruncido. Una era verde, la otra rosa. —La rosa es mía. —Puntualizó haciéndome girar la cabeza hacia ella.

—No me sorprende. —Dije entre dientes riéndome, metiendo una taza de leche en el microondas.

—¿Por qué no te sorprende? —Fruncí el ceño programando la cafetera, agachándome para mirarla con las cejas gachas.

—¿Quién tiene los ojos verdes aquí? —La miré sonriendo, y ella torció los labios con una sonrisa negando, dándome con la mano en la cara.

—No me mires así. —Me apartó riéndose, escuchando el sonido del microondas indicando que la leche estaba lista.

—¿Cómo quieres que te mire? —Eché un poco de café en las dos tazas, y ella vertió la leche en las tazas, echándole dos azucarillos.

—¡No sé! Pero... —Sacó las tostadas y las puso en el pan sonriendo un poco. —Me da vergüenza.

—¿Te da vergüenza que te mire? —Cogí mi taza de café y una tostada, saliendo con ella al salón.

—Un poco... Cuando me miras así. —Di un sorbo al café, quedándome cerca del ventanal. Hacía mal día, estaba lloviendo. —Oh dios, ¿está lloviendo? —Camila vino rápido a mi lado, con la taza de café entre sus manos y una gran sonrisa.

—¿No habías visto aún llover? —Ella negó sonriendo, con los ojos abiertos de par en par mirando los nubarrones negros que descargaban todo el agua en la bahía, encima de Vancouver.

—No, ha hecho muy buen tiempo este mes. Es precioso. —Di un mordisco a la tostada y la dejé en la mesa junto a la taza, cogiendo la cámara de la habitación para volver al salón.

De lejos, la figura de Camila en contraste con la claridad que entraba por el ventanal se veía como una silueta negra. Perfecta pero opaca. De fondo, los nubarrones grises, negros, azul oscuros y los cristales repletos de gotas de agua. Mi cámara se disparó, una, dos, y tres fotos. Camila se dio la vuelta.

—¿Ha salido bien? —Me acerqué a al cristal junto a ella, haciendo un par de fotos a las gotas que se deslizaban cristal abajo, mezclándose con las luces rojas de los coches que cruzaban el puente, con las luces encendidas de los edificios.

—Siempre sales bien. —Respondí en voz baja, girando la cámara hacia ella, que arrugó la nariz, cerró los ojos y sacó la lengua. —La haré mi fondo de escritorio en el ordenador.

—¡No! Salgo mal. —Solté una risa enseñándole las fotos mientras negaba.

—No, sales perfecta. —Besé su frente y volví a mirar las primeras fotos, eran absolutamente preciosas. —¿Puedo subir estas a Tumblr? Son preciosas.

—Claro. Excepto la que sale mi cara, esa...

—Esa es mía. —Añadí dándole un beso en la nariz, que la hizo reír con los ojos apretados. —Por cierto, tengo que irme. —Dije mirando el reloj de mi muñeca con el ceño algo fruncido.

—Mmh... —Ella bebía café abriendo los ojos. —Tenemos que irnos, tengo clase a las 11. ¿Y tú dónde vas, por cierto?

—Tengo que hacer la entrega de una foto. —Me froté las manos mientras entrábamos en la habitación. Aún se me hacía extraño eso de tener un armario lleno de ropa que me quedaba bien y donde podía elegir.

—¿No las mandar por correo? —Asentí poniéndome los jeans negros, y me senté al borde de la cama para atarme las botas.

—Sí pero... Este chico quiere que se lo entregue en mano. Hemos quedado en una cafetería cera de aquí. —Me levanté de la cama y me puse el sujetador, mirando a Camila que se enfundaba sus pantalones y una de mis sudaderas grises.

—Eso es raro. —Escuché sus palabras mientras me ponía una camiseta blanca de The 1975 y una chaqueta negra que parecía de plástico.

—Lo sé, pero es 'trabajo'. Esta tarde pasaré por tu casa, ¿vale? —Asintió cogiéndome de las manos. Me besó.

—Vale.

*

Me colgué mejor al hombro la tira del pequeño maletín donde llevaba la foto ya enmarcada. Estas cosas eran demasiado delicadas. Miré al otro lado de la calle, estaba la cafetería. En cuanto el semáforo se puso en verde, comencé a caminar, dirigiéndome a la entrada del local. No había mucha gente, el ambiente era cálido, mis pies tomaron algo de calor después de haber sido mojados por los charcos de la ciudad. Miré a mi alrededor.

—Hey, ¿eres Lauren? —Giré la cabeza a mi derecha para encontrarme con el chico que me mandó el email. Alto, de ojos verdes y nariz recta. El pelo engominado hacia un lado, pero parecía amable.

—Sí, soy yo. ¿Eres Barry? —Él asintió y señaló una mesa al fondo de la cafetería.

—Sí, vamos a sentarnos.

Lo que más me sorprendió de aquél chico era que iba vestido de traje. No era la típica persona que solía comprar mis cuadros, aunque... Tenía constancia de que algunas empresas compraban fotos de los bosques para crear un ambiente más 'relajado' en sus zonas de trabajo. La foto que me había pedido era un bosque, pero lo extraño era que si era para una empresa, lo más normal sería que la mandase por correo. Pero no.

—¿Quieres un café? —Preguntó él con el vaso de cartón en la mano.

—No, gracias, he desayunado esta mañana. Pediré una botella de agua. —Él asintió mirando su vaso con una pequeña sonrisa. —¿Puedo hacerte una pregunta?

—Claro.

—¿Por qué no pediste que te lo mandase por correo? Es más rápido. —Dije sonriendo, alzando los hombros para que no se sintiese atacado. Su sonrisa se amplió.

—Porque el cuadro no es para mí, es para mi novia. Ella maneja Tumblr y esas cosas, e incluso antes de dormir lo mira en el móvil. —Soltamos ambos una risa, antes de que Barry siguiese hablando. —Y es su cumpleaños en unos días, y como no paraba de decirme que le gustaba esa foto...

—Wow, dile que de verdad le agradezco que aprecie tanto mis fotografías.

—Se lo haré saber. Yo también la aprecio, si no, no la dejaría que pusiese ese cuadro en mitad de nuestro salón.

Ambos reímos, parecía amigable. Le di el cuadro y él me pagó 150 dólares, aquellos 50 de propina por hacerme venir a entregarle el cuadro. Era un buen tipo.

*

Para llegar desde donde me dejaba el autobús a casa de Camila, tenía que pasar por delante de mi casa. Bueno, de la casa de mis padres. Saqué el móvil y preferí mirarlo, preferí concentrarme en otra cosa que no fuese aquella casa, pero era francamente difícil. Toda mi vida la había pasado allí dentro, toda mi vida había sido para mí un infierno de frustración. No podía llegar a entender aún cómo unos padres pueden tratar así a su hija, mientras que hay otros que no pueden tener hijos y llorarían por criar un bebé aunque no fuese suyo.

Escuché la voz de mi madre, creía que era mi imaginación, pero no.

—¡Lauren! —Apreté los ojos, y entonces escuché también la de mi padre.

—¡Lauren, Lauren! —Me giré, y estaban allí los dos. A ese cabrón sí que no quería verlo ni en pintura.

—Ni se os ocurra acercaros más. —Dije negando, tragando saliva de una forma pesada. Mi corazón latía tan fuerte que podía sentirlo contra mi pecho, casi saliéndose por la boca.

—Pero eres nuestra hija. —Dijo él, y lo miré con tanto desprecio que debería sentirme mal, pero no.

—¿Ahora soy vuestra hija? ¿Hizo falta que me tuviese que morir para que os dieseis cuenta? —Solté una risa retrocediendo sobre mis pasos. —Me llamo Lauren, y yo no tengo padres. Sólo fui un error que no debería haber nacido, pero que existe. Así que mostrad atención en vuestros dos hijos, no vaya ser que cojan un resfriado.

Me di la vuelta y caminé rápido hacia casa de Camila. Quería salir de allí.

cuarenta y seis

Los pasillos del instituto ahora estaban vacíos. Había carteles despegados de la pared, algunos cayendo al suelo. Una pancarta colgaba del techo casi descolgada, cayéndose, con un 'felicidades promoción de 2016'. Sonreí un poco. Aunque sabía que no era uno de esos alumnos que se graduaron con todos los honores.

El campo del equipo de fútbol ahora estaba lleno de sillas decoradas con telas acordes con el color del equipo, con el color del instituto. Frente a nosotros, un gran escenario, un atril. Marie y Camila estaban más adelante, con sus túnicas azules de raso brillante y el birrete en la cabeza. También vi a Chris sentado al otro lado, sonreí.

—¿Qué tal está Camila? —Preguntó Kyle al ver que me sentaba. Era la primera vez que lo había visto vestido de traje, y creo que él era la primera vez que me veía a mí con vestido.

—Nerviosa. —Sonreí cruzando mis manos sobre mi regazo. Me apenaba mucho el hecho de que yo no me hubiese podido graduar de esa forma, y todo lo que había vivido, esos sentimientos se me acumulaban en el pecho, formando una bola en mi garganta.

—En mi graduación se cayeron dos chicas, es normal. —Solté una risa jugando con las manos en mi regazo.

El director del instituto comenzó a dar un discurso, y Camila supongo que estaba demasiado nerviosa como para darse cuenta de que yo estaba allí detrás. Lo que yo no sabía, es que al minuto siguiente el director la nombraría para subir al escenario a dar el discurso con el que despedirían el año. Con el que todos los cursos debían identificarse, ella era la que hablaba.

Camila se puso delante del atril, y miró el papel que tenía delante. Apretó los labios; yo estaba más que preocupada.

—Vamos Camila. —Murmuré para que empezase a leer. Camila aún no había aprendido a leer muy bien, en voz alta leía como un niño de tres años y eso era lo que me preocupaba.

—Realmente no... No voy a leer esto. —Dijo negando, levantando la cabeza del papel con una mueca. —Este discurso ni siquiera lo he escrito yo, y tampoco... Sé leer muy bien. —Todo el mundo se quedó en silencio, y Camila me miró a mí. Sonreí alzando el pulgar. —El caso es que no sé leer porque era ciega. —Los murmullos comenzaron entre la multitud, comentarios, susurros, pero a Camila no parecía importarle. —Llegué aquí desde Nueva York, y todo el mundo fue muy dulce conmigo. Quizás los canadienses tienen esa fama de 'buenos' peyorativa que ponen los norteamericanos, pero no es así. Todo el mundo siempre se portó bien conmigo, excepto algunas personas que intentaron aprovecharse de mí porque era ciega; pero malas personas hay en todos lados. Estoy muy agradecida al instituto y a los profesores que se adaptaron a mi forma de estudiar, a mi forma de aprender, sin eso no podría estar aquí ahora graduándome. Pero... Conocí a una chica a principios de curso, que fue la que me demostró que en este país la gente tiene un gran corazón. O quizás sea porque ella es así. Me ayudó cuando nadie me conocía, me hizo sentir cosas que no podía porque era ciega, y me... —Se quedó en silencio con una sonrisa. —Y me enamoré. Ella no se merecía todas las cosas que le estaban pasando, ella no se merecía que la tratasen de aquella manera, no se merecía caer tan bajo. Ella intentaba hacer felices a todos los que la rodeaban, excepto a ella misma. Era una gran hija, una hija que cualquier padre hubiese querido, pero no la querían. Y cuando pude ayudarla ya fue demasiado tarde. —La voz de Camila temblaba. Yo permanecía en silencio mientras lloraba con una sonrisa inalterable. —Tuvo que estar al borde de la muerte para que la gente se diese cuenta de que era el pilar de muchas vidas. De la mía. Incluso de la de sus padres que ahora se arrepienten y vienen a llamarme para que la convenza. —Camila negó pasándose los dedos por la cara para quitarse las lágrimas sin emborronarse los ojos de maquillaje. —Nunca sabes qué hay detrás de cada persona. Sobre todo vosotros, los padres. Siempre decís que 'sólo tenemos que estudiar', pero vosotros no sabéis que está pasando en la cabeza de cada uno de nosotros. Podéis amedrentar la moral de vuestros hijos hasta el punto del suicidio, no sólo somos adolescentes. Somos personas que se esfuerzan como vosotros. —Apretó los labios y asintió bajando la mirada. —Gracias Lauren. —Bajó del escenario.

Kyle me tendió un pañuelo, y lo acepté bastante agradecida. Creía que en ese día ni siquiera se acordaría de mí, porque estaría nerviosa, porque simplemente recibiría su título de graduada, y porque si daba un discurso sería escrito por el director.

Pasaron unos minutos y me relajé, mis ojos aún estaban hinchados pero tenía una sonrisa en el rostro cuando comenzaron a llamar a los alumnos.

—Marie Jane Hansen. —Dijo el director, y toda la familia de Marie se levantó en mitad de la gente aplaudiéndole más que nadie, y ella caminó casi bailando al escenario.

—¡¡ESA ES MI CHICA!! —Gritó Kyle, haciéndome reír considerablemente.

—Karla Camila Hernández. —Camila se levantó de su sitio, y entonces yo me levanté igual que Kyle, silbando entre aplausos.

—¡Esa es mi chica! —Dije señalándola y riendo, sentándome de nuevo.

En el escenario, Marie se acercó al director diciéndole algo al oído. Camila se quedó detrás de Marie, asintiendo al director, que volvió a leer el nombre.

—Lauren Michelle Andrews. —Me quedé paralizada, y Kyle me movía el hombro. El director, Marie y Camila me miraban, ellas dos movían la mano para que subiese.

—¿¡Es una broma!? —Me levanté mientras Kyle me empujaba para que saliese al pasillo de césped, con todo el mundo aplaudiendo.

No era una broma. Subí las escaleras, casi atónita, con las manos temblando y la mirada fija en Camila, aunque el director se anticipó antes que ellas.

—Felicidades Lauren. —Me dio aquél diploma atado a una cinta azul. Luego se apartó de mí, y Camila me cogió de la mano para que bajásemos del escenario.

—¡Te has graduado! —Gritaba ella, y yo la alcé entre mis brazos, apretándola tan fuerte que creía que me dolería.

Marie me dio un abrazo menos efusivo que el de Camila, pero no menos sentido, porque nos quedamos varios segundos abrazándonos con una sonrisa.

—Estoy muy feliz por todo esto, muy feliz. —Dije con una sonrisa mirándolas a las dos, y Marie tiró de mi mano.

—¡Ahora te vienes a cenar con nosotros! —Negué con el ceño fruncido y una sonrisa.

—No, no, no. Agradezco esto pero... Esta es vuestra noche. Tenéis que estar con vuestra clase, y yo no... No estoy en el instituto. —Dije riendo un poco apenada, porque de verdad quería ir a cenar con ellas. —Pero iré después a la fiesta, ¿vale?

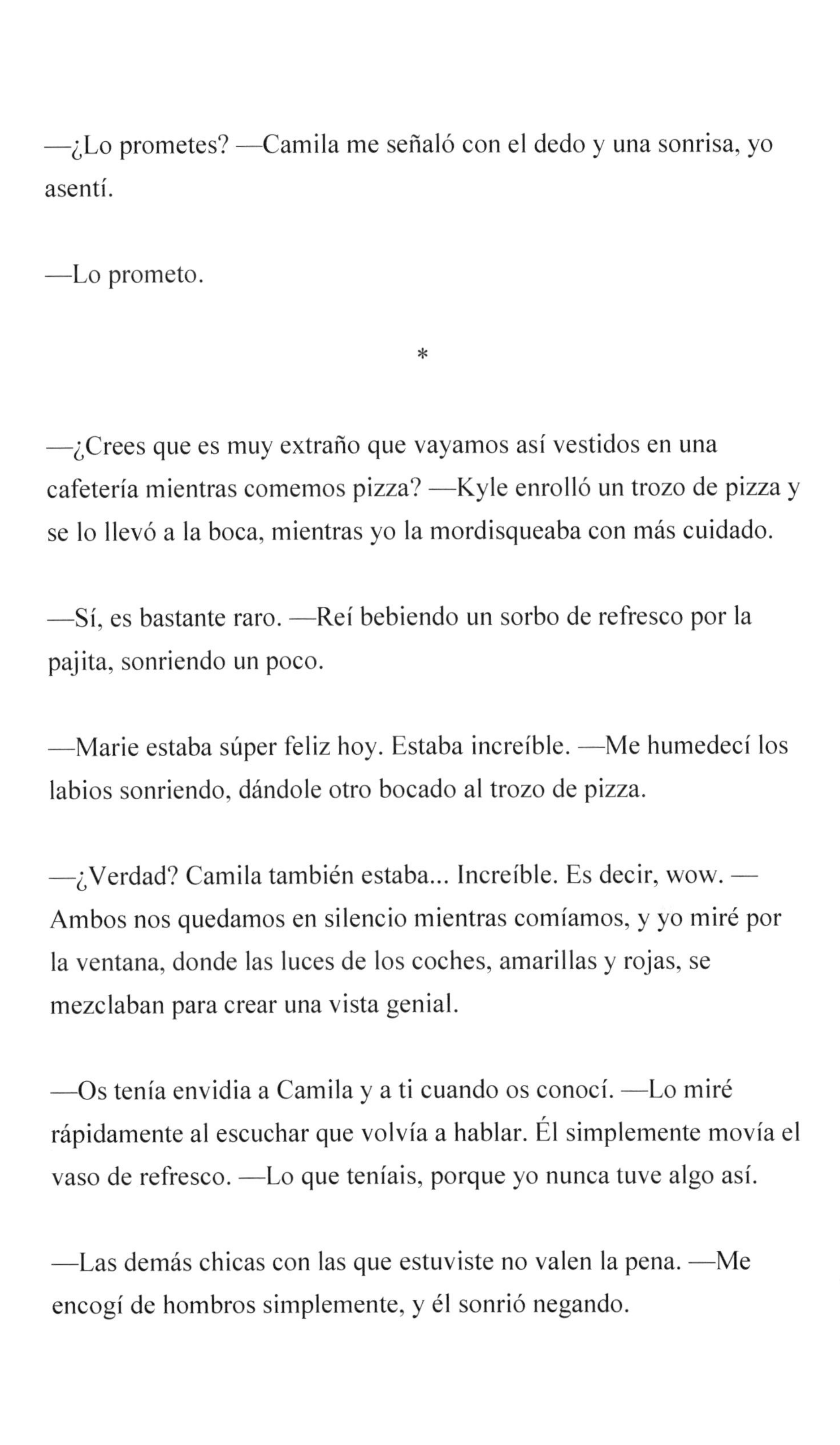

—¿Lo prometes? —Camila me señaló con el dedo y una sonrisa, yo asentí.

—Lo prometo.

*

—¿Crees que es muy extraño que vayamos así vestidos en una cafetería mientras comemos pizza? —Kyle enrolló un trozo de pizza y se lo llevó a la boca, mientras yo la mordisqueaba con más cuidado.

—Sí, es bastante raro. —Reí bebiendo un sorbo de refresco por la pajita, sonriendo un poco.

—Marie estaba súper feliz hoy. Estaba increíble. —Me humedecí los labios sonriendo, dándole otro bocado al trozo de pizza.

—¿Verdad? Camila también estaba... Increíble. Es decir, wow. —Ambos nos quedamos en silencio mientras comíamos, y yo miré por la ventana, donde las luces de los coches, amarillas y rojas, se mezclaban para crear una vista genial.

—Os tenía envidia a Camila y a ti cuando os conocí. —Lo miré rápidamente al escuchar que volvía a hablar. Él simplemente movía el vaso de refresco. —Lo que teníais, porque yo nunca tuve algo así.

—Las demás chicas con las que estuviste no valen la pena. —Me encogí de hombros simplemente, y él sonrió negando.

—Ese es el tema, que no hubo ninguna chica antes de ella. —Torció los labios mirándome con algo de tristeza. —Desde que tengo uso de razón las chicas han huido de mí, sólo era el chico del final de la clase al que todas querían cuando había un trabajo de ciencias. —Soltó una risa áspera frunciendo el ceño. —Y eso por... Por alguna razón, me fue amedrantando. Mi autoestima, mi... Mi visión sobre el futuro... Yo no tenía ninguna esperanza de que alguien pudiese quererme. Yo no tengo abdominales, tengo tatuajes en el brazo que ni siquiera a mi madre le gustan, tengo el pelo negro, no soy guapo en sí, así que nadie se iba a fijar en mí nunca. Todas las chicas a las que me acercaba, todas se alejaban de mí al verme. —Nos quedamos en silencio, y él apretó los ojos con un suspiro. —Pero Marie no se fue, Marie simplemente...

—Marie y tú os enamorasteis porque ambos buscabais algo de cariño, buscabais alguien que os quisiera y lo encontrasteis. La gran mayoría sólo busca el físico, liarse con alguien, un rollo, fardar sobre lo 'buena que está su novia', y si surge el amor es suerte. Lo vuestro es más profundo que una simple historia de chico conoce a chica, sería chico encuentra a chica. —Kyle sonrió, y yo también lo hice. —Por eso a mí no me importó que Camila fuese ciega, porque yo sólo buscaba un refugio en ella en medio de todo lo que me estaba pasando.

*

Kyle y yo llegamos a la zona del restaurante donde se hacía la fiesta. Luces en tonos morados, rosas, con algunas luces alumbrando el jardín y una piscina a nuestro lado. Camila estaba de espaldas con

Marie, y rodeé su cintura con los brazos por la espalda. Ella dio un respingo entre mis brazos.

—Antes solías hacer eso cuando te abrazaba sin avisar. —Murmuré sonriendo, y Camila se giró para abrazarme, besándome, cogiéndome la cara entre sus manos.

—Has venido.

—¿Cómo no voy a venir, Camilita? —Ella comenzó a reírse, girándome la cara con la mano.

—¡No me mires así! —Dijo riendo, y cerré los ojos con el ceño fruncido para no mirarla. —Bueno, mírame. —Volví a abrirlos y ella negó con una sonrisa.

—Te eché de menos. Podría haber sido genial contigo aquí. —Suspiré apoyando mi frente contra la suya, rozando mi nariz con la de Camila con una sonrisa.

—Cenamos pizza y tuvimos una conversación bastante interesante.

Nos besamos mientras bailábamos de una forma lenta, con mis manos en su cintura y las manos de Camila en mi cuello. Mordí su labio, ella sonrió. Cantaba las canciones en voz baja junto a mi oído, con sus labios rozando mi oreja de una forma débil y casi escalofriante.

—Esta es tu canción. —Murmuré en su oído cuando comenzó a sonar Halo, mirándola a los ojos con una sonrisa.

Nos movíamos lentamente, y me besaba a ratos otros, susurraba la canción sobre mis labios antes de besarme, antes de decirme que me quería.

cuarenta y siete

Los árboles rodeaban la orilla de la playa, haciendo una hilera semicircular que terminaba en los espigones formados por rocas que entraban en el mar. Al fondo, algunos barcos que se hacían diminutos en la distancia.

En cuanto mis pies tocaron la arena, respiré. El aire olía a verano, los libros se habían quedado en casa, y ahora la única preocupación que tenía era ver a Lauren poner la toalla en el suelo, y ayudándome con la mía.

—Así está bien, ¿no? —Se puso las manos en la cintura mirando las toallas con la cabeza ladeada.

—Perfecto. —Dije mientras me quitaba la camiseta para dejarla en mi mochila.

—Entonces vamos. —Estiró la mano hacia mí y yo corrí hacia ella para agarrarme de su brazo. —¿Habías visto alguna vez la playa? —Me preguntó mirándome con una sonrisa.

—Soy de Cuba. —Ella cerró los ojos asintiendo, soltando una pequeña risa. —Pero es muy diferente a las de allí. Aquí el agua y la arena son más oscuras, allí el agua es turquesa y la arena blanca. Y...

No hay bosques tan bonitos como esos. —Reí señalando los árboles que formaban una hilera en el horizonte.

—¿Y cuál te gusta más? —Me encogí de hombros soltando un suspiro cuando el agua tocó mis pies. Hacía demasiado que no iba a la playa, que no olía aquél olor a salitre, que no me sentía feliz.

—Son diferentes. —Murmuré antes de que Lauren saliese corriendo al agua y se tirase de cabeza para desaparecer unos segundos y pasarse las manos por el pelo. —¿Está fría?

—Mmh, para nada. Ven aquí. —Dijo abriendo los brazos, pero yo no me decidía a entrar, metía un pie y lo sacaba. —¡Vamos Camila, no lo pienses, sólo hazlo! —Entonces corrí hacia ella en el agua y me zambullí por completo, saliendo en busca de Lauren para agarrarme a su cuello. —¿Ves? No es tan malo. —Reí sintiendo sus manos agarrarme por los muslos para que rodease su cintura.

—No, no lo es. —Lauren se quedó en silencio. Llevaba el pelo recogido, ahora estaba mojado. Y sus ojos eran aún más claros a la luz del sol. —Tus ojos son preciosos. —Me mordisqueé un poco el labio mirándolos, quedándome algo embobada. Aún no me acostumbraba a aquello, aún no entendía cómo había podido vivir todo aquél tiempo sin poder verla, sin poder ver sus ojos.

—Sólo son ojos verdes. —Replicó con una sonrisa tierna.

—Y tú sólo eres idiota. —Lauren soltó una risa, negando a la vez. —No es sólo el color es... La forma de tus ojos. Es muy intimidante. —Se quedó en silencio con una sonrisa en los labios y los ojos entrecerrados. —¡Pero no me mires así!

—Eres adorable. Deberías ir acostumbrándote, porque no puedo cambiar de ojos. —Dijo saliendo del agua, y yo me agarré a su cintura para que me llevase mientras flotaba.

—No me voy a acostumbrar nunca. —Me puse de pie en la arena, empujándola para que se apartase. Ella simplemente reía.

Nos tumbamos en las toallas, y aunque yo me tumbé a tomar el sol, Lauren cogió su cámara de fotos una vez se había secado un poco.

—Déjame tu cámara. —Ella frunció el ceño y se giró hacia mí.

—¿Qué? —La cámara de Lauren era algo tan sagrado en su vida que ni siquiera a mí me dejaba tocarla.

—Si me puedes dejar la cámara, por fi... —Dije en un tono más tierno, dándole un beso en el brazo seguido de un pequeño mordisco. —Por fi, Laur...

—Está bien. —Me incorporé cogiendo la cámara entre mis manos, y casi creía que a Lauren iba a darle un infarto; comencé a reírme. —Camila, no te rías, es muy delicada.

—Cielo me río de ti, vas a explotar. Tranquila. ¿Se le da al botón verde, no? —Me puse el objetivo en el ojo y enfoqué a Lauren, que rodó los ojos negando. —Vamos, sonríe un poco... —Lauren frunció el ceño en medio de una sonrisa que no quería salir e hice la foto, y luego otra más en la que miraba a la cámara.

—Ya está, yaaaa. —Me puso la mano en la cámara, cogiéndola para volvérsela a llevar.

—Pero si sólo hice dos fotos. —Hice un puchero apoyando mi barbilla en su hombro, dándole un beso en el mentón.

—Ya, pero no me gusta que me hagan fotos... —Murmuró girando la cabeza hacia mí, y fruncí el ceño. Mi reacción fue morderle la mejilla, haciendo que soltase una risa para girar la cabeza y besarme.

—Pues la quiero en mi móvil, la quiero poner de fondo. —Lauren me miró recelosa, pero me prometió que cuando las metiese en el ordenador me las mandaría.

Paseamos por la playa, ella me tiraba agua dándole patadas a las olas que rompían en la orilla, y yo corría por la arena para que no me salpicase. En las rocas, me ayudó a treparlas, agarrándome de su mano para no caerme. La vista desde allí era simplemente maravillosa. Me enseñó lo que eran los cangrejos, ya que en Cuba casi no iba a la playa porque mis padres estaban siempre trabajando. Tenían pinzas, y a pesar de que su aspecto no era el mejor, me gustaron. Cogí uno y Lauren me lo puso en la mano, pero me dijo que no la moviese porque probablemente me pellizcaría con las pinzas. Me hizo una foto, dijo que salía muy adorable con el cangrejo en la mano justo delante de mi cara.

Lauren se quemó por el sol; parecía un pequeño cangrejo adorable de ojos verdes. Eso le dije y me mordió la mejilla para demostrármelo.

Quizás era una metáfora, o quizás no. Pero el verano llegó, llevándose el frío del invierno, y el frío que a ambas nos había consumido.

* * *

—¡Ay! Camila me duele... —Dije sentada de espaldas en una silla mientras ella me echaba crema por toda la espalda.

—Normal, si te has achicharrado. —Escuché su risa mientras me echaba crema en la espalda, que a la vez que dolía me refrescaba bastante.

—No te burles. —Le recriminé, viéndola ponerse delante de mí para echarme crema en la cara.

—No me burlo, estás muy guapa. —Fruncí el ceño pero eso aumentó el dolor.

—¡AH! —Soltó una risa negando, acariciándome las mejillas. —Bueno, voy a ponerme algo encima que vienen Marie y Kyle. Ohh... —Apreté los ojos al levantarme, notando mi piel tirante, haciendo que me doliese por todas partes. —Vas a tener que ayudarme a ponerme el sujetador. ¿Sabrás hacerlo?

—Me he estado poniendo el sujetador durante seis años sin ver. Creo que me las apañaré. —Sonreí un poco caminando hasta la habitación.

Camila me ayudó a ponerme el sujetador, y aunque se reía, me puse una camiseta de tirantes blanca de los Rolling Stones y unos jeans azules. Me gustaban aquellas Vans negras que Camila me había comprado, no dejaba de mirarlas; hacían tan buen conjunto con los pantalones y la camiseta que casi no me creía que aquella fuese yo.

—Joder, Lauren, eres un maldito cangrejo. —Se burlaba Kyle entrando por la puerta, y le di un golpe en el hombro evitando no reírme.

—Sí, es que se me ha pasado de punto en la plancha. —Bromeó Camila. Comencé a reírme dándole pequeños toques con el dedo índice en el abdomen para hacerle cosquillas.

—¡Dejad de burlaros ya de mí! —Pedí, pero ellos sólo se reían más excepto Marie que me abrazaba contra su pecho al ser más alta que yo.

—Ya está, Lauren. Estás muy guapa así. —Dijo acariciándome el pelo, y le saqué a lengua a Camila y Kyle que nos miraban a los dos con los ojos entrecerrados.

—Traemos comida china, espero que no os importe. —Kyle levantó la bolsa de plástico y caminó hasta la mesa del salón mirando a su alrededor con una sonrisa. —Cómo mola tu casa.

—Sí, está genial.

Nos sentamos a cenar. Según dijo Kyle, tenía planeado un viaje a California en julio con Marie, ella obviamente perdió los papeles porque tenía que cuidar de todos sus hermanos mientras sus padres trabajaban. Hubo debate, Kyle le pedía que por favor fuese, que ya encontrarían una forma de cuidar a sus hermanos, y al final cedió. Nosotras también iríamos, si es que yo conseguía pagarme el viaje claro, porque ahora vivía de mis propios ingresos.

Mientras Camila y Marie hablaban, yo sorbía los tallarines masticándolos mientras la miraba a ella.

—La primera noche fue algo extraña aquí. —Murmuré con el ceño fruncido, mirando a Marie abriendo un poco los ojos. Me encantaba mentir así delante de Camila.

—Ya, extraña, ya... Ya me contó Kyle. —Marie rio, y Camila se giró hacia mí abriendo los ojos de par en par.

—¿¡Se lo has contado!? —Dejé la cajita de tallarines en la mesa levantando las manos mientras me aguantaba la risa.

—¡Pero Camila, sólo le dije que habíamos...! —Me puso el dedo en la boca y me callé, mientras ella negaba. Miré a Kyle que nos observaba con las mejillas algo enrojecidas, jugueteando con las manos. —¿Y a ti qué te pasa? —Lo señalé riendo, él negó.

—Nada. —Marie se giró hacia él y nos quedamos las tres escudriñándolo. —¡Nada! —Nos quedamos en silencio y él tomó un sorbo de su refresco

—Oooh... ¿Habéis... Ya...? —Preguntó Camila. En ese momento Kyle empezó a toser, Marie lo miraba con los labios entreabiertos dándole pequeños golpecitos en la espalda.

—Mmh... No. —Respondió Marie riendo, y Kyle se irguió bebiendo un poco de refresco para aclararse la garganta.

—Estoy bien. —Las dos nos lo quedamos mirando con los labios entreabiertos, con un dedo en la barbilla.

—Parece que la falta de sexo le afecta. —Comenté entrecerrando los ojos.

—No, no. Es sólo que... Que... Esos temas, yo... —Antes de que siguiese hablando, mi móvil sonó.

—Un momento.

Caminé hasta la habitación descolgando el teléfono, no lo conocía.

—¿Dígame? —Pregunté mirando por la terraza de la habitación.

—¿Lauren? —Escuché la voz de un hombre al otro lado del teléfono, me resultaba familiar.

—Sí, soy yo. —Fruncí el ceño caminando por toda la habitación.

—Soy Barry, ¿me recuerdas?

—Oh, Barry, claro. ¿Qué tal estás? —Dije para intentar ser algo cortés.

—Genial. Te llamo desde la empresa *Canada's International Tourism.* ¿Te suena? —Entreabrí los labios al escuchar ese nombre. Era la empresa que promovía el turismo en Canadá en todos los países del mundo.

—Sí... Sí.

—Bueno, mmh, estamos buscando alguien para nuestro nuevo proyecto de publicidad y marketing de Canadá en Europa. —Apreté los ojos intentando asimilar lo que me estaba diciendo, intentando asimilar que aquél Barry al que vi era el que me hablaba por teléfono.

—Pero... ¿La foto no era para tu novia? —Él se echó a reír en cuanto me escuchó.

—No, de hecho soy gay. Oímos sobre esta misteriosa 'Lauren Andrews' cuando uno de nuestros directores compró una de tus fotos por eBay. No eres barata, ¿eh? —Reí un poco sentándome al borde de la cama. —Simplemente compró el cuadro para su familia, pero le encantó y lo trajo a una de las reuniones. Así te encontramos.

—P—Pero... —Me froté la cara con la mano intentando aclararme las ideas.

—A ver, Lauren. Estamos ofreciéndote el proyecto con el que se publicitará a Canadá en toda Europa. Constará de un reportaje de fotos y un pequeño cortometraje. No espero que aceptes ahora, así que ven mañana a nuestra central, te mandaré un correo con la dirección, ¿vale?

—Claro, claro. Eso está hecho. —Dije sonriendo levantándome de la cama.

—Genial, ¡nos vemos mañana! —Colgó.

Miré el móvil unos segundos, y mis piernas caminaron solas hasta el salón sin despegar la vista de la pantalla hasta que me decidí a mirarlos a los tres.

—Me han ofrecido trabajo. —Camila abrió los ojos dejando su cartón de tallarines en la mesa.

—¿¡QUÉ!? —Exclamó exaltada.

—¡¡Que voy a tener trabajo!!

cuarenta y ocho

—¿Es muy caro esto? —Apreté su mano un poco mientras caminábamos por los pasillos de la entrada de aquél museo.

—No. De todas formas, de eso no tienes que preocuparte.

Los suelos eran de mármol blanco con vetas grises, que hacían resonar nuestros pasos hasta llegar a una gran sala con esculturas que nublaron mi mente. Wow. Nunca me imaginaba que un museo fuese a ser así.

—¿Por qué hay tan poca gente? —Dije en voz baja, enlazando mis dedos con los de Lauren. Ella se encogió de hombros.

—Porque es verano, y la gente en verano vuela a la playa, no a los museos. —Susurró en voz baja mientras nos encaminábamos a la primera escultura. —Además, la gente no se interesa mucho por el arte y la historia.

—Wow. —Abrí los ojos al ver la primera escultura. Lauren soltó una risa, pero yo simplemente estaba estupefacta ante lo que estaba viendo.

—Es Laoconte y sus hijos siendo ahogados por una serpiente. —Parpadeé un poco mirando la figura del hombre, que parecía retorcerse en angustia y dolor mirando al cielo. Pero lo que me impresionaba no era eso, era que sus músculos parecían reales. Sus hombros, su abdomen totalmente marcado y doblado al retorcerse, sus costillas... —Es una escultura original griega.

—Pero, Lauren... —Carraspeé girándome hacia ella con el ceño algo fruncido. —No quiero hacerme la lista ni nada de eso, pero esto es una exposición de esculturas del renacimiento italiano y esa escultura es griega. Y los griegos... Existieron muchos siglos antes. —Ella sonrió mirándome, y asintió.

—Eres muy lista tú, ¿eh? —Sonrió pellizcándome un poco la mejilla. —Lo es, esta escultura es griega. Los romanos conquistaron Grecia y robaron todas las esculturas que pudieron, les copiaron el estilo artístico. Pero con el comienzo del renacimiento, dejaron atrás esa creencia del teocentrismo y empezaron a creer en la teoría de que el ser humano era el centro del universo. Empezaron los estudios, la ciencia, y por consiguiente se empezaron a rescatar estas esculturas que habían sido guardadas durante siglos por las casas más nobles. Se apreció el estudio de la anatomía, por eso la mayoría son desnudos. —Durante un momento me quedé en silencio mirándola, pero ella observaba la escultura con media sonrisa, y luego me miró a mí. —¿Qué?

—¿Todo eso dónde lo has aprendido? —Soltó una risa mientras caminábamos hacia la siguiente escultura, y ella negó levemente.

—No sé leyendo, supongo. —Comentó encogiéndose de hombros.

Y quizás Lauren tenía razón, quizás no hacía falta ir al instituto a aprender biología o matemáticas. Quizás a Lauren los profesores la calificaban como una estudiante de nota media y baja porque no se le daban bien aquellas asignaturas, pero la realidad es que era brillante. La realidad era que consiguió enseñarme el arte cuando era ciega, y de explicármelo cuando podía ver para que lo entendiese. Su mente era maravillosa, absorbía cada dato de la historia, y según lo que había visto, era capaz de pintar de una forma increíble; pero eso no lo apreciaban en el instituto. Todo era una invención del sistema intentando convertirnos en máquinas, y Lauren no lo era. Lauren no era así, por eso la repudiaban. Porque Lauren era libre de todos esos convencionalismos, de las palabras de su padre que le decían que tenía que graduarse como todo los demás. No, Lauren no tenía que graduarse porque a Lauren aquellos años de enseñanza no le hacían falta.

Tras dos horas en los que mis ojos se quedaron como platos, salimos del museo. No me podía creer que eso estuviese hecho con las manos de un hombre, me parecía absolutamente mentira que alguien fuese capaz de eso. Habían convertido bloques de mármol en personas, ¿cómo se hacía eso? No tenía ni idea, pero lo que yo vi no eran bloques de mármol hecho personas, más bien eran personas congeladas en el tiempo.

Paramos en una heladería, y Lauren pidió para mí un helado de melón y menta, era mi favorito. Ella lo pidió de dulce de leche. Nos sentamos en una de las mesas de aquella heladería, mientras yo cogía un poco de helado con la cuchara.

—¿Qué te dijeron en la reunión a la que fuiste? —Pregunté, y ella sonrió dejando la tarrina en la mesa.

—Me dijeron que tendría unos cinco meses para preparar el proyecto, es decir... Qué lugares vamos a visitar, cómo vamos a hacerlo... Y tengo que presentarlo en reuniones para que lo aprueben. —Sonreí atrapando un poco de helado entre mis labios.

—¿Cuánto cobrarás? —Ella se quedó en silencio removiendo el helado.

—Bastante. —Sonrió mirándome. Lauren estaba sacando bastante dinero vendiendo sus fotos y dibujos. Me parecía extraño que no vendiese los dibujos que hizo cuando peor estaba, ella decía que eran sus propias 'pinturas negras', como un tal Goya, y que eso le recordaba siempre lo mal que lo había pasado. Era un pequeño resquicio de oscuridad para recordarle que no todo era bueno en la vida.

—¿Y después de eso qué harás? Es decir... Hay un poquito de crisis con eso de la fotografía. —Ella se encogió de hombros; no parecía estar muy preocupada por aquello.

—La crisis acabará. —Se metió la cucharilla en la boca alzando las cejas.

—Pero eso no lo sabes. —Volvió a sonreír, maldita sea, sí que lo sabía.

—El sistema no es perfecto, Camila. Siempre, siempre habrá un fallo que provocará una depresión a nivel mundial. Pasó con el crash del 29 y ha pasado ahora. Nos recuperaremos, y dentro de unos ochenta años volveremos a tener crisis porque el sistema volverá a explotar. —Cruzó las manos encima de la mesa. —El que sabe de historia, sabe de todo.

—¿Y eso dónde lo has estudiado? —Pregunté mientras nos levantábamos de la mesa para ir de nuevo a su apartamento, y ella se encogió de hombros.

—Nunca he estudiado. Leo, aprendo hechos curiosos y los uso.

—¡Eso no es justo! Yo quiero ser así de lista.

Lauren reía, pasando un brazo por mis hombros mientras caminábamos entre los edificios de la ciudad, con el sol cayendo y colándose entre las calles, gente paseando y gente ajetreada, parejas agarradas de la mano, y Lauren y yo besándonos en una esquina. A nadie le importaba nada, nadie se fijaba en nosotras, nadie reparaba en que éramos dos chicas besándonos. Y quizás eso era lo bueno de vivir en Canadá, en un país tan grande con gente tan diversa, que todo el mundo era igual, todo amor era lo mismo, y al fin y al cabo eso era lo que todo el mundo buscaba. Dejar de ser la que llamaba la atención porquc cra ciega y la chica rara que siempre estaba triste y nunca iba a clase, y ser alguien más entre personas.

—Deberías preguntarle a tu madre si puedes quedarte a vivir este verano conmigo. —Al abrir la puerta del apartamento un pequeño cachorro de Golden Retriever que cojeaba. —¿¡Qué!? ¡Camila hay un perro en mi casa! —Dijo entrando en el apartamento mientras yo miraba desde detrás.

—Sí, se llama Mico. ¿Te gusta? —Cerré la puerta para que el cachorro no se escapase, y Lauren lo cogió en brazos. Estaba enloquecido, se retorcía en sus brazos y ella jugaba con él, dándole frotando su mejilla contra la cara del cachorro.

—Dios mío, ¡me has comprado un perro! Mi madre nunca nos dejó tener uno. —Lo dejó en el suelo, y se puso de rodillas delante de él. Entonces Lauren se dio cuenta de que le faltaba el pie de la pata delantera derecha. —Está cojo. —Murmuró más bajo, acariciándole la cabeza.

—No lo compré, lo adopté. —Dije agachándome a su lado, viendo al pequeño cachorro dar vueltas sobre sí mismo para acabar lamiendo la mano de Lauren. —Tiene cinco meses.

—¿Cómo va a tener cinco meses? Tendrá... Un mes como mucho. —Dijo cogiéndolo en brazos para ponerlo en su pecho.

—Hay una mafia muy grande con estos perros, la gente sólo los quiere así de pequeños así que en cuanto nacieron empezaron a meterle hormonas del crecimiento para que se quedasen así. Y a él le falta una patita entonces... —Suspiré negando, frotándome los ojos con las manos.

—Lo abandonaron. Bueno, pues ahora yo cuidaré de él. Nosotras, nosotras cuidaremos de él. —Frunció el ceño mirándome mientras el cachorro se calmaba entre sus brazos, y Lauren acariciaba su tripa dejándolo completamente relajado.

A ambas nos encantaba cenar frente a la ventana, cuando el sol estaba cayendo sobre la bahía y los barcos pasaban bajo el puente. Ella tomaba cerveza y yo un refresco, apoyaba mis piernas sobre sus muslos mientras mirábamos la puesta de sol, y Mico se tumbaba a nuestro lado con el calor de la tarde dejándolo medio dormido.

La cama con ella se hacía pequeña, parecía que si me separaba de ella podría caerme por el borde, o quizás podría perderla, así que me acurrucaba contra ella, entre sus brazos, con mi cara en su cuello o en su pecho. Antes de dormir me besaba durante un rato, lento, suave, profundo y húmedo, riendo cuando tenía el poder sobre mi lengua, cuando hacía lo que quería conmigo.

Caí dormida entre sus brazos, y creo que no había una sensación mejor que esa.

*

Abrí los ojos; Lauren no estaba. Miré el reloj, las tres de la mañana. ¿Dónde estaba esta chica? Quería seguir durmiendo, pero si estaba en su cama no podía hacerlo sin ella. Me levanté frotándome los ojos con un bostezo, y una luz tenue encendida que venía desde el final del pasillo. Era la habitación en la que Lauren dibujaba, incluso revelaba sus fotos.

—¿Lauren? —Dije con voz ronca y un nuevo bostezo. Estaba de espaldas en la mesa de dibujo, que había inclinado un poco para poder dibujar mejor.

—Hey... No quería despertarte. —Dijo Lauren con una pequeña sonrisa, girándose de nuevo sobre la mesa.

Me acerqué a Lauren por detrás hasta ver el dibujo que estaba haciendo. Una mano, parecía real, era como aquella escultura que vimos por la tarde, con las venas marcadas, los pliegues de cada nudillo, las uñas... Era tan real que no podía creerme que Lauren pudiese hacer aquello. Aquella mano estaba sujetándose a otra, como si estuviese pendiendo de un acantilado, cayendo al vacío. Aquella otra mano estaba coloreada de rojo intenso, lila y morado. Mezclado, haciendo círculos dentro y al conectar con la mano en blanco y negro, le pasaba algo de color por las puntas de los dedos.

Miré las manos de Lauren, estaban manchadas de carboncillo negro y rojo con tintes morados, y ella me miró a mí con una pequeña sonrisa.

—A veces el amor es nuestro clavo ardiendo. —Murmuró en voz baja con una sonrisa. Miré la caja de carboncillos donde acababa de poner el rojo. Entonces me di cuenta de que los carboncillos de colores estaban usados. —Y tú eres mi clavo ardiendo.

uarenta y nueve

...5 meses después

—Sí, iremos a los bosques de Vancouver, Ontario, al norte de Canadá y a las playas de Tofino para terminar. —Comenté recogiendo el dossier que estaba encima de mi mesa, sonriéndole a Luca, uno de los becarios que había llegado a la oficina hacía relativamente poco. Me daba un poco de pena verlo allí entre tanta gente adulta, entre altos cargos. Sabía cómo era sentirse así, porque aunque yo era uno de esas personas con cosas importantes que hacer en aquella empresa, me sentía como una novata, joven e inexperta.

—Wow, ¿vas a viajar por todo Canadá y te lo van a pagar? —Asentí riendo caminando hasta la máquina de café, cogiendo el vaso de plástico después que él. —¿Y cuándo te vas?

—Salimos mañana. A ver qué tal. —Dije suspirando, humedeciéndome los labios. La verdad es que no me había parado a pensar siquiera en la responsabilidad que tenía sobre mis hombros con tan sólo veinte años. De mí dependía la imagen de nuestro país en Europa, de mí dependía si los turistas querían venir o no.

—Bueno, mucha suerte. Seguro que sale genial. —Dijo retirándose con dos vasos de café para los jefes.

Me bebí el café de un sorbo y salí de la oficina tan rápido como pude. Eran las ocho de la tarde y Camila salía de la universidad. Al llegar al coche, puse el dossier en el asiento trasero y arranqué rápido. Entre las luces de la ciudad, de las ventanas de oficinas encendidas, de las alcantarillas soltando vapor, de los edificios que se levantaban delante de mí, conduje hasta la universidad de Vancouver.

Después de que me contratasen, me saqué el carnet de conducir y pude comprarme un coche, no muy caro, más bien barato. Aún no sabía qué pasaría después de aquél proyecto, así que mejor reservar ahora que pasar hambre mañana. Respecto a Camila, entró en la Universidad de Vancouver con unas notas excelentes. El consejo de admisión se sorprendió tanto de que siendo ciega tuviese esas notas que no tuvieron más remedio que aceptarla.

Llegué a la puerta, y Camila estaba con las carpetas en los brazos pegada al pecho. Puse las luces largas del coche, apagándolas y encendiéndolas para que se diese cuenta de que estaba allí. Camila se dio la vuelta y sonrió, corriendo hacia el coche.

—¿Cómo te fue todo? —Pregunté dándole un beso en los labios, acariciando su muslo.

—Genial, como siempre. —Pellizcó mi mejilla y arranqué a la vez, saliendo de la facultad con una débil sonrisa entre los labios.

Camila había entrado en la carrera de oftalmología, y la verdad es que estaba muy orgullosa de ella. Según me dijo, quería ver a gente llorar de alegría como ella lo hizo cuando volvió a ver. No se imaginaba la satisfacción que sintió el doctor Swan cuando hizo que Camila volviese a ver, ni yo tampoco.

De momento, los exámenes que iba haciendo los aprobaba y con notas altas. Éramos polos opuestos, ella era de ciencias y estudio, yo era arte y sentimientos. Pero nos complementábamos. Ella era más racional, pensaba antes de hacer las cosas, y yo era más impulsiva.

Llegamos a casa, y es que para Camila era más fácil vivir conmigo que coger todos los días el autobús desde su casa hasta la universidad. Pero Gloria y Andrés sólo pusieron una condición, y era si ellos pagaban la mitad de mi alquiler. Me negué por supuesto, pero si no lo aceptaba, Camila no viviría conmigo.

—Ya te vas mañana. —Dijo Camila abrazándome por la espalda, dándome un beso en el hombro, mientras yo preparaba una ensalada de pasta. —Te voy a echar de menos, ¿sabes?

—Y yo a ti, pero podremos hacer Skype. —Ladeé la cabeza para recibir su beso en la mejilla, y pasó bajo mi brazo para aferrarse a mi pecho. —Aunque sé que no es lo mismo, pero sólo serán dos semanas.

—Sólo dos semanas. —Susurró ella algo triste. La rodeé con mis brazos dándole un beso en su cabeza, con mi nariz enterrada en su pelo, suspirando un poco.

—Sólo dos semanas.

*

Despedirse de Camila fue lo más difícil de todo, porque era la única persona a la que realmente echaría de menos. A unas horas de vuelo desde Vancouver se encontraba el Parque Nacional de Jasper. Aquello era lo más bonito que había visto en la vida.

Dimos un paseo con el equipo para poder situarnos bien, había cascadas y un lago de agua azul intenso, rodeado por árboles, montañas y nieve en su punto más alto. El aire era puro, entraba por mis pulmones y parecía limpiarme por dentro de todo lo que había vivido. De toda aquella tristeza que seguía incrustada en mi interior y que a veces me atormentaba. Me sentí libre, me sentí justo donde quería estar.

En ese momento entendí que aquél trabajo era para mí. Valía la pena echar de menos a Camila, pero después volvería a verla. Sólo eran dos semanas, pero era lo que quería hacer el resto de mi vida.

Aquella semana visitamos Ontario, y aunque deseaba visitar a mi familia, aquél viaje era por trabajo.

La semana siguiente fuimos al norte de Canadá. No había pasado tanto frío en mi vida, el equipo estaba congelado, y yo no me quedaba atrás. Se hizo difícil grabar algunas escenas porque incluso nos lloraban los ojos del frío. Y las fotos eran aún más difíciles, sobre todo para mí, porque tenía que hacerlas sin guantes. El sonido de mi cámara en el silencio del bosque, capturando la nieve caer desde el cielo, posándose en la rama de un árbol, pero lo mejor de todo era grabar las auroras boreales.

El equipo estaba en total oscuridad con las cámaras preparadas, mientras yo miraba las pantallas de todas las cámaras que comenzaban a grabar. Todos estaban en silencio, sólo se escuchaba el sonido tembloroso de las respiraciones, y nuestras caras iluminadas por el verde de la aurora que comenzaba a aparecer. Por un momento, me permití apartar la vista de la cámara, y miré al cielo. No me podía creer lo que estaba viendo en aquél instante, algún día, algún día llevaría a estos sitios.

La semana siguiente fuimos a Tofino, a una hora en avión de Canadá. Estaba tan cerca de ella que casi podía salir corriendo a por Camila, pero no, aún faltaban algunos días para eso.

Nos alojamos en un hotel en mitad del bosque, hecho de madera con chimenea en cada una de las habitaciones. Adoraba aquello, después de aquella semana en la que tanto frío pasé, tener una chimenea era una auténtica bendición. Apenas había hablado con Camila, apenas dormía, y si lo hacía, era por un par de horas porque tenía que volver a grabar.

Decidí llamarla, tumbada en la cama y con los ojos cerrados, esperando a que me respondiese.

—¿¡Lauren!? ¡Pensé que me habías dejado por un pingüino! —Empecé a reírme al escucharla, y me giré en la cama.

—Te quiero, te echo mucho de menos. Sólo faltan unos días y volveré a casa, te lo prometo.

—¿Me vas a traer un regalito? —Sonreí soltando un pequeño suspiro.

—Te llevaré lo que quieras.

*

—Vamos chicas, sé que hace frío, pero tenemos que grabar esto, ¿sí? —Dije dando unas cuantas palmadas que no se escucharon por la lana de los guantes.

Mi idea había sido introducir un poco de lo que era la mentalidad canadiense en cada uno de los sitios donde habíamos estado. Por ejemplo, en Ontario grabamos cómo un señor estaba dando bocadillos a los vagabundos que dormían en el suelo de la sucursal de un banco. Fue repentino, pero quise grabarlo porque así éramos nosotros. Si a la gente le gustaba o no, era otra cosa, pero esto éramos nosotros.

Así que, introduje una pareja de dos chicas paseando por la playa agarradas de la mano, sonriendo y besándose. Me importaba una mierda la homofobia en Europa, me importaba otra mierda si venía mucha o poca gente a Canadá, éramos de hecho, el país más tolerante con los homosexuales después de España.

—¿Tenéis claro lo que tenéis que hacer? —Dije acercándome a ellas, mirándolas con una pequeña sonrisa. Una de ellas era de origen africano, por lo que aún me enorgullecía más estar haciendo aquello.

—Sí, sólo... Actuar como una pareja, ¿no? —Asentí, mirando la arena lisa y dura que se extendía delante de los acantilados, rodeado por bosque, con rocas que sobresalían y hacían de aquella estampa algo espectacular.

—Exacto. Sé que hace frío, pero... —Reí mientras me daban los chaquetones y se quedaban en jeans ajustados, remangados por debajo de las rodillas y camisetas de manga corta. —Tenemos que dar la sensación de que en Canadá no siempre hace frío.

—Joder, en verano no, pero ahora... —Negué sacudiendo la cabeza, corriendo para ponerme tras las cámaras.

Levanté la mano señalándolas, para que empezasen a actuar. Me recordaba a Camila y a mí en la playa, cuando me quemé toda la espalda a principios de verano. Cuando me dijeron que por fin haría lo que me gustaba, era feliz.

*

—Oh dios mío, no puede ser. ¡Dios mío! —Salté del sofá al ver a Lauren entrar por la puerta de casa y corrí hacia ella, tirándome encima para engancharme a su cuerpo con todas mis fuerzas. —¡HAS

VUELTO! —Grité riendo, dándole besos por toda la cara en la que tenía dibujada una sonrisa.

—¡He vuelto! —Reía ella dejándome en el suelo. Mico apenas ladraba, saltaba en sus piernas y daba vueltas sobre sí mismo de alegría. —¿Tú también me has echado de menos? ¿Eh campeón? —Lo cogió en brazos dándole besos en la cabeza, y reí abrazándome a ella junto a Mico.

—¿Cómo estás? ¿Cómo fue todo? —Pregunté levantando la cabeza con una leve sonrisa, y ella dejó a Mico en el suelo pasándose las manos por la cara.

—¡Increíble! Camila, dios, tengo que llevarte a esos sitios que vi. Este año, este año te llevaré, te lo prometo. Tienes que ver eso. ¡Vi una aurora boreal verde! —Entreabrí los labios y abrí los ojos de par en par, soltando una suave risa. —Y y estuvimos como cuatro días por el bosque, entre las cascadas, fue maravilloso.

—Estoy muy feliz por ti. —La abracé poniéndome de puntillas, moviéndonos en el sitio y apreté los ojos. —Espero que algún día pueda ver esas cosas. —Dije soltando una risa, porque eso es lo que decía cuando era ciega.

—Ahora puedes. Ahora todo es posible.

*

—Nunca me había gustado Acción de Gracias. —Dijo Lauren sentándose en la mesa con el ceño fruncido, sonriéndome al estar a su lado.

—Ahora como puedes venir cada vez que quieras, sí, ¿no? —Dijo su abuela pellizcándole la mejilla.

Aquella familia me parecía entrañable. Su abuelo me enseñó fotos de cuando Lauren era pequeña, nunca las había visto, quizás porque su madre nunca le hacía fotos, y si le hacía era porque estaba justo al lado de sus hermanos. Era una niña adorable, aunque toda la ropa le quedaba grande, porque apesar de ser la primera y según me dijo también su abuela, la ropa o era prestada o se la regalaban ellos. Odiaba aquello, saber que habían estado tratando así a Lauren desde que tenía uso de razón me mataba.

—Era muy lista y espabilada para la edad que tenía. —Me decía su abuelo con el ceño fruncido, frotándose la barbilla con los dedos ajados, rudos, anchos. —Con tres años nada más ya se vestía sola.

—Porque nadie la ayudaba, ¿no? —Él asintió con los labios torcidos.

Su tío Stephen se quedaba mirándome un momento, y luego sacudía la cabeza y miraba a Lauren.

—Pero, ¿de verdad es tu novia? —Le preguntaba señalándome, y ella rodaba los ojos con una risa. —Es que como es tan guapa. No sabía que tenías esos dones de ligoteo.

—Madre mía, Steph, basta ya. —Decía su tía dándole un empujón en la cabeza, haciendo reír a Lauren.

Y eso era, una cena de Acción de Gracias de verdad. En la que Lauren sonreía y sostenía mi mano bajo la mesa. Era asombroso conocer a la familia de Lauren, saber que tenía alguien que la apoyaba aunque fuese lejos.

—¿Te gusta el pavo Camila? —Me humedecí los labios asintiendo y miré a su abuela.

—Está delicioso. —Sonreí cortando pavo, y lo cogí con las patatas pequeñas aderezadas con una salsa dulce. Era increíble.

—¿Sabéis que Camila es de Cuba? —Todos abrieron los ojos al escuchar las palabras de Lauren, que me miraba con una sonrisa.

—¿De verdad? Vaya, eso es algo que Michelle no nos había contado. —Abrí los ojos al escuchar aquél nombre, y me giré lentamente para mirar a Lauren.

—Michelle. —Le dije, y todos se rieron al escuchar ese nombre salir de mis labios.

—No, tú también no. —Todos se reían y Lauren agachó la cabeza con una sonrisa para comer.

—Aw, pero si es adorable Mitchy. —Todos rieron más, y le di un beso en la mejilla para que dejase de avergonzarse.

—Bueno, ¿hacemos un brindis? —Stephen se levantó con la copa de champán en la mano, y todos cogimos la nuestra, levantándonos de la mesa. —Por...

—Por... —Repitió Lauren con el ceño fruncido, algo pensativa.

—Por todo lo que tenga que venir. —Finalizó su tía Elizabeth, y las copas chocaron.

Ojalá fuese así.

*

—Tu familia me encanta. —Dije acercándome por detrás a Lauren, apoyándome contra su espalda, mientras ella estaba apoyada en la barandilla de la terraza superior de aquella casa. Observábamos la ciudad.

—Se parecen a ti. —Dijo girando la cabeza con una sonrisa.

—¿A mí? —Solté una risa a la vez que besaba su hombro, Lauren asentía con aquella sonrisa tierna. —¿Por qué?

—Porque es muy fácil quereros. —Se giró rodeando mi cintura con las manos, dándome un beso lento, suave, tierno, dulce, con una sonrisa al final sobre mis labios.

—Entonces tú eres digna de tu familia. —Esbozó media sonrisa mirando mis labios, rodeándome entre sus brazos para pegarme contra ella. —Hace frío. —Murmuré en voz baja.

—No, ya no hace frío.

... 7 años después

La sala estaba llena de gente, todos hablaban entre ellos, entre luces tenues, fotos, copas de vino y canapés de caviar y salmón. Miré la foto que estaba colgada encima de la pared, el cielo rosa, casi púrpura con tonos naranjas, decorados con nubes que adornaban la imagen. Estaba hecha desde debajo de la arena de la playa, en el agua se mezclaban los colores. La arena era rosa, no por el reflejo, sino porque aquella arena era así.

—Vaya, gran foto. —Dijo una voz a mis espaldas. Me di la vuelta con una sonrisa y asentí al ver a aquél hombre.

—Atardecer en Komodo. —Ladeé la cabeza mirándolo con los ojos entrecerrados. —Pasé cuatro horas tumbada en la arena capturando el cielo cada quince minutos.

—Lo sé, tengo esas fotos en mi casa. —Cerré los ojos soltando una pequeña risa, alzando una ceja. —Enhorabuena por tu nueva exposición.

—Gracias, Oscar. —Le tendí la mano estrechando la suya con una sonrisa, y se acercaron un par de personas más. Críticos de arte, más bien.

De fondo vi a Camila, que apareció con un vestido rosa claro, el pelo recogido en una coleta alta y dejando caer dos mechones de pelo a sus lados. Al verme, sonrió y se fue acercando hacia nosotros.

—He visto el reportaje que hiciste en la India. Fue espectacular, en serio. Supiste capturar el colorido de los mercados, el... El alma del país sin hacerlo parecer un país pobre como casi todos. —Asentí con una sonrisa torcida en agradecimiento.

—Es fácil cuando te dejas llevar por lo que ves. —Solté una pequeña risa a lo que los tres críticos rieron. —Disculpad. —Dije para que se apartasen y extendí la mano para tomar la de Camila, que sonrió al agarrar la mía. —Esta es mi prometida, Camila.

—Encantada. —Sonrió ella, estrechando la mano de ellos tres. — Cielo, ¿te importaría venir conmigo un momento? —Preguntó con una sonrisa apretando mi mano.

—Claro. En un segundo vuelvo.

Salí de la mano con Camila, que me guió hasta una de las salas anexas al museo. Al llegar a la puerta, ella se paró.

—¿Qué ocurre, Camz? —Pregunté algo preocupada, y se mordisqueó el labio con un atisbo de preocupación en su rostro.

—Tus... Tus padres están aquí. —Dijo con una pequeña mueca y una sonrisa, encogiéndose de hombros. —Sé que no querías verlos, pero...

—Está bien. —Dije encogiéndome de hombros con una sonrisa. Me incliné y la besé poniendo las manos en sus mejillas, suspirando al hacerlo. —Te quiero, ahora, si me disculpas, tengo que entrar ahí. —Camila sonrió, sabía que yo no sentía nada al verlos. Ni bueno, ni malo. Me eran indiferentes.

Abrí la puerta y mis padres aparecieron, estaban sentados en un sofá azul, y al verme se levantaron.

—¿Me buscaban? —En cuanto fueron a abrazarme di unos cuantos pasos hacia atrás, ladeando la cabeza.

—Lauren, oh, por dios, estás preciosa. —Camila se quedó en la puerta, frotándose el brazo algo preocupada, y yo terminé de entrar cerrando la puerta con el ceño fruncido.

—Me dices que estoy preciosa cuando no me has visto antes. Oh sí... —Asentí con una sonrisa sentándome en el sofá de enfrente, desabotonándome la americana negra. —La última vez que dijiste algo con respecto a mí yo tenía veinte años, y... Ah, sí, me dijiste que era una inútil que no iba a llegar a nada. —Asentí mirando a mis padres con una sonrisa. —Wow, ¿no es gracioso cómo cambian las cosas? ¿Verdad Camila? —La miré sonriente, y luego volví a mirar a mis padres. —¿Venís a buscarme porque soy la única hija que ha triunfado? —Solté una risa.

—No, venimos porque te queremos. —Comentó mi padre. Apoyé las manos en el respaldo del sofá, negando con el ceño fruncido y una sonrisa.

—Nah, no me queréis. Si me quisieras no me habrías estampado contra la pared tantas veces sólo por estar en mi habitación. —Puse las manos de nuevo sobre mi regazo, ladeando la cabeza mientras me miraba los dedos. —Ni tampoco me habríais dejado sin ropa, ni dejarme sola en Navidad sólo porque estaba enferma. Además, tampoco habríais llamado a Camila 'la ciega'. —Solté una risa negando, mirándolos a los dos. —No podéis arreglar ahora el daño que habéis hecho.

—¿Y entonces cuándo lo vamos a arreglar? Dime. Te cambiaste el número, y ni siquiera tu hermano nos lo quiere dar. —Me echó en cara mi madre, y me humedecí los labios con aquella sonrisa rencorosa y vengativa.

—La primera vez que me cogiste en brazos al nacer. —Mi rostro cobró un semblante más serio, inclinándome un poco para mirarlos, con los codos en las rodillas y las manos enlazadas. —Deberíais haberme querido como a una hija, eso es todo. Es naturaleza humana, pero creo que vosotros de eso no tenéis una pizca.

—Mira, Lauren, como vuelvas... —Mi padre me señaló con el dedo.

—¿Cómo vuelva a qué? ¿Me vas a pegar? ¿Me vas a estampar contra ese armario otra vez? ¿Me vas a gritar hasta hacerme sentir una mierda? —Me reí negando, volviendo a la seriedad. —No eres nada. No sois nada. —Me encogí de hombros negando. —No me puedes hacer nada, porque ya no soy una niña de 19 años que lo único que quería era salir de su casa. Pero tú sigues siendo un maldito maltratador psicológico. Doy gracias a que yo no he sacado eso de ti, porque soy buena persona. Así que, si queréis quedaros y ver la exposición, genial. Disfrutad de los maravillosos paisajes que fotografié y espero que os gusten. Os deseo lo mejor en la vida. —Me giré hacia Camila y le tendí la mano, agarrándola para salir de aquella habitación.

*

—¿Estás segura de que estás bien? —Pregunté sentándome en su regazo, pasando mi brazo tras su cuello.

—¿Cuándo te he mentido sobre eso? —Su mano se posó sobre mi muslo, rodeando mi cintura con la otra.

—Mmh, no sé, quizás cuando era ciega y me mentías cada día sobre que estabas bien. —Abrió los labios y los ojos a la vez, negando.

—Oh, Camila, golpe bajo. Golpe bajo. —Negó riendo, y entonces me incliné para darle varios besos en los labios, y apoyé mi frente contra la suya. —Estoy bien, de verdad. No me afecta y lo sabes. Pero...

—Pero... —Repetí con esa voz. Lo sabía.

—Pero me da rabia, ¿no me pueden dejar tranquila? Ahora que sus dos hijos trabajan en algo en lo que no tenían pensado trabajar, vienen a mí. Venga ya. —Resopló mirando por el ventanal, desde el que se veía el mar y el bosque. Pasamos de vivir en nuestro pequeño apartamento, a comprarnos otro más acomodado, y luego, este ático en el centro de Vancouver.

—¿Qué puedo hacer para animarte? —Dije quitándole la chaqueta con una sonrisa, dejándola a un lado en el sofá.

—Bueeeno... —Se le escapó media sonrisa mirándome con ojos de cachorrito, encogiéndose de hombros. —Si pudieses hacer algo, te lo agradecería... —Murmuró alzando las cejas.

*

—¿Estás mejor? —Pregunté riendo en voz baja, y ella asintió soltando una carcajada, besando mi frente.

—Ha sido una gran noche. Gracias a esto también, pero... Es mi tercera exposición, es especial. —Me abracé a ella, poniéndome encima con la manta tapándonos hasta la cintura. —Vamos a casarnos en unos meses. —Puse mis manos sobre las de ella y enlazamos nuestros dedos, sonriendo con ternura.

—Lo sé. De hecho casi me pongo a saltar cuando me llamas 'tu prometida'. Es tan adorable cuando lo dices... —Me incliné para pegar mi frente con la suya arrugando la nariz mientras reíamos.

Fuimos a la India durante dos semanas, allí casi no podíamos tocarnos por la calle porque la gente nos miraba mal. Aunque ella sí que quería que actuásemos como una pareja, yo no quería influir en su trabajo. Paseamos por los mercados, por esas bolsas llenas de especias, tantos colores, y una cultura radicalmente diferente a la nuestra. Después de aquellas dos semanas, fuimos a Maldivas. Nunca había visto un agua tan turquesa y cristalina, y una arena tan blanca como aquella. Una de las noches Lauren tenía que trabajar, pero me pidió que fuese con ella. Íbamos a Isla Vaadhoo, pero lo que vi allí no fue normal. Aún intento asimilar aquello, pero no puedo. El mar estaba lleno de luces azules, como bombillas de neón azules que aparecían en la orilla cada vez que una ola, por muy pequeña que fuese, rompía. Entonces Lauren me pidió matrimonio, a la luz del mar.

—Te quiero. —Murmuró en voz muy baja mirándome con una sonrisa tierna. Le costaba mucho decirlo, y a mí también. Te amo y te quiero, eran palabras superfluas y banales en comparación con lo que nosotras sentíamos. Justo cuando fui a besarla de nuevo, sentí que tiraban de la sábana, y giré la cabeza. Mico intentaba saltar encima, y Lauren lo cogió dándole besos por la cabeza, poniéndoselo en el pecho.

—Qué grande está ya nuestro bebé. —Lauren se rio, porque el pobre no podía crecer y aunque hice el comentario con buena intención sonó un poco cruel.

Y nosotros poco a poco, justo como Kyle y Marie, habíamos formado una pequeña familia. Aunque ellos fue más bien por accidente. Aún recuerdo la cara de Marie cuando se enteró de que estaba embarazada, y la de Kyle más aún. No era algo que quisiesen ahora, pero el shock inicial sólo fue eso, al inicio. Él trabajaba en una de las empresas más importantes del país como ingeniero químico, y Marie estudió relaciones públicas en la universidad de Vancouver. Ahora, trabaja en una empresa de representación de jugadores de hockey. Tuvieron a su pequeño el pasado agosto, lo llamaron Roger, y después de ver a Kyle llorar al ver a su hijo nacer, no tuve duda que sería lo mejor que les había pasado.

—Ya llegará el momento en el que tengamos un bebé. —Dije sonriendo, tumbándome sobre el pecho de Lauren, que había soltado a Mico justo a su lado en la cama.

—¿Me lo prometes? —Murmuró en voz baja, pegando su rostro al mío.

—Te lo prometo.

...15 años después

Me encantaba mi trabajo. Había recorrido todo el mundo a lo largo de mi vida, pero llegó un punto en el que miraba a Camila y lo único que quería era verla a ella todos los días. A veces tenía que irme un mes o dos, y eso me quebraba por dentro. Era sólo dos veces al año, pero en ese punto de nuestras vidas quería sentar la cabeza. Y eso hice.

Compramos una casa a las afueras de Vancouver, y aunque ella seguía trabajando en el hospital, yo me tomé mi trabajo de una forma más relajada. Hacía fotos, sí, pero a las cosas más cercanas. Ella decía que hacía arte hasta del césped del jardín; y era verdad. A las siete de la mañana, cuando el rocío y la escarcha de la noche aún estaban intactas en la hierba, salía y le hacía fotos. Se vendían por más de tres mil dólares, y ella seguía sorprendiéndose como el primer día.

Entré en la cocina, hecha de grandes ventanales que dejaban entrar la luz, y dejaban ver el bosque que nos rodeaba a lo lejos.

—¿Has llevado a las niñas al colegio? —Me eché la taza de café con una sonrisa.

—Sí, cariño. ¿Escuchas algún 'mamáaaa, dile a Megan que se vaya de mi cuarto'? —Ella soltó una risa y yo por fin pude darle un sorbo a mi café, acercándome a ella por detrás.

—Mmh... —Se quedó pensativa mientras yo le daba un beso en la mejilla, y Camila entrecerraba los ojos. —Sigues igual que hace veinte años.

—Lo sé. ¿No es genial? —Me senté en la silla de la cocina, bebiendo de aquella taza. La mesa y la sillas eran de madera natural clara, al igual que los muebles, y algunos estaban lacados en azul intenso.

—Sí, porque además es en todos los sentidos. —Alzó las cejas quitándome la taza de café, dándole un sorbo bastante largo, que casi me dejó sin nada. —Mmh... Los días libres son una bendición.

—Excepto porque me esclavizas para que te lleve a comprar. —Me cogió de las mejillas pellizcándome, dándome besos pequeños en los labios.

—Exacto. Te quiero.

Y salimos a comprar, no sé, pero gastamos más de cien dólares en hacer la compra semanal, también se compró unos jeans nuevos —no había parado de usarlos desde que la conocía, y no quería que dejase de hacerlo—, y también un jersey ahora que llegaba el invierno de nuevo.

—Quiero irme a casa. —Dije llevando el carro con los antebrazos apoyados en él, siguiendo a Camila por el pasillo del supermercado.

—Lo sé, cariño, pero aún tenemos que comprar pescado.

Y compramos pescado, para entonces, cuando terminamos, era la hora de recoger a las niñas del colegio.

—Hey, ¿cómo has terminado el día? —Pregunté a Valerie, la mayor, que salía hacia mí. Intenté abrazarla pero ella se apartó un poco.

—Mamá... —Dijo rodando los ojos.

—Está bien, está bien. —Alcé las manos, y entonces Megan, la pequeña salió disparada hacia Camila que estaba más cerca. Cómo cambiaban las cosas, Valerie también era así de pequeña.

Megan tenía tres años, era morena de ojos verdes, preciosa, absolutamente preciosa. Le gustaba Bob Esponja, también Dora la Exploradora y se pasaba horas cantando delante de la tele.

Después estaba Valerie, ella tenía catorce años. Era castaña con los ojos negros, muy parecida a Camila. Se encerraba en su cuarto y no quería saber nada del mundo, pero aunque otros padres se alterasen, —como por ejemplo Camila— yo la dejaba estar. Sabía lo difícil que era esa edad, y cómo todo influía de una manera bastante más radical de lo que me podría afectar ahora.

—Megan, cállate. —Gruñía Valerie, porque la pequeña le daba golpes a su nuevo juguete y gritaba al verlo.

—Valerie... Sólo tiene tres añitos, cariño. —Dijo Camila mirándola por el retrovisor, y ella rodó los ojos negando para mirar por la ventana.

Cuando llegamos a casa, Camila sacó aquella lasaña maravillosa que había preparado por la mañana, y en dos segundos Megan ya tenía la cara entera manchada de tomate.

—Madre mía... —Dijo Camila con una risa, limpiándole a la pequeña la boca con una servilleta.

—¿Qué tal el día? —Le pregunté a Valerie, que se encogió de hombros mientras le daba vueltas a la lasaña en el plato. —¿No me tienes que contar nada?

—Mamá, déjame en paz, joder. —Abrí los ojos humedeciéndome los labios, así que decidí permanecer en silencio y comer un poco. Camila iba a regañarle, pero negué lentamente para que no dijese nada.

*

Valerie dejó su plato en la mesa mientras yo le daba de comer a Megan, que cogía la lasaña con las manos para llevársela a la boca.

—Voy a hablar con ella. —Dije levantándome, limpiándome las manos con el trapo. —Dale tú de comer y... Recoge esto, por favor. —Sonreí un poco.

Subí las escaleras hasta su habitación, donde tenía pegada un gran cartel de una de esas boybands del momento. Ni siquiera me sabía sus nombres, pero si a ella le hacía feliz, no iba a negárselo.

Toqué tres veces en la puerta.

—Valerie, soy mamá. —No respondió y solté un suspiro, pasándome las manos por la cara. —Voy a entrar, ¿vale? —Abrí la puerta y la vi tumbada en la cama mirando el móvil con el ceño fruncido, desvió la mirada hacia mí.

—No te he dicho que pases.

—Soy tu madre, puedo pasar si yo quiero. —Dije cerrando la puerta y me aproximé a la cama, sentándome en el borde.

—¿Entonces para qué preguntas? —Dijo de mala gana con un bufido.

—Porque necesito hablar contigo. —Ella seguía mirando el móvil, así que se lo quité de las manos y ella se incorporó abriendo los ojos. —Necesito que me escuches.

—No quiero escucharte. —Gruñó, y suspiré cerrando los ojos.

—Mira, cariño, sé que en la edad en la que estás es muy difícil.

—Ya empezamos... —Murmuró jugando con el borde de uno de los cojines de su cama.

—Escúchame. ¿Por qué le hablas así a mamá? Sólo te ha preguntado cómo te fue el día, nada más. ¿Es que estás enfadada con ella por algo? —Valerie negó, jugando con la tela del cojín. —¿Entonces por qué?

—Es muy pesada. —Respondió encogiéndose de hombros.

—Eres nuestra hija, es normal que te preguntemos cómo estás, que... Nos preocupemos por ti. Pero no le respondas así a tu madre, por favor. —Dije en un tono de voz más dulce. —Tú... No sabes muchas cosas sobre ella, y estoy segura de que le parte el alma que le hables así.

—Ya, seguro. —Apreté los labios con un suspiro, y cerré los ojos.

—Ella lo pasó bastante mal en su casa a tu edad, quizás no seáis tan diferentes como creéis.

Camila bajó por las escaleras, y giré la cabeza ya que estaba sentada en el sofá, con Megan en la alfombra embobada mientras veía anuncios. No era tan difícil criarlos, pero luego, sí que era difícil entenderlos.

—¿Qué tal? —Pregunté en un susurro, y ella negó encogiéndose de hombros.

Entonces me levanté y subí las escaleras casi de dos en dos para llegar a su habitación. Toqué la puerta dos veces.

—Valerie, abre, soy Lauren. —Dije poniéndome las manos en la cintura. —Bueno, pues vale. —Entré abriendo la puerta y la vi tumbada en la cama con el móvil.

—¿Con quién hablas? —Pregunté cerrando la puerta, sentándome al borde de la cama moviéndole la pierna.

—Con nadie. Para. —Fruncí el ceño mirándola, soltando un suspiro.

—Mira, sé lo que es estar así. Me pasé toda mi adolescencia metida en la habitación con mi ordenador. Solo que... En mi casa yo no existía. —Reí un poco al recordarlo, pasándome las manos por los pantalones, como si me secase el sudor. Era la primera vez que hablaba de esto con mi propia hija.

—¿Qué quieres decir? —Preguntó ella acomodándose contra el cabecero de su cama.

—¿Nunca te has preguntado por qué no has conocido a tus abuelos? —Dije sonriendo un poco triste, encogiéndome de hombros. —Porque en esa casa yo no existía. Aparte del tío Chris, tengo otra hermana, se llama Elise. Yo... Nací por un accidente, no estaba en sus planes. Y ellos en vez de tratarme como su hija, me repudiaron. Fui violada con tu edad y no me creyeron, creo que sólo una vez se acordaron de mi cumpleaños, me dejaban sola por navidad, y mi padre aprovechaba cualquier ocasión para pegarme. —Miré a Valerie con media sonrisa. —E intenté suicidarme. Entré en una depresión tan profunda por culpa de ellos, que sólo tu madre pudo sacarme, aunque le costó mucho tiempo. Hasta los veinticinco años tuve pesadillas todas las mañanas antes de levantarme. Me gritaban siempre que era una inútil, y que no llegaría a nada en la vida. Que lo de la fotografía era un mero pasatiempo. —Reí al escuchar aquello, mirando a mi hija que casi se hundía entre los cojines. —Yo habría dado lo que fuese por tener unos padres que al menos notasen que existo y se preocupasen por mí, así que, si quieres hablar, aquí estoy. —Sonreí frotándole un poco la rodilla, levantándome y saliendo de la habitación.

Al atardecer, Megan, Camila y yo salimos al jardín, donde teníamos puesta una pequeña cancha de baloncesto. La pequeña cogió la pelota entre sus manitas, y yo la levanté para que dejase caer la pelota en la canasta.

—¡Woooaaaah! Así se hace. —Dije yo quedándome con ella en brazos, dándole un besito en la mejilla.

—Mami. —Dijo con voz dulce, apretándome las mejillas. Besé sus manitas haciéndola reír, haciéndole cosquillas, lo que provocó que rápidamente fuese a buscar a su madre.

Entonces vi cómo aparecía Valerie en el jardín de brazos cruzados, Camila me miró y con Megan en brazos salió.

—Megan, ¿quieres dormir un ratito? ¿Sí?

—Ñooo. —Respondía la pequeña negando, mientras yo botaba el balón mirando a Valerie con una sonrisa.

—¿Quieres jugar conmigo o no? —Bajó los escalones que quedaban hasta el jardín y le pasé la pelota, que empezó a botar acercándose a la canasta.

—Eres muy mala. —Dijo riéndose, y yo negué con el ceño fruncido acercándome a ella, intentando robarle el balón.

—Tú eres mala. —Al lanzar, puse la mano taponando el tiro, que salió rebotado hacia el césped. —¿Lo ves? —Fui a coger el balón, y volví botándolo pasándolo entre mis piernas mirándola con una sonrisa.

—¿Cuándo conociste a mamá? —Me preguntó, y tiré a canasta alzándome un poco, encestando limpio.

—Pues con diecinueve años. —Ella recogió el balón, botándolo un poco delante de su cuerpo, mirándolo con el ceño fruncido. —¿Y tú, tienes novio ya? O novia, claro... —Negó rápidamente con el ceño fruncido, tirando a canasta, que salió rebotando hasta mis brazos. —¿Y eso?

—No sé. Supongo que es lo normal, ¿no? —Soltó una risa mientras yo movía la pelota entre mis piernas, pero yo fruncí el ceño.

—¿Por qué es normal? —Esperaba que me dijese que porque tiene catorce años, pero se quedó en silencio.

—Porque soy yo, ¿no? —Intentó sonreír corriendo hacia mí para quitarme el balón, pero yo lo subí mirándola.

—Claro, y tú eres preciosa. —Me empujó poniendo las manos en mi abdomen, queriendo quitarme la pelota. —¿Es que no lo eres? —Boté la pelota haciendo que ella me persiguiese, y lo hacía, venía detrás de mí.

—Porque no. —Respondió alargando la mano para intentar robármela, pero sólo golpeó mi mano. La mantuve lejos dándole la espalda.

—¿Y por qué no? ¿Porque tú lo dices? —Me giré con el balón, chocando mi espalda contra su pecho.

—¡Porque ellos lo dicen! —Gritó dándome un empujón, comenzando a llorar delante de mí cubriéndose la cara con las manos dándose la vuelta.

—¿Quién te dice eso? —Negó, y cuando puse mi mano en su hombro para girarla hacia mí me rechazó moviéndolo.

—Déjame en paz.

—¡NO! —Grité enfadada, era la primera vez que le alzaba la voz a mi hija en todos aquellos años, y tiré de su brazo para darle la vuelta hacia mí. —Ni se te ocurra decirme que te deje en paz con este tema Valeria, ni se te ocurra. —Apreté la mandíbula realmente enfadada, incluso había dicho su nombre en español. Ella estaba triste, con un puchero constante y las lágrimas cayendo por sus mejillas. —Ven aquí. —La abracé contra mí acariciando su pelo, dándole un beso en la frente con los ojos cerrados. Ese fue el primer abrazo que Valerie me dio en mucho tiempo, y lo disfruté cerrando los ojos, porque ya no era aquella niña. Besé su frente y pasé un brazo por sus hombros, llevándola conmigo hasta uno de los escalones que subía hasta casa.

—Sé que duele que te digan eso, sé que no debes escuchar esas palabras pero que aun así las sientes, ¿verdad? —Ella asintió limpiándose las lágrimas, oprimiendo sus ganas de llorar. —Sé que yo no puedo ayudarte a hacerte sentir bien contigo misma, pero la solución no es dejar de comer, ni tampoco pagarla con nosotras. Tienes que aprender a quererte, con tus defectos y tus virtudes.

—¿Cómo me va a querer alguien si no me quiero yo misma? —Me dijo entre lágrimas, apoyando su cabeza en mi pecho.

—Quise a tu madre a pesar de que no podía ver, y ella me quiso a mí aunque estuviese hecha una mierda por dentro. —Me encogí de hombros quitándole las lágrimas con cuidado, besando su mejilla. —Pero tú no tienes que preocuparte de eso ahora, sólo tienes catorce años. Si me lo pides te cambiaré de instituto, haré lo que sea, pero no todo el mundo te ve así. —Ella soltó una risa, y yo sonreí un poco humedeciéndome los labios. —Roger está colado por ti.

—No hace falta que me digas esas cosas, mamá... —Solté una risa negando, porque el hijo de Marie y Kyle estaba colado por ella de verdad. Cada vez que me veía, siempre me preguntaba que dónde estaba Valerie, o cómo estaba. Yo me quedaba mirándolo con cara de perro.

—Que sepas que como te eches novio le arrancaré la tráquea con las manos, así que cuidado. —Entrecerré los ojos señalándola, y ella comenzó a reírse. —Eres preciosa, no es porque sea tu madre, pero vaya hija que tuvimos.

—Mamá... —Comenzó a reírse de nuevo y se levantó pasándose las manos por la cara. Me levanté con ella y abrí los brazos para que me abrazase, y lo hizo. Era aún mi pequeña Valerie, la que venía a mi cama por las noches porque le daban miedo los árboles junto a su ventana. —Te quiero, mamá.

—Y yo a ti, pequeña.

*

Aquella noche llegué a la habitación y me tumbé en la cama con brazos y piernas abiertos, cayendo a plomo, y al girar la cabeza pude ver a Camila asomada al balcón de nuestra habitación. Aunque me costó dios y ayuda, me levanté y salí al balcón soportando el frío que hacía.

—¿Qué haces? —Pregunté pegándome a Camila por detrás, escondiendo mi cara en el hueco de su cuello para buscar calor.

—Pensar en lo buena madre que eres. —Besé su cuello haciendo que se encogiese, y Camila se giró señalándome con el dedo. —Besos en el cuello no.

—¿Por qué no? —Dije haciendo un puchero.

—Porque me provocan y no. —Solté una risa, pero me tapó la mano al hacerlo. Suspiré y le di un pequeño beso en la palma, aquello siempre la enternecía. —No sé qué habría hecho sin ti en la vida.

—Yo sí sé lo que habría hecho sin ti. —Murmuré en voz baja junto a su oído, pasando mis brazos por su cintura.

—¿El qué? —Camila apoyó sus manos sobre mi abdomen y me miró a los ojos.

—No estaría aquí si no te hubiese conocido, probablemente. —Camila torció el gesto, mirando la ciudad que se imponía a lo lejos, a nuestros pies. —¿Sabes por qué nos quedamos a vivir en Vancouver? —Pregunté mirándola con el ceño fruncido.

—Porque te gusta el frío. —Respondió ella, y solté una risa negando, humedeciéndome los labios.

—Odio el frío. Decía que me gustaba el frío porque así era como me sentía, como cuando estás triste y escuchas una canción deprimente, pero te sientes mejor. Porque te sientes comprendido, porque sientes que eres así. Pues eso me pasaba a mí con el frío, pero luego... —Solté una risa negando, acariciando su espalda suavemente.

—¿Y por qué nos quedamos en Vancouver, entonces? —Murmuró pasando las manos por mi cuello.

—Para que me recordara que tú eres el pedacito de calor que siempre está conmigo.

Made in the USA
Columbia, SC
23 April 2017